本书的出版，得到广西一流学科（培育）建设项目——河池学院中国语言文学学科（桂教科研〔2018〕12号）、河池学院重点学科——汉语言文字学（校政发〔2016〕91号）的资助。

汉语词汇研究散论

贺卫国　著

中国社会科学出版社

图书在版编目（CIP）数据

汉语词汇研究散论/贺卫国著 . —北京：中国社会
科学出版社，2018.9
ISBN 978 - 7 - 5203 - 2965 - 1

Ⅰ.①汉…　Ⅱ.①贺…　Ⅲ.①汉语—词汇—研究
Ⅳ.①H13

中国版本图书馆 CIP 数据核字（2018）第 180374 号

出 版 人	赵剑英
责任编辑	郭晓鸿
特约编辑	席建海
责任校对	郝阳洋
责任印制	戴　宽

出　　版	中国社会科学出版社
社　　址	北京鼓楼西大街甲 158 号
邮　　编	100720
网　　址	http://www.csspw.cn
发 行 部	010 - 84083685
门 市 部	010 - 84029450
经　　销	新华书店及其他书店

印　　刷	北京明恒达印务有限公司
装　　订	廊坊市广阳区广增装订厂
版　　次	2018 年 9 月第 1 版
印　　次	2018 年 9 月第 1 次印刷

开　　本	710 × 1000　1/16
印　　张	24.25
插　　页	2
字　　数	262 千字
定　　价	99.00 元

凡购买中国社会科学出版社图书，如有质量问题请与本社营销中心联系调换
电话：010 - 84083683
版权所有　侵权必究

前　言

　　任何一种语言都是由大量词语组成的符号系统。有了词语，人们才能根据交际的需要，按照多种多样的组合规则，造出无穷无尽的句子来。从古到今，中国人表达思想或感情，都特别注重词语的选择与锤炼。而且，随着社会的发展和进步，大量新生事物不断涌现，需要产生很多新词语来表达。完全可以这么说，上下五千年的中华文明史，同时是一部纵贯五千年的汉语词汇发展史。

　　词汇研究是一项难度很大、综合性很强的工作。在整个汉语史研究中，词汇史研究向来是比较滞后的。正如陈德所说："由于历史和文化的原因，中国人对汉语的系统研究也就是近百年的事，而且研究的人员也是极为少数的，对汉语词汇研究的书籍自然也就很少。"① 就词汇史内部而言，"训诂学家们研究的重点是先秦

---

　　①　陈德：《中西方文化与语言解析》，西安交通大学出版社2015年版，第90页。

和西汉的词汇，东汉以下，直至明清，各个时期的词汇研究得很少"①，从而导致关于中古以降汉语词汇的研究又相对滞后，很多中古、近代汉语阶段出现的词语没有得到学界应有的重视，一些词语虽已引起学者的关注但其看法尚存在一定偏颇。

大中型语文辞书是汉语词汇研究成果的集中体现，尤其是以"古今兼收，源流并重"为原则的《汉语大词典》、"用来解决阅读古籍时关于语词典故和有关古代文物典章制度等知识性疑难问题"②的《辞源》、"遵循促进现代汉语规范化宗旨"，"力求反映这些年来词汇发展的新面貌和相关研究的新成果"③的《现代汉语词典》、"解释自唐代至清代古籍中出现的口语词"④的《近代汉语大词典》便是这类辞书的佼佼者，代表了我国当前词汇学与词典编纂学的水准。然而，人无完人，书无完书，加之受到现有汉语词汇研究成果的拘囿，编纂辞书更不可能一蹴而就地达到相对完美的境界。这样，《汉语大词典》《现代汉语词典》等辞书在立目、释义、义项、书证等方面存在问题的现象也就在所难免了。

湖南地处长江以南、五岭之北，其独特的方言分布格局和语言特征，备受学界瞩目。早在西汉，扬雄所撰《方言》一书中就已多次出现"江湘之间""江沅之间""湘沅之会""沅澧之间""南楚""南楚之间""南楚江湘之间""南楚江淮之间"之类与湖南密切相关的词语。到了东汉，许慎所著《说文解字》也曾多

---

① 蒋绍愚：《古汉语词汇纲要》，北京大学出版社 1989 年版，第 13—14 页。

② 史建桥：《〈辞源〉修订三议》，《古汉语研究》2008 年第 1 期。

③ 中国社会科学院语言研究所词典编辑室：《2012 年第 6 版说明》，《现代汉语词典》第 7 版，商务印书馆 2016 年版，正文前第 12 页。

④ 许少峰：《凡例》，许少峰编《近代汉语大词典》，中华书局 2008 年版。

次提到"楚""南楚"等与湖南相关的地名。明清时期,不少地方志都有关于湖南方言的记录。20 世纪以降,研究湖南方言的成果就更多了,可谓不胜枚举。其中,地处湘中腹地的双峰县,"在以水运为主要交通方式的漫长农耕社会""陆地的出口几乎零,遥想大清,乃至更加远古的朝代,只是青石路上,偶尔想起驿马铜铃""一直处在山围水环的封闭之中,抱守着中国传统文化,足够耐心地保留着古风、古俗、古语"①。换言之,双峰方言"远承夏商,近接唐宋""词聚八方,音纳九州",导致"双峰口语中保留大量上古至唐宋古语"②。我就出生在这样一片语言"土极原雅,拙极藏工"、腔调"从中原而来,从吴越而来,从豫章而来"③ 的热土。父母都仅上过三两年小学,只会讲一口原汁原味的双峰话,对读书人有着天生的敬畏与向往。在我的印象中,孩提时候父母就经常对我说:"一定要发狠读书,学会认很多的字。"因此,上学伊始,我就对和读书人关系最为密切的汉字与汉语词汇产生了浓厚的兴趣。

虽然从小就对汉语词汇研究感兴趣,但因为多方面原因,我一直未能付诸行动。直到 2001 年 9 月,我在湖南老家整整工作了12 年之后,才有机会重新迈进湖南师范大学的殿堂,成为了一名汉语言文字学专业硕士研究生。现在还清楚地记得,当年的教师节,我在导师的郑重推荐下,认真阅读了吕叔湘先生发表在《中国语文》1961 年第 4 期上的长文《汉语研究工作者的当前任务》,其中有一句话深深刺疼了我:"汉语史研究中最薄弱的环节应该说

---

① 阳剑主编:《双峰方言之东扯西绊》,湖南地图出版社 2016 年版,第6—7 页。
② 同上书,第2 页。
③ 同上书,第7 页。

是语汇的研究。"当时，我更坚定了这样一个念头："认真做点词汇研究吧。"有上述经历的刺激，有李维琦、蒋冀骋、袁庆述、陈秀兰、陈建初、郑贤章等诸位先生的指引，我对汉语词汇研究逐渐有了一个相对清晰、全面的认识，并真正产生了动笔撰文的欲望。2003年，我在《台州学院学报》第2期发表了独自撰写的第一篇词汇研究论文《〈孙膑兵法〉"篡卒"释义辨正》。

研究生毕业以后，我来到歌仙刘三姐的故乡，成了河池学院中的一员，主要承担训诂学、古代汉语、现代汉语等课程的教学。由于工作需要，我更加关注具有古韵风味的湖南双峰方言，《汉语大词典》《辞源》《现代汉语词典》等成了案头必备的工具书。在翻检各类辞书的过程中，我获益匪浅，同时发现了一些问题，随手记录了一些材料。结合当时已有的汉语词汇研究成果、双峰方言词汇的具体情况及搜寻到的一些语料，我把不少随手记录的材料通过整合、加工与提炼，写成了一篇篇或长或短的词汇研究论文，并陆陆续续在《语言研究》《古汉语研究》《汉字文化》《广西师范大学学报》(哲学社会科学版)、《湘潭师范学院学报》《哈尔滨学院学报》《河池学院学报》《广西民族师范学院学报》等学术期刊发表了20余篇。

这本小书是笔者在已经发表过的论文的基础上，通过整合、充实与完善形成的。全书分为五章，主要从《汉语大词典》《现代汉语词典》《辞源》《近代汉语大词典》等辞书及已有词汇、辞书研究成果入手，阐述相关辞书在立目、释义、书证等方面存在的不足，重点考释"饿气""怯气""火亮""密骗""王姑""相公"等主流辞书尚未收录、释义不确或义项有阙的近代汉语词语，对双峰话目前还在使用而《醒世姻缘传》也有用例的一些词语、含"唧"称谓词、远指代词"兀""N糊沥拉"等湖南双峰方言中的特殊词汇现象进行描写，与学界商讨对"篡卒""油水""辞路""报刊杂志"等词语的看法。全书较多利用了学术搜索、中国知网等网络资源，《汉语大词典》等电子书及 BCC、CCL 等语料库，努力贯彻用语言事实说话的原则，以期能为汉语词汇研究，尤其是近代汉语词汇研究与湖南双峰方言词汇研究，提供一些有益的借鉴，同时希望能为《汉语大词典》《现代汉语词典》《辞源》《近代汉语大词典》等辞书的修订提供小小的参考。

贺卫国

2017 年 11 月 15 日

目　　录

第一章

《现代汉语词典》与《辞源》研究

互联网与语料库是辞书编纂的利器。① 词典编纂者可以充分利用互联网与语料库，通过词频信息较客观地确定：词典应收录哪些词；某个词的哪些意义在实际生活中是常用的，从而应在词典中详加解释；哪些词的使用频率不高，仅提供必要的信息就可以。"利用语料库统计词频，可以帮助确定辞书的收词量，如中小型辞书，可以只收词频较高的词语"②，"避免个人主观因素可能造成的偏颇，使词典能够最大限度地呈现必要信息，较真实地反映语言的使用状况。"③

中华人民共和国成立以后，汉语学界加大了辞书的编纂、修订与出版力度，不少高质量、高水平辞书陆续出版。其中，《现代汉语词典》与《辞源》是两部影响非常深远、使用十分广泛的重

---

① 张铁文：《词典编纂的利器——互联网》，《辞书研究》2004 年第 1 期。
② 李宇明、庞洋：《关于辞书现代化的思考》，《语文研究》2006 年第 3 期。
③ 王小海：《语料库对词典编纂的影响》，《辞书研究》2001 年第 4 期。

要中型汉语辞书。但是，"编写和修订词典是一项十分繁难复杂的工作，永远没有止境，总会留下一些疏漏和不尽如人意的地方"①。《现代汉语词典》与《辞源》这两部辞书虽然都进行过多次修订，但在互联网与语料库的使用力度方面还不够充分，导致词条、释义、书证等方面依然存在不少问题，有待进一步完善。鉴于此，本章拟在互联网与语料库技术的基础上，对《现代汉语词典》②、《辞源》③ 存在的部分问题进行分析，并提出相应的处理策略。

第一节 《现代汉语词典》ABB 式状态词收录考察

从第 5 版起，《现代汉语词典》给所有词条标注词类，其实用性进一步加强，能为读者提供更多的帮助。状态词是形容词的一个小类，ABB 则是状态词的主要形式之一。据我们考察，《现代汉语词典》第 5—7 版收录 ABB 式状态词，都有一定的随意性，标准不是很明晰，有待进一步调整。有鉴于此，本节拟在北京大学 CCL 现代汉语语料库④、人民网搜索⑤、新华网国搜一下⑥进行

---

① 中国社会科学院语言研究所词典编纂室：《〈现代汉语词典〉第 6 版说明》，《现代汉语词典》（第 6 版），商务印书馆 2012 年版总目前第 6 页。

② 中国社会科学院语言研究所词典编纂室：《现代汉语词典》，商务印书馆 2016 年版。如果没有特别说明，本书各处《现代汉语词典》均指此版本。

③ 何九盈、王宁、董琨主编：《辞源》（第三版），商务印书馆 2015 年版。如果没有特别说明，本书各处《辞源》均指此版本。

④ 下面简称"CCL"，检索日期为 2016 年 8 月 11 日。

⑤ 下面简称"RM"，检索日期为 2016 年 8 月 13 日。

⑥ 下面简称"GS"，检索日期为 2016 年 8 月 13 日。

使用频次统计的基础上，描写《现代汉语词典》ABB 式状态词的收录情况，重点分析不足之处，并提出一些建议，供编纂者参考。

一　从使用频次看 ABB 式状态词的收录

《现代汉语词典》共收录 224 个 ABB 式状态词①，有的使用频次较高，有的使用频次较低，甚至有个别词语现代汉语基本上不再使用。与此同时，也有部分未被《现代汉语词典》收录的 ABB 式状态词使用频次颇高。

（一）部分《现代汉语词典》已收词使用频次较低

据笔者统计，《现代汉语词典》收录的 ABB 式状态词，在 CCL 使用频次超过 100 的有 103 个，占 45.98%；使用频次在 50—99 的 27 个，占 11.07%；使用频次在 10—49 的 61 个，占 25%；使用频次少于 10 的 33 个②，占 13.52%。很明显，《现代汉语词典》已收 ABB 式状态词有一部分在 CCL 的使用频次偏低。

《现代汉语词典》已收且 CCL 使用频次较高的 ABB 式状态词，RM、GS 使用频次一般也较高。例如："活生生"CCL 有 1680 条，RM 有 50788 条，GS 有 206000 条；"赤裸裸"CCL 有 950 条，RM 有 48557 条，GS 有 234000 条；"酸溜溜"CCL 有 194 条，RM 有 5448 条，GS 有 86 条。《现代汉语词典》已收且 CCL 使用频次较低的 ABB 式状态词，除少量例外情况，一般 RM、GS 使用频次也较低，例如：表 1－1 所列词语都被《现代汉语词典》

---

①　数据由笔者手工统计而来，有可能存在一定误差。其中，"闷沉沉"中的"闷"有阴平、去声两读，故《现代汉语词典》两次收录，算 2 条。
②　其中使用频次为 0 的有 3 个，使用频次为 1 的有 2 个。

收录，CCL 使用频次都不高，除"金闪闪" RM 找到 768 条搜索结果、GS 找到 80 条搜索结果外，其余词条 RM、GS 的使用频次也都不太高。

表 1-1　　"金闪闪"等 9 个 ABB 状态词使用频次统计

词　条	金闪闪	忙叨叨	咸津津	明闪闪	辣丝丝	辣酥酥	金煌煌	蔫乎乎	虎生生
CCL 频次	2	0	2	1	2	0	7	0	2
RM 频次	768	10	20	11	6	6	5	0	4
GS 频次	80	41	23	28	29	19	12	20	7
合　计	850	51	45	40	37	25	24	20	13

（二）部分使用频次高的词未被《现代汉语词典》收录

沈怀兴指出："社会的发展变迁必然会在语言的词汇里留下反映各个时代特色的的词语，起着历史见证的作用。"① 改革开放以来，我国各族人民在中国共产党的领导下，同心同德，和衷共济，携手向前，开创了经济发展、政治安定、文化繁荣、社会和谐的良好局面，人民的生活发生了翻天覆地的变化。为了及时反映这种有目共睹的大变化，汉语词汇中增添了不少成员。苗永川考察发现，"据粗略估计，我国近 20 年中新词新语大概每年增加 700—800 个"②。在这样的大气候下，ABB 式状态词的

---

① 沈怀兴：《汉语规范化求疵》，《语文建设》1992 年第 11 期。
② 苗永川：《新词新语规范研究的"语感困境"刍议》，《四川师范大学学报》（社会科学版）2009 年第 4 期。

数量也呈增长趋势，给现代汉语辞书编纂带来了巨大挑战，并不可避免地出现了这样的尴尬事实：一些 ABB 式状态词使用频次并不低，却未被《现代汉语词典》收录，表 1－2 所列就都属于这样的词语。

表 1－2　　　"硬生生"等 8 个 ABB 状态词使用频率统计

词　条	硬生生	活脱脱	惨兮兮	傻兮兮	湿答答	苦巴巴	冷飕飕	暗沉沉
CCL 频次	177	200	21	13	9	12	33	32
RM 频次	23212	25111	487	82	338	222	159	85
GS 频次	15100	244	88	398	91	86	83	92
合　计	38489	25555	596	493	438	320	275	209

（三）讨论与建议

根据上面的分析，《现代汉语词典》收录的 ABB 式状态词有一部分 CCL、RM、GS 使用频次都很低。具体分析这些词，存在三种可能性：有的属于方言土语词，仅在局部地区使用，CCL 与网络搜索引擎无法准确反映出来；有的曾经使用比较广泛，但现代汉语已经不太常用；有的仅有个别语言运用者使用，压根儿就没有传播开来。笔者认为，如果某个 CCL、RM、GS 使用频次很低的 ABB 式状态词属于第一类情况，《现代汉语词典》可以收录，但最好加上"〈方〉"标记；如果属于后两类情况，则以删除为佳。

不少 ABB 式状态词《现代汉语词典》未收录，但 CCL、RM、

GS 使用频次并不低，表 1－2 所列词语就是如此。与表 1－1 "虎生生""蔫乎乎""金煌煌""辣酥酥"等词语相比，表 1－2 所列词语的使用频次优势尤为明显。特别是"硬生生"与"活脱脱"，累计使用频次都在 25000 以上。对于这样的词语，为了更好、更全面地反映目前现代汉语词汇的面貌，满足广大读者查考的需要，《现代汉语词典》似以补收为宜。

二　从词形看 ABB 式状态词的收录

ABB 式状态词经常有两种以上音同或音近的书写形式。对于这类词，《现代汉语词典》采用了三种不同的方法：或收录推荐词形，附列其余词形；或收录所有词形，但说解方式有别；或只收录一种词形，置其余词形于不顾。

（一）收录推荐词形，附列其余词形

部分 ABB 式状态词有多种词形，其中一种词形被国家标准确定为推荐词形。对于这类词，《现代汉语词典》一般选择推荐词形作为词条，详细说解，其余词形加括号附列于推荐词形之后，不再列条说解。例如：

（1）喘吁吁（收）｜喘嘘嘘（附列）

【喘吁吁】（喘嘘嘘）chuǎnxūxū（—的）形状态词。形容喘气的样子：累得—的。（第 203 页）

（2）热乎乎（收）｜热呼呼（附列）

【热乎乎】（热呼呼）rèhūhū（—的）形状态词。形容

热和（rè·huo）。（第 1094 页）

（3）湿漉漉（收）｜湿渌渌（附列）

【湿漉漉】（湿渌渌）shīlùlù（口语中也读 shīlūlū）（—
的）形状态词。形容物体潮湿的样子：天气返潮，晾了一天
的衣服还是—的。（第 1180 页）

上述 3 组 ABB 式状态词，《现代汉语词典》选择推荐词形
"喘吁吁""热乎乎""湿漉漉"列条注解，附列"喘嘘嘘""热
呼呼""湿渌渌"。这样做很有道理，因为正如表 1－3 所示，"喘
吁吁"等 3 词的使用频次要远高于"喘嘘嘘"等 3 词。

表 1－3 　　"喘吁吁"等 6 个 ABB 状态词使用频率统计

词　　条	喘吁吁	喘嘘嘘	热乎乎	热呼呼	湿漉漉	湿渌渌
CCL 频次	80	7	385	87	613	12
RM 频次	1630	478	12436	1518	11444	1
GS 频次	88	110	170	89	272	21
合　　计	1798	595	12991	1694	12329	34

（二）收录所有词形，但说解方式有别

部分 ABB 式状态词有多种词形，没有词形被确定为推荐词
形。对于这类词，《现代汉语词典》有时把所有词形都列为词条，
但其中一种词形被确定为主收词形，先详细解说，然后用"也
说""也作"之类术语引出其余词形，其余词形只用主收词形作

标杆进行简单解释。例如：

（4）顶呱呱｜顶刮刮

【顶呱呱】dǐngguāguā（—的）形状态词。形容最好。也作顶刮刮。（第306页）｜【顶刮刮】dǐngguāguā 同"顶呱呱"。（第306页）

（5）蓝莹莹｜蓝盈盈

【蓝莹莹】lángyíngyíng（—的）形状态词。形容很蓝：—的光｜—的宝石｜—的湖水｜—的天空。也作蓝盈盈。（第776页）｜【蓝盈盈】lángyíngyíng 同"蓝莹莹"。（第776页）

（6）清凌凌｜清泠泠

【清凌凌】qīnglínglíng（—的）形状态词。形容水清澈而有波纹。也作清泠泠。（第1066页）｜【清泠泠】qīnglínglíng。同"清凌凌"。（第1066页）

（7）雾茫茫｜雾蒙蒙

【雾茫茫】wùmángmáng（—的）形状态词。雾气迷茫的样子：—的山路上什么也看不清。也说雾蒙蒙。（第1395页）｜【雾蒙蒙】wùméngméng（—的）形状态词。雾茫茫。（第1395页）

（8）傻呵呵｜傻乎乎

【傻呵呵】shǎhēhē（—的）形状态词。糊涂不懂事或老实的样子：孩子听故事听得入了神，—地瞪大了两只眼睛｜

别看他—的，心里可有数。也说傻乎乎。（第 1134 页）|【傻乎乎】shǎhūhū（—的）形状态词。傻呵呵。（第 1134 页）

上述 5 组 ABB 式状态词，《现代汉语词典》分别把"顶呱呱""蓝莹莹""清凌凌""雾茫茫""傻呵呵"确定为主收词形。前三条很好，后两条似有不妥。表 1-4 数据说明，"雾茫茫""傻呵呵"与"雾蒙蒙""傻乎乎"相比，后者显然要常见得多。

表 1-4　　"顶呱呱"等 10 个 ABB 状态词使用频率统计

词条	顶呱呱	顶刮刮	蓝莹莹	蓝盈盈	清凌凌	清冷冷	雾茫茫	雾蒙蒙	傻呵呵	傻乎乎
CCL 频次	64	11	31	9	13	4	23	64	48	237
RM 频次	2753	43	1119	632	1335	20	775	4508	2618	9587
GS 频次	142	70	90	89	102	97	75	110	79	150
合计	2959	124	1240	730	1450	121	873	4682	2745	9974

（三）只收录一种词形，置其余词形于不顾

部分 ABB 式状态词有多种词形，没有词形被确定为推荐词形。对于这类词，《现代汉语词典》有时只选择一种词形作为词条收录，也不附列其余词形。例如：

（9）臭烘烘（收）|臭哄哄（不收）

【臭烘烘】chòuhūhū（—的）形状态词。形容很臭。（第 187 页）

（10）色眯眯（收）|色迷迷（不收）

【色眯眯】sèmīmī（—的）形状态词。形容好色的眼神：这家伙整天—地盯着周围漂亮的姑娘。（第 1129 页）

（11）笑眯眯（收）｜笑咪咪（不收）

【笑眯眯】xiàomīmī（—的）形状态词。形容微笑时眼皮微微合拢的样子：奶奶—地看孙子的立功喜报。（第 1446 页）

（12）硬邦邦（收）｜硬梆梆（不收）

【硬邦邦】yìngbāngbāng（—的）形状态词。形容坚硬结实。（第 1575 页）

如表 1−5 所示，上述 4 组 ABB 式状态词中，"色迷迷"比"色眯眯"更为常见，其余 3 组虽以"臭烘烘""笑眯眯""硬邦邦"相对常见，但与之相应的"臭哄哄""笑咪咪""硬梆梆"也不罕见，《现代汉语词典》既不收录也不附列"色迷迷""臭哄哄""笑咪咪""硬梆梆"的做法似不妥。

表 1−5　　"臭烘烘"等 8 个 ABB 状态词使用频率统计

词　　条	臭烘烘	臭哄哄	色眯眯	色迷迷	笑眯眯	笑咪咪	硬邦邦	硬梆梆
CCL 频次	55	28	10	53	772	98	164	138
RM 频次	1955	396	1028	1880	17486	882	7274	1919
GS 频次	129	100	52	85	209	93	142	109
合　　计	2139	524	1090	2018	18467	1073	7580	2166

（四）讨论与建议

有多种词形的 ABB 式状态词，有的有推荐词形，有的没有。比较《现代汉语词典》采取的三种收录方法：第一种方法既简洁，又全面，可以推而广之。因为某个 ABB 式状态词有多种词形，即使没有国家标准确定推荐词形，也肯定有使用频次相对较高的词形，《现代汉语词典》可以选择使用频次最高的词形出条，其余词形在该条后面加括号附列。为了与有推荐词形的词条区别开来，《现代汉语词典》可以给没有推荐词形词条的附列词形添加下划线。例如，【蓝莹莹】【蓝盈盈】两条及【硬邦邦】条就可以分别改为：

【蓝莹莹】（蓝盈盈）lángyíngyíng （—的） 形 状态词。

形容很蓝：—的光｜—的宝石｜—的湖水｜—的天空。

【硬邦邦】（硬梆梆）yìngbāngbāng （—的） 形 状态词。

形容坚硬结实。

上述第二种方法虽然也可取，但《现代汉语词典》毕竟只是中型辞书，如果把同一词语的异形词都列作词条，似有增加辞书负担之嫌。"编写大中型辞书，一般要遵守同类相及原则"①，第三种方法只把最常见的词形列为词条，对其余词形视而不见，既不符合同类相及原则，也不符合实事求是的科学态度，明显不可取。

---

① 贺卫国：《浅谈〈辞源〉辞目的增补问题》，《古汉语研究》2008 年第 3 期。

三　从构词语素看 ABB 式状态词的收录

ABB 式状态词中的 A 有的是名词性语素，有的是谓词性语素。若 A 为名词性语素，BB 通常是形容词性语素；若 A 为谓词性语素，BB 往往是类词缀语素。

（一）A 为名词性语素

《现代汉语词典》收录有少量叠音式形容词，如"皑皑（第 4 页）、沉沉（第 159 页）、津津（第 677 页）、淋淋（第 826 页）、茫茫（第 879 页）、蒙蒙（第 893—894 页）、茸茸（第 1105 页）、闪闪（第 1138 页）、汪汪（第 1352 页）"等。同时，《现代汉语词典》还收录有不少名词性语素加叠音式形容词构成的 ABB 式词语，如"汗津津（第 514 页）、雾沉沉（第 1395 页）、泪汪汪（第 791 页）、水汪汪（第 1228 页）、油汪汪（第 1585 页）、汗淋淋（第 514 页）、水淋淋（第 1226 页）、血淋淋（第 1451 页）"等。这类 ABB 已有一定凝固性，把它们当作状态形容词收录本无可厚非。美中不足的是，不同名词性语素加相同叠音式形容词构成的 ABB 式词语，使用频次都比较高，有的被《现代汉语词典》收录，有的则没有。表 1–6 数据就显示，"雨蒙蒙"比"雾蒙蒙""灰蒙蒙"的使用频次都要高，《现代汉语词典》收后两者而未收"雨蒙蒙"；"毛绒绒"的使用频次比"毛茸茸"低，但远远高于"毛烘烘""毛乎乎"，《现代汉语词典》收后三者而未收"毛绒绒"；"肉嘟嘟"的使用频次比"肉乎乎"要高很多，《现代汉语词典》收后者而未收"肉嘟嘟"。

表1-6①   "雾蒙蒙"等96ABB状态词使用频率统计

词　条	雾蒙蒙	灰蒙蒙	雨蒙蒙	毛茸茸	毛烘烘	毛乎乎	毛绒绒	肉乎乎	肉嘟嘟
CCL频次	64	371	33	356	12	6	76	16	13
RM频次	4508	129	20291	9860	12	45	1644	1239	16135
GS频次	111	9337	93	194	22	87	100	64	106
合　计	4683	9837	20417	10410	46	138	1820	1319	16254

（二）A 为谓词性语素

大部分ABB式状态词中A是形容词性或者动词性语素，《现代汉语词典》收录此类ABB式状态词也存在标准不一致的地方。

1. A 相同，BB 不同

同一谓词性语素后面常常可以添加不同的BB构成不同的ABB式状态词。面对这样的情况，《现代汉语词典》常出现顾此失彼的现象。

（1）直 + BB

这类词《现代汉语词典》已收的有"直撅撅""直溜溜""直愣愣""直瞪瞪""直勾勾""直挺挺"，未收的有"直通通""直统统""直冲冲"等。表1-7数据说明，"直通通"的使用频次明显高于"直撅撅""直溜溜""直瞪瞪"，"直冲冲""直统统"两词虽然不如"直勾勾""直挺挺""直溜溜""直瞪瞪"常用，但其使用频次却要比"直撅撅"高很多。

---

① 类似"雾蒙蒙""雨蒙蒙"的词语还有"水蒙蒙""夜蒙蒙""泪蒙蒙""山蒙蒙"等，类似"雾茫茫"的词语还有"雨茫茫""夜茫茫"等，类似"血糊糊""泥糊糊""灰糊糊"的词语还有"油糊糊""汗糊糊"等。它们的使用频次都不高，此不赘述。

表1-7　　　"直撅撅"等9个ABB状态词使用频率统计

词　条	直撅撅	直溜溜	直瞪瞪	直愣愣	直勾勾	直挺挺	直通通	直统统	直冲冲
CCL频次	7	22	54	86	220	379	17	12	7
RM频次	0	175	67	375	5478	3869	242	29	96
GS频次	4	78	104	178	99	96	96	38	84
合计	11	275	225	639	5797	4344	355	79	187

（2）甜+BB

这类词《现代汉语词典》已收的有"甜丝丝""甜腻腻""甜津津"，未收的有"甜蜜蜜""甜滋滋"等。表1-8数据说明，"甜蜜蜜""甜滋滋"的使用频次比已收的"甜丝丝""甜腻腻""甜津津"都要高。

表1-8　　　"甜丝丝"等5个ABB状态词使用频率统计

词　条	甜丝丝	甜腻腻	甜津津	甜蜜蜜	甜滋滋
CCL频次	92	33	14	74	66
RM频次	2440	630	83	35203	2725
GS频次	95	78	96	247	92
合　计	2627	741	193	35524	2883

（3）急+BB

这类词《现代汉语词典》已收的有"急匆匆""急巴巴"，未收的有"急吼吼""急冲冲""急乎乎"等。表1-9数据说明，

"急吼吼""急冲冲""急乎乎"的使用频次虽比"急匆匆"要低很多，但比已收的"急巴巴"都要高。

表 1-9 "急巴巴"等 5 个 ABB 状态词使用频率统计

词　条	急匆匆	急巴巴	急吼吼	急冲冲	急乎乎
CCL 频次	790	16	17	59	6
RM 频次	33463	37	2479	2015	48
GS 频次	223000	60	78	114	93
合　计	257253	113	2574	2188	147

2. A 不同，BB 相同

同一 BB 前面常常可以添加不同的谓词性语素构成不同的 ABB 式状态词。面对此类情况，《现代汉语词典》也常出现顾此失彼的现象。例如：

（1） A + 乎乎

这类词《现代汉语词典》已收的有"热乎乎、黑乎乎、胖乎乎、傻乎乎、肉乎乎、油乎乎、暖乎乎、潮乎乎、辣乎乎、毛乎乎、蔫乎乎、臭乎乎"等 12 个，未收的有"晕乎乎、圆乎乎、气乎乎、湿乎乎、粘乎乎、脏乎乎"等。表 1-10 所列数据说明，"晕乎乎、圆乎乎、气乎乎、湿乎乎"等词语的使用频次都要比已收的"蔫乎乎""臭乎乎"高，"晕乎乎""圆乎乎"的使用频次更是高达 1000 以上。

表 1-10① "热乎乎"等 12 个 A＋乎乎状态词使用频率统计

词条	热~	黑~	胖~	傻~	肉~	油~	暖~	潮~	辣~	毛~	蔫~	臭~
CCL 频次	385	327	176	237	16	12	17	23	4	6	1	3
RM 频次	12436	12222	10410	9587	1239	815	508	298	106	45	3	7
GS 频次	170	221	196	150	64	82	98	79	64	87	73	30
合计	12991	12770	10782	9974	1319	909	623	400	174	138	81	40

词条	晕~	圆~	气~	湿~	粘~	脏~	软~	黏~	白~	血~	急~	烧~
CCL 频次	34	25	25	34	52	34	23	5	11	11	6	2
RM 频次	4699	1095	587	557	518	548	309	258	204	28	48	7
GS 频次	106	73	82	89	99	78	90	105	77	138	93	127
合计	4839	1193	694	680	669	660	422	368	292	177	147	134

（2）A＋悠悠

这类词《现代汉语词典》已收的仅有"慢悠悠""颤悠悠""轻悠悠"，未收的有"乐悠悠""晃悠悠""笃悠悠""荡悠悠"等。表 1-11 数据说明，"乐悠悠""晃悠悠""笃悠悠""荡悠悠"等词语的使用频次都在 260 以上，"乐悠悠""晃悠悠"的使用频次比已收的"颤悠悠""轻悠悠"都要高，"笃悠悠"的使用

---

① 表 1-10 中的"肉""油""毛""血"本是名词性语素，但"乎乎"不是《现代汉语词典》单列的叠音式形容词，故也放到这里讨论。另，类似的词语还有"灰乎乎"使用总频次达 129，"阴乎乎"使用总频次达 124，"憨乎乎"使用总频次达 61，"烧乎乎"等使用频次不高，这里不列。

频次比已收的"轻悠悠"要高。

表1-11 "慢悠悠"等7个A+悠悠状态词使用频率统计

词　　条	慢悠悠	颤悠悠	轻悠悠	乐悠悠	晃悠悠	笃悠悠	荡悠悠
CCL频次	276	33	5	25	22	11	19
RM频次	7529	410	255	1412	608	411	141
GS频次	199	110	101	121	103	71	101
合　　计	8004	553	361	1558	733	493	261

（三）讨论与建议

杨宝林指出："综合性词典中各学科间同一类条目的选收也要平衡，重要的辞目必须尽可能地完备，不能畸轻畸重，特别是成套、成对的辞目。"① 笔者非常赞成这一观点。上面已经谈到，部分BB属于叠音式形容词，并被《现代汉语词典》收录。笔者认为，叠音式形容词前面添加名词性语素构成的ABB式状态词也可以看作主谓短语，《现代汉语词典》可以不收录，前面所列的"雾蒙蒙""灰蒙蒙""雨蒙蒙"即属此类。如果《现代汉语词典》把这类ABB当作状态词收录，就必须注意平衡，尽量把成套且使用频次较高的收全。例如，倘若《现代汉语词典》把"雾蒙蒙""灰蒙蒙"列为词条，"雨蒙蒙"最好也列为词条。

同一谓词性语素后面添加不同的BB，同一BB前面添加不同的谓词性语素，都可能构成不同的ABB式状态词。面对此类情

---

① 杨宝林：《浅谈辞书编辑的体例意识》，《辞书研究》2006年第4期。

况，《现代汉语词典》也要注意平衡，尽量把成套且使用频次高的收全。倘若某个 ABB 式状态词有多种词形，《现代汉语词典》可以只选择最常见的词形作为词条收录，其余词形附列其后。例如：上面所列的"直通通""直统统""直冲冲""甜滋滋""晕乎乎""圆乎乎""气乎乎""湿乎乎""粘乎乎""脏乎乎""软乎乎""白乎乎""乐悠悠""颤悠悠""笃悠悠""荡悠悠"等词，《现代汉语词典》就以收录为宜，但"粘乎乎"可附列于"黏乎乎"后面。

第二节 《现代汉语词典》ABB 式状态词 及其基式收录考察

ABB 是状态词的主要形式之一。如果 AB、ABB 都成词，两者的核心义素基本一致，我们就可以把 AB 看作 ABB 式状态词的基式。以这个标准来衡量，ABB 式状态词有的有基式 AB，有的没有。本节先重点梳理《现代汉语词典》收录有基式的 ABB 式状态词及其基式 AB 的情况，再就如何收录这批词提出建议，供编者、读者参考，以期对进一步修订《现代汉语词典》有所裨益。

一　AB、ABB 都收录

《现代汉语词典》既收录基式 AB，又收录 ABB 式状态词。有的 AB 与 ABB 词性相同，意义相同或相近；有的 AB 与 ABB 或词性不同，或意义有别。例如：

（1）热乎｜热乎乎（第 1094 页）

【热乎】（热呼）rè·hu 形 热和（rè·huo）。｜【热乎乎】（热呼呼）rèhūhū（—的）形 状态词。形容热和（rè·huo）。

（2）阴森｜阴森森（第 1560 页）

【阴森】yīnsēn 形（环境、气氛、脸色等）阴沉可怕：—的树林｜—的古庙。｜【阴森森】yīnsēnsēn（—的）形 状态词。形容环境、气氛、脸色等阴沉可怕：山洞深处—的。

（3）骨碌｜骨碌碌（第 465 页）

【骨碌】gū·lu 动 滚动：皮球在地上—｜他——从床上爬起来。｜【骨碌碌】gūlūlū（—的）形 状态词。形容很快地转动：他眼睛—地看看这个，又看看那个。

（4）亮堂｜亮堂堂（第 818 页）

【亮堂】liàng·tang 形 ①敞亮；明朗：新盖的商场又高大，又—。②（胸怀、思想等）开朗；清楚：经过学习，心里更—了。③（声音）响亮：嗓门儿—｜清清嗓子，唱—点儿。｜【亮堂堂】liàngtángtáng（口语中也读 liàngtāngtāng）（—的）形 状态词。形容很亮：灯火通明，照得礼堂里—的。

（5）亮光｜亮光光（第 818 页）

【亮光】liàngguāng（—儿）名①黑暗中的一点或一道光：夜已经很深了，他家的窗户上还有—。②物体表面反射的光：这种布有—儿。|【亮光光】liàngguāngguāng（—的）形状态词。形容物体光亮：一把—的镰刀。

上述第 1—2 组词条 AB 与 ABB 词性相同，意义相同或相近，类似的词条还有"干巴｜干巴巴"（第 419 页）、"冷清｜冷清清"（第 794 页）、"乱腾｜乱腾腾"（第 856 页）、"黏糊｜黏糊糊"（第 953 页）、"热辣｜热辣辣"（第 1094 页）、"阴沉｜阴沉沉"（第 1559 页）、"直溜｜直溜溜"（第 1681 页）等。第 3 组词条 AB 与 ABB 意义相近，但词性不同，类似的词条还有"赤裸（第 177 页）｜赤裸裸（第 177—178 页）"等。第 4 组词条 AB 与 ABB 词性相同，意义有别，类似的词条还有"滴溜儿｜滴溜溜"（第 279 页）、"光溜｜光溜溜"（第 486 页）、"空荡｜空荡荡"（第 744 页）、"空洞｜空洞洞"（第 744 页）、"平展｜平展展"（第 1009 页）、"怯生｜怯生生"（第 1056 页）、"轻飘｜轻飘飘"（第 1062 页）等。第 5 组词条 AB 与 ABB 词性不同，意义有别，类似的词条还有"闹哄｜闹哄哄"（第 942 页）等。

二 收 ABB 未收 AB

AB、ABB 词性相同，意义相同或相近，《现代汉语词典》只收录 ABB 式状态词，而未收录其基式 AB。试举几组为证：

1. 木呆呆（第 927 页）｜木呆

"木呆"指呆板或呆滞不动的样子，"木呆呆"指呆滞不动的样子，两者都比较常见，如 2016 年 8 月 16 日在"国搜一下"检索，我们共找到"木呆呆"用例 48 条、"木呆"用例 74 条，在"人民网搜索"检索，共找到"木呆呆"用例 106 条、"木呆"用例 56 条。由此可见，两者的使用频率相差不是很大。而且，传统纸质文本亦不乏"木呆"用例，下举 5 例为证：

（1）她当时怔在那里，表情木呆地盯着他们看了半天。（《你是不是付出了爱》，杨晖《读者文摘大全集》，北京工业大学出版社 2014 年版，第 11 页）

（2）演员们开始用一种木呆的声音读着早已腻烦的道白。（《魅力》，朱自强编著《夏天的花》，安徽少年儿童出版社 2014 年版，第 224 页）

（3）她还是抱着胸，木呆地望着火苗说了一句话："你只会叹气吗？"（王春波《怪环》，《王春波中篇小说选》，山东文艺出版社 1990 年版，第 472 页）

（4）一股悲凉感爬上谷中泉的脑际，他开始可怜这些姑娘们了。人们都走了，他木呆地站那里任雪花撒遍全身。（王厚强《午夜恩仇》，山东文艺出版社 1990 年版，第 171 页）

（5）想想刚准备捂肚子说肚子疼，一想这法子也太木呆，玄哄不住金斗这灵人。（朱晓平《闲粮》，《石女 朱晓平小说集》，中国社会科学出版社 1993 年版，第 102 页）

按，安汝磐编著《实用汉语形容词词典》与陶然、萧良主编《现代汉语形容词辞典》"木呆""木呆呆"两词都未收录；《汉语大词典》把"木呆"看作动词，释为"发愣"，似不确；

释"木呆呆"为"呆滞不动的样子",甚确,引浩然《艳阳天》第115章为孤证,不妥,① 下面增补4例为证：谌容《减去三十岁》："他把木呆呆的老伴半搂半抱地拖到藤椅边,双手按她坐了下去。"② 刘绍棠《水边人的哀乐故事·14》："小红兜肚儿推门走进院来,她视而不见没有下炕相迎,木呆呆像一座泥胎树墩子。"③ 关仁山《闰年灯》："单五爷木呆呆地愣着,不吭,浑身像灌了铅般沉重。"④ 池莉《你以为你是谁·6》："陆掌珠木呆呆傻子一般反应不过来,但吴桂芬立刻觉察出了这种说法的偏离原则。"⑤

2. 火辣辣（第593页）｜火辣

"火辣"与"火辣辣"在现代汉语中的使用频率都很高,如2017年7月10日在"人民网搜索"检索,我们共找到"火辣"18548篇,"火辣辣"3480篇。"火辣"意思与"火辣辣"相似,可形容酷热,例（1）、例（2）即其证；可形容难受或疼痛的感觉,例（3）、例（4）即其证；可形容泼辣有锋芒,例（5）、例（6）即其证；可形容兴奋、激动、害羞、焦急等情绪引起的生理上的反应,例（7）、例（8）即其证；可形容身材、穿着打扮等充满性诱惑,例(9)、例（10)即其证。

（1）知了在树上干叫,火辣的太阳照在傻老美常坐的石

① 罗竹风主编：《汉语大词典》卷1,上海辞书出版社1986年版,第666页。
② 李朝全主编：《短篇小说百年经典（1917—2015）》,中央编译出版社2016年版,第337页。
③ 刘绍棠：《水边人的哀乐故事》,花城出版社1990年版,第78页。
④ 雷达、白烨编选：《生命通道》,时代文艺出版社1996年版,第191页。
⑤ 张韧编选：《社会写真小说》,北京师范大学出版社1999年版,第110页。

墩上,越显得白净。(陈俊红《户口本的爱情》,新世界出版社2013年版,第12页)

(2)说话间三人来到一处空地,<u>火辣</u>的阳光灌洒下来,晃得李朝东睁不开眼睛,一阵头晕目眩。(叶遄《大采捕》第1章,中国文联出版社2015年版,第8页)

(3)她一个不稳撞在一旁的铁架上,随着布料的破碎声,一阵<u>火辣</u>的痛从背上传来。(艾小白《第4种爱情》第3章,光明日报出版社2012年版,第55页)

(4)我忍着变得<u>火辣</u>的疼痛,答道:"知晓。说的是花君在水边拈花伫立之态。"(海青拿天鹅《白芍》第2章,江苏文艺出版社2014年版,第18页)

(5)尖锐<u>火辣</u>的批评,铺天盖地袭来。(孙美兰《〈万山红遍、层林尽染〉——李可染的"红色印象山水"》,《嘉德通讯》1999年第3期)

(6)"水哥"梁水生的脾气在公司是出了名的好,但是来自重庆的<u>火辣</u>妹子、技术研发总监殷光玲却对他拍过桌子。(陈正侠《诚信,赢得世界》第6章,北京联合出版公司2015年版,第138页)

(7)耿林有些不自持了,他想起娄红在性方面的大胆和<u>火辣</u>,这中间的区别让耿林从心中升起一股具有韧性的欲火。(皮皮《比如女人》,人民文学出版社2005年版,第29页)

(8)他俯下身子,堵上我的嘴,吻得<u>火辣</u>而疯狂。(远月《血嫁之笑看云舒(上)》,江苏文艺出版社2012年版,第53页)

（9）更重要的是，美国妞身材超火辣，娶了一定会很幸福。（席绢《心镜》，江苏文艺出版社 2010 年版，第 91 页）

（10）许大师混在人群当中，仗着一张俊脸，吸引了很多妹子的注意，不停有年轻火辣的妹子往身上爬。（老冷《可不可以不结婚》第 8 章，译林出版社 2015 年版，第 90 页）

按，《汉语大词典》"火辣"条未及"形容酷热""形容兴奋、激动、害羞、焦急等情绪引起的生理上的反应"两义，例证如上，不赘；"尖锐泼辣"义引郭沫若《洪波曲》为孤证，可补例（5）或例（6）为证；"形容难受或疼痛的感觉"义引徐光耀《一部尚未写完的书》为孤证①，偏晚，至迟清代已见，如《姑妄言》第 6 回："还不曾进得些须，嬴阳已觉火烧火辣。"②《玉燕姻缘全传》第 18 回："取了界方，每手把他打了十余下，只打得他火烧火辣，两泪汪汪。"③《现代汉语形容词辞典》"火辣辣"条仅列"形容热得像火在烧烤一样""形容疼痛像火在烧烤"两义④，《汉语大词典》及《现代汉语词典》《实用汉语形容词词典》⑤皆列四义，未及"形容身材、穿着打扮等充满性诱惑"义，如黄世英《男儿要远行·17》："叶晓楠骑辆雅马哈带着火辣辣打扮的女友米兰，

① 罗竹风主编：《汉语大词典》卷 7，汉语大词典出版社 1991 年版，第 18 页。

② （清）曹去晶：《姑妄言》（http：//bcc. blcu. edu. cn/zh/search/5/% E7% 81% AB% E7% 83% A7% E7% 81% AB% E8% BE% A3）。

③ （清）佚名：《云钟雁三闹太平庄全传·玉燕姻缘全传》，百花洲文艺出版社 1990 年版，第 411 页。

④ 陶然、萧良主编：《现代汉语形容词辞典》，中国国际广播出版社 1995 年版，第 103 页。

⑤ 罗竹风主编：《汉语大词典》卷 7，汉语大词典出版社 1991 年版，第 18 页；中国社会科学院语言研究所词典编纂室：《现代汉语词典》（第 7 版），商务印书馆 2016 年版，第 593 页；安汝磐编著：《实用汉语形容词词典》，中国标准出版社 1990 年版，第 292—293 页。

杂在人流里驶向立交桥。"① 阿亚梅《当雨季结束时·盛夏夜空》："筱文穿上跟若悔借来的细肩带和热裤，把她凹凸有致的身材衬托得更加焯着，火辣辣的身材让寝室的女孩眼红了。"② 曹志军《大医赋》第 49 章："那女人啊，你是不知道，火辣辣的身材，前凸后翘的，年龄都看不出来，说她年轻吧，感觉说话又挺有阅历的，说她不年轻吧，那小身段儿在那里放着呢，总之，我妈还真不是对手！"③

3. 热腾腾（第 1095 页）| 热腾

"热腾"在现代汉语中的使用频率比较高，如 2016 年 8 月 16 日在"人民网搜索"检索，我们就找到"热腾"用例 1400 多条。"热腾"与"热腾腾"相似，主要有三种用法，一是形容热气蒸腾的样子，例（1）、例（2）即其证；二是形容场面热闹嘈杂，例（3）、例（4）即其证；三是形容兴奋激动，例（5）、例（6）即其证。

（1）冰凉的手因有一杯热腾的茶的衬托而变得温暖，这份纯洁简单的温暖唤醒了自己沉眠的心灵。（龚小萍《慢品元曲》，文汇出版社 2014 年版，第 168 页）

（2）做年糕的这段时间，伴着热腾的水蒸气，家里家外都是热腾腾、忙碌碌的。（若三《絮说吴地"时新"》，古吴轩出版社 2015 年版，第 210 页）

（3）李丹丹自己呢？被眼前的热腾场面感染得悄悄地哽

---

① 黄世英编：《男儿要远行》，百花文艺出版社 1991 年版，第 259 页。
② 阿亚梅（Ayamei）：《当雨季结束时》，新世界出版社 2004 年版，第 112 页。
③ 曹志军：《大医赋》，东方出版社 2014 年版，第 284 页。

咽了……（周宪法《薇奥列塔甜蜜地睡了》，《蓝白集》，上海三联书店 1991 年版，第 233 页）

（4）下课以后，同学们三个一堆，五个一伙地跳呀，笑呀，玩呀，闹啦，<u>热腾</u>极了！（黄国玉《神秘的笔记本》，陈子君、高洪波选编《中国儿童文学作家成名作（小说卷）》，安徽少年儿童出版社 1995 年版，第 361 页）

（5）上海某出版社向周振甫索回胡士莹的书稿，使胡先生的心里<u>热腾</u>了一阵子。（李平、胡忌编《赵景深印象》，学林出版社 2002 年版，第 199 页）

（6）他觉得身上有点<u>热腾</u>起来，那不是因为天气闷热，而是这画中人催动他血液的流速，不由自主地心跳加快了。（刘芳华主编《胡雪岩韬略》（第 3 卷），吉林大学出版社 2009 年版，第 9 页）

按，《汉语大词典》已收"热腾"，仅列"形容兴奋激动"义，引曲波《林海雪原》、王拓《炸》为书证，未及"形容热气蒸腾的样子""形容场面热闹嘈杂"两义。① 表"形容热气蒸腾的样子"义的"热腾"至迟清代已见，如闵一得《天仙道戒忌须知》第一："从事上养之诀加以凝神定虑，用我目光，时巡海底，则下极自得热腾如沸。"② "热腾腾"条《现代汉语词典》《现代汉语

---

① 罗竹风主编：《汉语大词典》卷 7，汉语大词典出版社 1991 年版，第 241 页。
② （清）闵一得原著，董沛文主编，汪登伟点校：《古书隐楼藏书》（上），宗教文化出版社 2010 年版，第 180—181 页。

形容词辞典》① 仅列"形容热气蒸腾的样子"义。《实用汉语形容词词典》除列"形容热气蒸腾"义外，还指出"可以比喻心情和气象等"②。《汉语大词典》列有三义："热气蒸发貌"义引《二刻拍案惊奇》《红楼梦》《新儿女英雄传》为书证；"形容场面热闹嘈杂"义引《二刻拍案惊奇》为孤证，稍晚；"形容心情激动"义引柳青《创业史》为孤证，过晚。③《金瓶梅》第 37 回："自古养儿人家热腾腾，养女人家冷清清，就是长一百岁，少不得也是人家的。"④《生绡剪》第 7 回："随有一伙呵脬捧腿的，也就狐假虎威，那小人气焰一发热腾腾当不得了。"⑤ 此 2 例"热腾腾"皆形容场面热闹嘈杂。陆人龙《辽海丹忠录》第 1 回："热腾腾一点心情，任是饮刃断头，不忘君父，寸心不白，功丧垂成，一时几昧是非，事后终彰他忠荩，这又是忠之变，忠之奇。"⑥ 周竹安《载阳堂意外缘》第 5 回："(玉坛) 就拢着身去喜孜孜偎腮送舌，热腾腾叠股施枪，两个肩尖暂作金莲之架，一双玉体合成好字之形。"⑦ 此 2 例"热腾腾"形容心情激动。

4. 轻悠悠（第 1063 页）｜轻悠

"轻悠"在现代汉语中也比较常见，如 2016 年 8 月 16 日，在"国搜一下"检索，我们就找到了"轻悠"用例 70 余条。《现代

---

① 中国社会科学院语言研究所词典编纂室：《现代汉语词典》（第 7 版），商务印书馆 2016 年版，第 1095 页；陶然、萧良主编：《现代汉语形容词辞典》，中国国际广播出版社 1995 年版，第 180 页。

② 安汝磐编著：《实用汉语形容词词典》，中国标准出版社 1990 年版，第 586 页。

③ 罗竹风主编：《汉语大词典》卷 7，汉语大词典出版社 1991 年版，第 241 页。

④ （明）兰陵笑笑生：《金瓶梅》，人民文学出版社 2008 年版，第 906 页。

⑤ 吴建国主编：《新拍案惊奇》，岳麓书社 1993 年版，第 292 页。

⑥ （明）陆人龙：《辽海丹忠录》，远方出版社 2007 年版，第 2 页。

⑦ （清）周竹安：《载阳堂意外缘》，时代金典 2004 年版，第 34 页。

汉语词典》"轻悠悠"条列有两义①，而从我们找到的用例看，"轻悠"共有三义：形容动作轻快灵活，心情轻松自在，例（1）、例（2）即其证；形容声音轻柔，例（3）、例（4）即其证；形容轻得像要飘起来的样子，例（5）、例（6）即其证。

（1）在一个轻悠的午后，泡上一壶薰衣草茶，安静地品味着茶的馥郁芳香，不但能缓解身体的疲劳，还能帮助人们对抗抑郁，让心得到宁静。（汉竹编著《女人就喝花草茶》，江苏科学技术出版社 2014 年版，第 42 页）

（2）照理，散步应该是很有情调很浪漫的，幽静的环境，轻悠的步子，实在是一种享受！（刘保法《两次散步》，《纸船和风筝》，江苏科学技术出版社 2014 年版，第 114 页）

（3）贝多芬、肖邦、莫扎特、李斯特等人著名的乐曲旋律，在小巷间淡雅而轻悠地弥漫着。（李海瑞《重访鼓浪屿》，《旅尘集》，旅游教育出版社 1999 年版，第 241 页）

（4）一阵风拂过，在平静的池水上划出一道浅绿的波痕，池水微微漾起，轻吻着山石，发出轻轻的金属般的撞击声，在宁静的夜中显得分外轻悠……（李云海主编《中学生作文描写精品园》，岭南美术出版社 2001 年版，第 324 页）

（5）巨蟒从蓝天的缝隙钻出来，低头扎进清潭里，激起阵阵雄浑的呐喊，然后，飘起一股轻悠的雾。（杨彦《西南散记》，《绿色的岛》，广西人民出版社 1987 年版，第 119 页）

（6）有的似摘星巨手，有的如探海蛟龙，有的像欠海狂

① 中国社会科学院语言研究所词典编纂室：《现代汉语词典》（第 7 版），商务印书馆 2016 年版，第 1063 页。

澜，有的犹如<u>轻悠</u>的飘带要乘风飘去。（王震露《石林游记》，若涵编著《新新小学生作文扩写篇》，黑龙江人民出版社2001年版，第230页）

按，"轻悠"例证如上，不赘；"轻悠悠"也是现代汉语阶段才见使用，主要有两义。其一是形容轻飘飘的样子，如路遥《风雪腊梅》："天阴得仍然很重，雪花儿照旧轻悠悠地飘落着。"① 柯云路《夜与昼》第21章："一阵阵蒙蒙睡意袭来，她的身体一次次轻悠悠飘起来，躺到了云上。"② 路夫《鹤峰三日》："不觉中我忘了刻意学步的紧张，轻悠悠飘起来。"③ 其二是形容声音轻柔的样子，如李潮《春寒》："看到有些不了解情况的人欺骗他，刁难他，我就生气流泪，他却轻悠悠地说：'他们见识那么短浅，我和他们顶，不是更没见识吗！'"④ 高华《老站长》："老站长接过订货单翻了一阵，就把眼光移到我的脸上，轻悠悠地说：'先坐下来听听，脑筋开开窍，我们当后勤兵的可不能落趟啊。'"⑤ 孙见喜《危崖上的贾平凹》第五章："沉默，他又轻悠悠说：'修空住空被空缚，修静住静被静缚，修寂住寂被寂缚。'"⑥ 罗竹风主编《汉语大词典》、安汝磐编著《实用汉语形容词词典》及陶然、萧良主编《现代汉语形容词辞典》都没有收录"轻悠""轻悠悠"两条。

---

① 《路遥全集·一生中最高兴的一天》，北京十月文艺出版社2013年版，第256页。
② 柯云路：《夜与昼》，人民文学出版社1986年版，第325页。
③ 《路夫散文散曲集》，作家出版社2013年版，第84页。
④ 啸平等：《1949—1979江苏短篇小说选》（下），江苏人民出版社1980年版，第550页。
⑤ 张成珠等著：《踏遍千岭（短篇小说集）》，江苏人民出版社1978年版，第170页。
⑥ 孙见喜：《危崖上的贾平凹》，花城出版社2008年版，第100页。

三 收 AB 未收 ABB

《现代汉语词典》只收录基式 AB，而未收录 ABB 式状态词。有的 AB 与 ABB 词性相同，意义相同或相近，属于这类情况的比较多；有的 AB 与 ABB 词性不同，意义也有别，属于这类情况的词条相对较少。例如：

1. 脆生（第 224 页）｜脆生生

"脆生"是形容词，或指（食物）松脆，或指（声音）清脆；"脆生生"是状态词，义同"脆生"。就使用频率而言，"脆生生"似比"脆生"更为常见，如 2016 年 8 月 16 日，在 CCL 现代汉语语料库检索，能找到"脆生生"语料 38 条，"脆生"语料却仅有 12 条，其中还有 2 条属于词典的词条；在"国搜一下"检索，能找到"脆生生"相关新闻 105 篇，"脆生"相关新闻 96 篇；在"人民网搜索"检索，能找到"脆生生"语料 914 项，"脆生"语料却仅有 130 项。"脆生生"现代汉语纸质文本亦不乏其例，下引 5 例为证：

（1）鱼肉滑嫩，热气喷涌，外面金灿灿的面壳更是<u>脆生生</u>。（新华网，2010 - 05 - 27）

（2）那梨又甜又香，咬一口，<u>脆生生</u>，甜水顺着下巴直流。（严文井、崔坪主编《儿童文学短篇小说选》上册，儿童文学出版社 1979 年版，第 96 页）

（3）就听她唱歌，马脖子上串铃叮当当响，<u>脆生生</u>敲开了冰河。（雷抒雁《听歌》，《雷抒雁诗文集》（第 2 卷），人民文学出版社 2013 年版，第 87 页）

（4）放学后，你得意洋洋地向母亲请功，母亲却赏给你两耳光，<u>脆生生</u>的打在屁股上，一阵火烧火辣的痛。（金永福《汉子》，贵州人民出版社1990年版，第65页）

（5）这时我听到一个小女孩<u>脆生生</u>的声音："阿姨，我要买票。"（崔志霞《她，使我很难堪》，云洲主编《小学生300字作文大视野》，陕西旅游出版社2002年版，第84页）

按，《汉语大词典》已收"脆生生"条，列有两义，书证皆为今人用例①，偏晚。李开先《词虐·王舜耕骂驴》："脆生生的竹子，如油煤细徽，可也好吃？"② 洪昇《长生殿·惊变》："只几味脆生生，只几味脆生生蔬和果清肴馔，雅称你仙肌玉骨美人餐。"③ 此2例"脆生生"都是指（食物）松脆。清·黄南丁《杨乃武与小白菜案》第17回："只是你是个脆生生的文弱公子，带许多现钱，怕不要坏了你，如何好呢？"④ 蔡东藩《后汉演义》第69回："侯卓已微醺，（王允）仍令貂蝉出堂歌舞，脆生生的歌喉，娇怯怯的舞态，倾倒一时。"⑤ 此2例"脆生生"都是指（声音）清脆。

2. 水灵（第1226页）| 水灵灵

"水灵"是形容词，指（食物）鲜美多汁而爽口，或指（形

---

① 罗竹风主编：《汉语大词典》卷6，汉语大词典出版社1990年版，第1248页。
② （明）李开先著，卜键笺校：《李开先全集（中）》，上海古籍出版社2014年修订本，第1543页。
③ （清）洪昇著，魏崇新、杜改俊校注：《长生殿》，长春出版社2013年版，第99页。
④ （清）黄南丁著，秦汉标点：《中国古代四大奇案小说：杨乃武与小白菜案》，中国文联出版公司1996年版，第100页。
⑤ 蔡东藩：《后汉通俗演义》（下），新华出版社2015年版，第578页。

状、容貌）漂亮而有精神；"水灵灵"是状态词，义近"水灵"。"水灵"与"水灵灵"都比较常用。如2016年8月25日，我们在CCL现代汉语语料库查到的出现"水灵"的语料有149条、出现"水灵灵"的语料有129条；在"人民网搜索"检索，共查到"水灵"语料38000多条，"水灵灵"语料13000多条。"水灵灵"现代汉语纸质文本亦不乏其例，下引5例为证：

(1) 当水灵灵的白萝卜遇到了心灵手巧的烹饪师傅，会发生什么样的事情呢？（《手工DIY：用白萝卜雕花》，杨红樱《自然课·冬》，吉林美术出版社2013年版，第138页）

(2) 不看我也知道，留在我身后、我心里的是一座飘着温情脉脉细雨的水灵灵的小城。（《水灵灵的凤凰》，彭学军《真的很天真》，二十一世纪出版社2012年版，第78页）

(3) 姑娘们倒大方，目光都水灵灵、热辣辣地落在他们身上。（李伟新《特工之王》（之一），时事出版社2009年版，第349页）

(4) 我的北方的故乡小屯，你这往日里形容枯槁的老妇人，何时变成了水灵灵的俊俏媳妇呢？（《五月，水灵灵的乡村》，邢万生《美神》，长春出版社1990年版，第184页）

(5) 这是水鸟衔来的春，红也水灵灵，绿也水灵灵。这是渔网捞起的春，金也水灵灵，银也水灵灵。水灵灵的渔船是尖尖的春，水灵灵的鱼篓是扁扁的春；水灵灵的斗笠是圆圆的春，水灵灵的花伞是弯弯的春。（《水灵灵的鄱阳春》，邓丹心《红土地摇滚》，广西民族出版社1992年版，第6页）

按，陶然、萧良主编《现代汉语形容词辞典》"水灵""水灵灵"都未收录；安汝磐编著《实用汉语形容词词典》未收"水灵灵"；《汉语大词典》已收"水灵灵"条，列"形容漂亮而有精神""形容润泽、有生气"两义，书证皆为今人用例。[①] 第一义书证偏晚，至迟清代已见，如《刘公案》第 9 回："两耳藏春桃环佩，杏眼秋波水灵灵。"《狐狸缘全传》第 1 回："远黛含，新月晓，又宜嗔，又宜笑，黑白分，明星照，水灵灵好一双杏眼，细弯弯似柳叶的眉毛。"《康熙侠义传》第 177 回："韩智远在灯下看那邓芸娘，果然是黑黢黢的头发，白生生的脸膛，细弯弯的两道蛾眉，水灵灵的一双杏眼。"《彭公案》第 129 回："出来了一个尼姑，有二十多岁，长得十成人才，黑真真两道眉毛，水灵灵一对杏眼，面似桃花。"

3. 油花（第 1584 页）｜油花花

在现代汉语中，"油花"主要用作名词，指汤或带汤食物表面上浮着的油滴；"油花花"则有两义，一为名词，指汤、带汤食物或水面浮着的油滴，一为状态词，形容油水很多的样子。2016 年 8 月 25 日，我们在"人民网搜索"检索，共查到"油花花"语料 82 条。传统纸质文本也不乏其例，下引 6 例为证，前 3 例为名词，后 3 例为状态词：

（1）杨森疑惑问道："这道菜看上去清汤寡水的，连一点油花花也没有，也算是荣昌地方的特色名菜么？"（罗学蓬《万灵女汉子》，重庆出版社 2014 年版，第 311 页）

① 罗竹风主编：《汉语大词典》卷 5，汉语大词典出版社 1990 年版，第 891 页。

（2）你们搞环保的现在有事干哩，油区到处都是污染，连河里的水都漂着油花花，你们的罚款单子一开，他油老板和钻采单位谁敢不买你们的账？（王德明《断根草》（下），中国青年出版社2012年版，第550页）

（3）后来，主席请我跟他一起吃饭。主席吃的这饭呀，粮是粗粮，菜是素菜，菜里头也没有几个油花花！（章明《枣园红灯》，广东人民出版社1997年版，第34页）

（4）他与儿子对坐用饭，桌上唯有一碗咸菜芋艿汤，油花花地照出两个脑袋。（周时奋《一半秋山带夕阳》，上海社会科学院出版社2013年版，第162页）

（5）特别是中间那碗肥肉，香喷喷，油花花，块头大得惊人。（吴庆安《一碗粉蒸肉的故事》，《故事会》编辑部编《麦子长出来了》，上海锦绣文章出版社2013年版，第4页）

（6）穿了一件油花花皮夹克的隆重来了，看也不看周围的人，背对着榛子坐下来等候。（桂雨清《走过天堂》，中国青年出版社1999年版，第20页）

按，"油花花"有两义，罗竹风主编《汉语大词典》、安汝磐编著《实用汉语形容词词典》及陶然、萧良主编《现代汉语形容词辞典》等辞书均未收录。"油花"《汉语大词典》列有两义，其一为汤或带汤食物表面上浮着的油滴，例证自拟[1]，不妥，至迟明代已有用例，如《普济方》卷287："先将猪前蹄两只一斤，只用白水二升煮软，将汁分为两次，澄去上面油花，并下面淬肉。"[2]

[1] 罗竹风主编：《汉语大词典》卷5，汉语大词典出版社1990年版，第1074页。
[2] （明）朱橚等编：《普济方》（第7册），人民卫生出版社1959年版，第419页。

李梴《医学入门》卷5："每一字，用温浆少许，上滴香油一点，抄药在油花上沉下，却去浆水灌之，神效。"① 清代沿用。蒲松龄《禳妒咒》第24回："成捵的菜蒸一抓儿，豆腐带水一洼儿，连皮的萝卜一掐儿，挺硬的鸡蛋俩仁儿，煎或用个葱花儿，并不见个油花儿。"②《医方辨难大成》下集卷6："先用猪前蹄一只，炖腐漉清，吹去油花，始入药末二两，再熬数十沸。"③ 其二为油滑轻浮，引《豆棚闲话·虎丘山贾清客联盟》为孤证④，《汉语大词典订补》增补《吴江雪》第8回为书证⑤，甚是。这里再增补两个明代用例。《海公案》第64回："此人素与面生，何如叫吾嫂？抑亦知我在母家归来，想必是光棍油花之徒，乃不答而行，遂入小径，以避嫌疑。"⑥《警世阴阳梦》第10回："只看些外路光景，学得些油花行径。"⑦

4. 油腻（第1585页）｜油腻腻

在现代汉语中，"油腻"主要有两义，一为名词，指含油多的食物，一为形容词，指（食物）含油过多；"油腻腻"是状态词，亦有两义，一是形容含油脂多的样子，二是形容满是油污的样子。"油腻"与"油腻腻"都比较常用。如2017年7月3日，

---

① （明）李梴著，金嫣莉等校注：《医学入门》，中国中医药出版社1995年版，第432页。
② 《蒲松龄全集》，学林出版社1998年版，第2853页。
③ （清）佚名撰，马茹人、王荣根、邓丽娟标点：《医方辨难大成》，上海中医药大学出版社2006年版，第921页。
④ 罗竹风主编：《汉语大词典》卷5，汉语大词典出版社1990年版，第1074页。
⑤ 汉语大词典编纂处：《汉语大词典订补》，上海辞书出版社2010年版，第630页。
⑥ （明）李春芳编：《海公案》，中州古籍出版社1997年版，第112页。
⑦ （明）长安道人国清编次，卜维义校点：《警世阴阳梦》，春风文艺出版社1985年版，第48页。

我们在 CCL 现代汉语语料库检索，查到"油腻"语料 481 条、"油腻腻"语料 96 条；在"人民网搜索"检索，查到"油腻"语料 32468 条，"油腻腻"语料 720 条。"油腻腻"现代汉语纸质语料也不乏其例，下引 6 例为证，前 3 例形容含油脂多的样子，后 3 例形容满是油污的样子：

（1）公馆里许多人都不相信这回事。可是胡大把油腻腻的菜刀往砧板上一丢，拿围身布揩了揩手——伸出个中指，其余四个指头凌空地扒了几扒。（张天翼《包氏父子》一，《张天翼小说选集》，人民文学出版社 1979 年版，第 19 页）

（2）有几个穷人模样的人在阴沟出口用大铁勺捞里面流出来的泔水，泔水很稠，里面有大量的剩饭、肥肉，油腻腻的。（张笑天《朱元璋》，作家出版社 2005 年版，第 754 页）

（3）因为先下肉类，会把肉类中的油脂煮出来，原本一锅清淡的汤就会变得油腻腻的。（甘智荣主编《在家做火锅》，江西科学技术出版社 2015 年版，第 16 页）

（4）大妈移过一个油腻腻的枕头，让孩子枕好。（魏巍《山雨》第 7 章，《东方》，人民文学出版社 1978 年版，第 85 页）

（5）鸡笼似的房子，煤油炉子，傻里傻气的小姑子，一年到头穿着油腻腻的裤子，打着灯笼也找不到一个高干的儿子。（白桦《一束信札》，《白桦小说选》，四川人民出版社 1982 年版，第 64 页）

（6）从此他脱掉油腻腻的工作服，与 ABCD 为伴。（熊晓鸽《飞翔、追寻、圆梦》，苗绿、王辉耀主编《那些年，我们怎样创业》，中央编译出版社 2016 年版，第 202 页）

按，《汉语大词典》已收"油腻腻"，"形容含油脂多"义引《二十年目睹之怪现状》第 56 回为首证①，稍晚，《红楼梦》已有用例，如第 41 回："贾母听了，皱眉说：'这油腻腻的，谁吃这个！'"第 54 回："贾母笑道：'不是油腻腻的就是甜的。'"第 62 回："芳官便说：'油腻腻的，谁吃这些东西！'""形容满是油污"义引魏巍《壮行集·山雨》为孤证②，稍晚，至迟清末已有用例，如《二十年目睹之怪现状》第 64 回："柜台里面坐着一个没有留胡子的老头子，戴了一顶油腻腻的瓜皮小帽，那帽顶结子，变了黑紫色的了。"安汝磐编著《实用汉语形容词词典》与陶然、萧良主编《现代汉语形容词辞典》都未收录"油腻""油腻腻"。

上面列举的 4 组词条，《现代汉语词典》都只收 AB 而未收 ABB。前 2 组 AB 与 ABB 词性相同，意义相同或相近，与此类似的词条还有"干瘪（第 420 页）｜干瘪瘪""滑溜（第 561 页）｜滑溜溜""乱乎（第 856 页）｜乱乎乎""乱糊（第 856 页）｜乱糊糊""蓬松（第 988 页）｜蓬松松"等；后 2 组 AB 与 ABB 词性、意义有别，与此相类的词条还有"粉扑儿（名词，《现代汉语词典》第 385 页）｜粉扑扑（状态词，粉多貌，粉红貌）"等。

四　收录 ABB 式状态词及其基式的建议

有的 ABB 式状态词不仅词性与基式 AB 一致，意义也与基式 AB 相同或相近；有的 ABB 式状态词与基式 AB 有一定区别，或词

---

① 罗竹风主编：《汉语大词典》卷 5，汉语大词典出版社 1990 年版，第 1081 页。
② 同上。

性不同，或意义有别。《现代汉语词典》在处理这两类 ABB 式状态词时，应区别对待，不能采取一视同仁的态度。

（一）AB、ABB 词性一样、意义相同或相近时只收 AB

在现代汉语中，与 AB 词性相同、意义相同或相近的 ABB 式状态词很多。如果把此类 ABB 式状态词及其基式全部列入收录范围，就会大大增加《现代汉语词典》的负担。通常情况下，ABB 式状态词是由基式 AB 衍生而来，若 AB、ABB 都成词，两者词性相同、意义相同或相近，《现代汉语词典》可以考虑只收录 AB。据此，下次修订《现代汉语词典》可作如下调整：

第一，AB、ABB 都成词，两者词性相同、意义相同或相近，AB、ABB 都被收录的，保留 AB 条，删除 ABB 条。根据这一点，【干巴巴】、【空洞洞】、【冷清清】、【乱腾腾】、【热辣辣】、【阴沉沉】、【直溜溜】、【热乎乎】、【阴森森】等 ABB 条均可删除，保留相应的 AB 条即可。

第二，AB、ABB 都成词，两者词性相同、意义相同或相近，收 ABB 未收 AB 的，增收 AB 条，删除 ABB 条。根据这一点，【木呆呆】、【火辣辣】、【热腾腾】、【轻悠悠】等 ABB 条均可删除，增收【木呆】、【火辣】、【热腾】、【轻悠】等 AB 条。

第三，在与 ABB 式状态词词性相同、意义相同或相近的 AB 条的释语的末尾添加"‖也说 ABB"字样，如把"【蓬松】péngsōng 形 形容草、叶子、头发、绒毛等松散开。"改为："【蓬松】péngsōng 形 形容草、叶子、头发、绒毛等松散开。‖也说蓬松松的（péngsōngsōng·de）。"

（二）AB、ABB 词性不同、意义有别时宜兼收并蓄

在现代汉语中，AB 是 ABB 式状态词的基式，但两者词性不同、意义有别这样的词条组并不多。为了较好地反映目前现代汉语词汇的面貌，满足广大读者查考的需要，若 AB 是 ABB 的基式，但两者或词性不同，或意义有别，且它们的使用频率都达到了一定程度时，AB 与 ABB 式状态词《现代汉语词典》都应尽可能收录。事实上，《现代汉语词典》也是这样做的，如前文列举的"亮光｜亮光光、亮堂｜亮堂堂"等就都属此类。美中不足的是，《现代汉语词典》没有将此原则贯彻到底，下次修订《现代汉语词典》至少可增收【油花花】、【粉扑扑】、【油腻腻】等词条。

第三节　修订《辞源》需注意的增补问题

《辞源》是"为阅读古籍用的工具书和古典文史研究工作者的参考书，用来解决阅读古籍时关于语词典故和有关古代文物典章制度等知识性疑难问题"①。商务印书馆编辑部也明确指出："根据与《辞海》《现代汉语词典》的分工原则，确定将《辞源》修订为阅读古籍用的工具书和古典文史研究工作者的参考书，用来解决阅读古籍时关于词语典故和有关古代名物典章制度等知识

---

① 史建桥：《〈辞源〉修订三议》，《古汉语研究》2008 年第 1 期。

性疑难问题。"① 因此，大凡 1840 年鸦片战争以前的文献中出现过的关于语词典故和有关占代文物典章制度等方面的词语，尤其是使用频率较高的相关词语与疑难词语，都应成为《辞源》的收录对象。同时，《辞源》词条的每个义项，也应该尽量溯源探流，列出最为科学、合理的书证体系。但从实际情况看，《辞源》第三版在上述方面还做得不够好。看来，再次修订《辞源》，充分利用互联网与各种语料库，适当增加辞目（包括单字、复词及短语）数量，弥补书证缺失与滞后等问题，是修订者必须认真考虑的。

一　关于增补短语条目

短语是大于词的语法单位。是否收录短语，收录到什么程度，往往会令辞书编纂者感到棘手。再次修订《辞源》，首先就要明确什么样的短语应当收录，什么样的短语不应该收录。笔者认为，大凡成语、比较难懂的俗语、谚语、惯用语等短语形式，只要最早用例是在 1840 年以前的文献中出现的，《辞源》都可以考虑收录。关于增补短语条目，有以下两点值得特别重视。

（一）用好语料库，吸收已有成果

唐以后，尤其是明清时期才开始使用的短语，《辞源》常有遗阙。再次修订《辞源》，应注意充分利用语料库，用好历代训诂材料与《汉语大词典》及各种断代词典、专书词典、成语词

---

① 商务印书馆编辑部：《重排版出版说明》，载何九盈、王宁、董琨主编《辞源》（第三版），商务印书馆 2015 年版，正文前第 12 页。

典、俗语词典、惯用语词典等已有辞书及相关研究性论著，力求把符合《辞源》收录原则的短语全部纳入收录范围。例如：

第一，《汉语大词典》①与《汉大成语大词典》《汉语成语大辞典》《成语辞海》《汉语成语大全》②等辞书都收录有 3 个以"兔死"开头的短语：兔死狐悲、兔死狗烹、兔死犬饥，《辞源》仅收"兔死狐悲""兔死狗烹"两词③。

按，上述三个短语性质相仿，意义相关。"兔死犬饥"比喻敌人灭亡后，功臣不受重用，典出明代张居正《答两广刘凝斋言贼情军情民情》："鸟尽弓藏，兔死犬饥，故诸将士多张大贼势者，亦未可尽以为然也。"④《辞源》似可增补"兔死犬饥"。

第二，《汉语大词典》收录了 4 个以"一丝"开头的短语：一丝一毫、一丝不苟、一丝不挂、一丝两气⑤，《辞源》仅收"一丝不挂"⑥。

按，"一丝一毫"形容极其微少，唐以前偶有用例，宋代已不罕见。《太上慈悲道场消灾九幽忏》卷之一《叙问忏悔品第五》："今日所有一丝一毫、一名一种，以至恒河沙数罪业，从今生今日去，一发念心，愿得消灭。"⑦《宏智禅师广录》："如电如

① 罗竹风主编：《汉语大词典》卷 2，汉语大词典出版社 1988 年版，第 274 页。

② 汉语大词典编纂处：《汉语成语大辞典》，上海辞书出版社 2007 年版，第 821 页；冷玉龙、杨超、韦一心编：《成语辞海》，上海辞书出版社 2014 年版，第 985 页；梅萌编著：《汉语成语大全》，商务印书馆国际有限公司 2011 年版，第 1496—1497 页。

③ 何九盈、王宁、董琨主编：《辞源》（第三版），商务印书馆 2015 年版，第 379 页。

④ 广智书局编辑部校：《张江陵书牍》，广智书局光绪三十三年（1907）十月再版，第 74 页。

⑤ 罗竹风主编：《汉语大词典》卷 1，上海辞书出版社 1986 年版，第 89 页。

⑥ 何九盈、王宁、董琨主编：《辞源》（第三版），商务印书馆 2015 年版，第 17 页。

⑦ （汉）葛玄纂集：《太上慈悲道场消灾九幽忏》（http：//ctext.org/wiki.pl？if=gb&chapter=561792&remap=gb）。

影，如梦如响，了无一丝一毫为真为实，清净本然，个时周遍法界皆是。"①《续资治通鉴长编》卷四百三十"哲宗元祐四年"条："夫国家积财，惟以安国，民安则国安，故凡为国者，一丝一毫，皆当爱惜，惟于济民，则不当吝。"② 此条《汉语大词典》首引《二刻拍案惊奇》，过晚。

"一丝不苟"形容办事认真，连最细微的地方也毫不马虎，至迟明代已有用例，如徐霈《赠公祖陈虹州三载考成序》："无欲之旨濂溪已开先矣，而公之天资贞洁犹近之，故其壁立万仞之操，取予一丝不苟。"③《欢喜冤家》第 17 回："他是华亭秀士，为人耿直，一丝不苟。上帝敬重厚德，授以冥府君王之职，掌管一世亡魂。"④ 清代继之，如《林兰香》第 50 回："字如绳翅大小，而点画分明，一丝不苟，末又绣着'乌衣女隐'四字。"《乡言解颐》卷三《衣工》："其时只裙袖偶用镶边，且裁翦之余，一丝不苟。"此条《汉语大词典》首引《儒林外史》，稍晚。

"一丝两气"有两义，皆至迟元代已见。其一，犹言上气不接下气，形容心力俱疲。岳伯川《铁拐李》第 3 折："我才离了三朝五日，儿也这其间哭的你一丝两气。"佚名《朱砂担》第 4 折："哎哟天那！走的我软兀剌一丝两气。"其二，犹言气息奄奄，形容生命垂危。元佚名《斗鹌鹑·忆别》："牙床冷落了鸳鸯

---

① （宋）正觉：《宏智禅师广录》，李森编著《中国禅宗大全》，长春出版社 1991 年版，第 481 页。

② （宋）李焘：《续资治通鉴长编》，中华书局 1992 年版，第 10399 页。

③ （明）徐霈《东溪先生文集》卷 6（http://ctext.org/wiki.pl?if=gb&chapter=276905&remap=gb）。

④ 《欢喜冤家》是一部白话短篇小说集，署西湖渔隐著，作者的真实姓名及简历均不可考。一般认为，此书系明代崇祯十三年（1640）所作，分正、续二集，每集各 12 回，每回演述一个故事，多为男女之情。

被，减尽了千娇百媚。害的人一丝两气，方信道最苦是别离。"此义《汉语大词典》首引《水浒传》，稍晚。

（二）辩证看待已有成果

关于短语训释的成果已有很多，但水平参差不齐，甚至存在释义不确、解释含混、义项未赅等问题。对于已有成果，《辞源》修订者应仔细推勘，认真核查，避免将错就错，以讹传讹，贻误后人。例如：

第一，七大八小。《辞源》未收此条。《小说词语汇释》列有两义：大小不匀，引《老残游记》第10回为孤证；妻妾众多，引《醒世姻缘传》第44回为孤证。①《汉语大词典》列有三义：大小不一，引《西游记》第47回、《老残游记》第10回为书证；零落貌，引《红楼梦》第108回为孤证；谓妻妾众多，书证同《小说词语汇释》义项二。②《近代汉语大词典》列有三义：形容大小参差不齐，引《西洋记》第52回、《老残游记》第10回为书证；形容渐渐凋零，犹七零八落，书证同《汉语大词典》义项二；泛指众多的大妻小妾，书证同《汉语大词典》义项三。③《元明清文学方言俗语辞典》列有三义：大小不一样，有的大，有的小，书证同《汉语大词典》义项一；多妻妾，书证同《汉语大词典》义项三；零零落落，书证同《汉语大词典》义项二。④

---

① 陆澹安编著：《小说词语汇释》，中华书局1964年版，第24页。
② 罗竹风主编：《汉语大词典》卷1，上海辞书出版社1986年版，第149页。
③ 许少峰编：《近代汉语大词典》，中华书局2008年版，第1465—1466页。
④ 岳国钧主编：《元明清文学方言俗语辞典》，贵州人民出版社1998年版，第78页。

按，2017年7月6日，笔者在BCC语料库（古汉语）中进行检索，共找到"七大八小"20例，减去重复的3例，实为17例。排比归纳这些用例，发现有13例"七大八小"皆指"年龄、形状等方面大小不一"，不赘。现将其余4例胪列如下：《醒世姻缘传》第44回："狄亲家房中又没有七大八小，膝下又没有三窝两块，只有一男一女。"又第82回："后来又搭识了个来历不明的歪妇，做了七大八小。"又第88回："怎禁的贼人胆虚，一双眼先不肯与他做主，眊眊稍稍，七大八小起来。"《红楼梦》第108回："这十二钗说是金陵的，怎么家里这些人如今七大八小的就剩了这几个。"根据上下文语境可知，前2例"七大八小"为名词性，第1例指"众多妻妾"，第2例指"小老婆"，二者可合并为一个义项：众多妻妾，有时特指妾；后2例"七大八小"为谓词性，第3例"七大八小"犹言"散乱"，第4例犹言"衰落"，二者可合并为一个义项：零落貌。显然，再次修订《辞源》，如果收录"七大八小"，就不能照搬上述任何一家辞书的释义。

第二，穷快活。《近代汉语大词典》①《新编俗俚语大全》②等辞书已收，释义皆为"因无聊而自我作乐消遣"。

按，"穷快活"《辞源》《汉语大词典》等辞书都没有收录，《近代汉语大词典》《新编俗俚语大全》释义不确。"穷"意味着环境恶劣、没有出路、缺乏财物，这样的处境很难与"快活"结缘，但在"穷快活"一词里，"穷"与"快活"辩证统一，意思大约与"以苦为乐，苦中作乐"相当，充满乐观主义精神。现在

---

① 许少峰主编：《近代汉语大词典》，中华书局2008年版，第1544页。
② 陆静贞主编：《新编俗俚语大全》，浙江古籍出版社2007年版，第201页。

仍有部分汉语方言使用"穷快活"。吴组缃《一千八百担》："可是我有一句话，说了，你老叔莫多心：你老叔是叫花子嫖院，穷快活。"① 汤登仲《穷快活》："想当年，下乡知青两三角钱一个劳动日，收工后还唱样板戏，拉二胡吹笛子，彼此戏谑为'穷快活'；城里的青工喝三年盐菜汤，才攒得一块手表钱，也没有听说谁不快活。"② 荀子容《摆调穷快活》："有个光身汉无家无业，靠给人家帮工过日子。你别看他穷，一天到晚总是乐呵呵的，人们都叫他'穷快活'。"③ 显然，上述 3 例"穷快活"都大致与"以苦为乐，苦中作乐"相当。

"穷快活"至迟宋代已见，之后亦屡有使用。方逢辰《赠月心》："苍苔破屋生涯足，淡饭清汤梦寐安。认得秀才穷快活，何须烦恼做穷官。"④ 谢应芳《穷快活》："香风袅袅花满林，花间鸟有快活吟。吾生天与穷快活，一鸣可不如春禽。"⑤ 方逢辰例既有"苍苔破屋""淡饭清汤"之语，又有"生涯足""梦寐安""何须烦恼"之语，说明诗人虽然处境窘迫，但处之泰然，过得很快活，"穷快活"显指"以苦为乐，苦中作乐"。顾梦游《题妻儿累图》："人人道是妻儿累，此老独称穷快活。一家家计尽随身，日日团圞百年乐。君不见，守财防盗忧吏虐，要人籍没，成瓯脱腰。"皆其证。显然，如果再次修订《辞源》，收录

---

① 吴组缃：《吴组缃代表作》，华夏出版社 1998 年版，第 130 页。

② 《常德广播电视报》1999 年 8 月 23 日。

③ 白庚胜主编：《中国民间故事全书（河南·新野卷）》，知识产权出版社 2011 年版，第 319 页。

④ （宋）方逢辰：《蛟峰文集》卷 6，引自周惠编著《宋朝状元诗榜眼诗探花诗》，昆仑出版社 2009 年版，第 204 页。

⑤ （元）谢应芳：《龟巢稿》卷 17，引自刘明今《辽金元文学史案》，上海古籍出版社 2004 年版，第 369 页。

"穷快活"，就不能照搬《近代汉语大词典》《新编俗俚语大全》的释义。

二 关于增补词条与义项

《辞源》共收辞目近 10 万条，其中多数是复音词。我们认为，近 10 万条还难以满足古籍阅读者和古典文史研究工作者的需求，可以考虑把辞目扩充到 15 万条左右，特别是增加复音词的数量。

（一）遵循同类相及原则

编写大中型辞书，一般要遵守同类相及原则。也就是说，如果某辞书收录了某个复音词，那么与之相似、相对、相反的同类词语一般也应收录。比如，某辞书把"公""侯"当作收录对象，同类的"伯""子""男"等词自然也是收录对象；如果收录"恶子"，那么"恶少""恶女"一般也当收录。作为规模较大的语文性工具书，《辞源》也需遵守这个原则。《辞源》在这方面做得还不够，再次修订需慎重考虑，避免遗漏。例如：

第一，"兔毫""兔管""兔翰""兔颖""兔鬣"都可以指毛笔，《汉语大词典》五词并收①，《辞源》仅收"兔毫"②，未收其余四词。

按，"兔管"指毛笔，至迟宋代已见。宋项安世《大人生日》："兔管鸾笺松字日，金风玉露菊花天。"元伊士珍《琅嬛

---

① 罗竹风主编：《汉语大词典》卷 2，汉语大词典出版社 1988 年版，第 274—276 页。
② 何九盈、王宁、董琨主编：《辞源》（第三版），商务印书馆 2015 年版，第 379 页。

记》：“茧纸发其枝干，兔管借之羽毛。”①《汉语大词典》“兔管”条引明陈汝元《金莲记》为首证，过晚。

“兔翰”指毛笔，至迟唐代已见，宋代沿用。唐黄滔《误笔牛赋》：“况乎鸟文黛暗，驳彩花新，兔翰初停，旁起落毛之想；鼠须尚对，遥怀食角之因。”② 唐崔致远《有唐新罗国故两朝国师教谥大朗慧和尚白月葆光之塔碑铭（并序）》：“狂奴态余率尔应曰：‘仆编苫者，师买菜乎？’遂绊猿心，强摇兔翰，意得《西汉书·留侯传》□云：‘良所与上从容言天下事甚众，非天下所以存亡故不著。’”③ 宋项安世《又中秋沿檄新昌道中有怀》：“坐想鸰原挥兔翰，遥知鹤发念貂裘。”④《汉语大词典》“兔翰”条引《误笔牛赋》为孤证。

“兔颖”指毛笔，至迟宋代已见。黄庭坚《戏答赵伯充劝莫学书及为席子泽解嘲》：“空余小来翰墨场，松烟兔颖傍明窗。”陆游《辛酉除夕》：“松煤染兔颖，秉烛题桃符。”赵文《望海潮·次龙有章韵》：“兔颖吟苦，鹬裘解尽，何意此□游梁。”注：“兔颖，指毛笔。”⑤《汉语大词典》“兔颖”条引《警世通言》为首证，过晚。

“兔毫”指毛笔，至迟明代已见。陈汝元《金莲记·慈训》：

① （宋）项安世：《大人生日》（http：//bcc. blcu. edu. cn/zh/search/5/％E5％85％94％E7％AE％A1）；（元）伊士珍：《琅嬛记》（http：//bcc. blcu. edu. cn/zh/search/5/％E5％85％94％E7％AE％A1）。

② 马积高、万光治主编：《历代词赋总汇（唐代卷）》，湖南文艺出版社 2014 年版，第 2442—2443 页。

③ （清）董诰等编：《全唐文》，山西教育出版社 2002 年版，第 6472 页。

④ 邓国光、曲奉先编：《中国历代咏月诗词全集》，河南文艺出版社 2003 年版，第 323 页。

⑤ 朱德才主编：《增订注释全宋词（第 4 卷）》，文化艺术出版社 1997 年版，第 279 页。

"你父亲恩隆凤炬，全仗鼠须；宠锡龙章，多凭兔鬣。"李腾芳《问机愚公》："蟾蜍吸井冰，兔鬣难立奋。"① 皆其证。《汉语大词典》引《金莲记·慈训》为孤证。

第二，"兔葵""兔奚""兔丝""兔卢""兔丘""兔竹""兔缕""兔头"等都属植物名称，《汉语大词典》八词并收②，《辞源》收前面七词③，未收"兔头"。

按，"兔头"系瓜的一种。《广雅·释草》："瓜有龙肝、虎掌、羊骹、兔头、桂枝、狸头……秋无余、缣瓜，瓜属也。"元·李果《食物本草·卷八·蔬果类·甜瓜》引王祯《农书》云："瓜品甚多，不可枚举。以状得名，则有龙肝、虎掌、兔头、狸首、羊髓，蜜筒之称；以色得名，则有乌瓜、白团，黄瓤，白瓤，小青，大斑之别。"《杜家立成杂书要略·三十四》："菟头始熟，方底新成。"王晓平笺注："菟头：'菟'通'兔'。兔头，瓜的一种。"④《汉语大词典》引《广雅》为孤证⑤。

第三，"兔魄""兔轮""兔月"都是"月亮"的别名，《汉语大词典》四词均已收录⑥，《辞源》收"兔魄""兔轮"两词⑦，未收"兔月"。

按，"兔月"南北朝已见，历代沿用。庾信（513—581）《七夕赋》："兔月先上，羊灯次安。"江总（519—594）《关山月》：

———————

① 《夏原吉集·李湘洲集》，岳麓书社2012年版，第164页。

② 罗竹风主编：《汉语大词典》卷2，汉语大词典出版社1988年版，第274—276页。

③ 何九盈、王宁、董琨主编：《辞源》第三版，商务印书馆2015年版，第379页。

④ 张伯伟主编：《域外汉籍研究集刊（第2辑）》，中华书局2006年版，第327页。

⑤ 罗竹风主编：《汉语大词典》卷2，汉语大词典出版社1988年版，第276页。

⑥ 同上书，第274—276页。

⑦ 何九盈、王宁、董琨主编：《辞源》（第三版），商务印书馆2015年版，第379页。

"兔月半轮明，狐关一路平。"江总《箫史曲》："来时兔月满，去后凤楼空。"《金光明经玄义》卷下："为钝根故起大悲心，钝人守指守株，宁知兔月？"唐杨师道《阙题》："羊车讵畏青门闭，兔月今宵照后庭。"唐张锐《尊胜也罗尼宝幢铭（并序）》："妙崇宝相载实经，旁悬兔月挂鹑星。"元汪斌《踏莎行·雪晴纵步》："兔月初眉，瑶峰眩目。"皆其证。

又按，《汉语大词典》"兔轮"条引元稹（779—831）《梦上天》为孤证①，稍晚，探流不够。该词至迟初唐已见，如卢照邻（约636—约680）《益州至真观主黎君碑》："星桥对斗，像牛汉之秋横；月碳紫城，疑兔轮之晓落。"唐代以降，南唐、宋代乃至清代仍有用例，如南唐殷崇义《南唐祈仙观记》："其或牛野风高，兔轮秋半。"宋释行海《秋日纪感》："龟土圻烟秋望雨，兔轮生晕夜占风。"宋·郑清之《和郑制干迁居》："风牖喜便鸿案举，月台长对兔轮孤。"清·吴农祥《月岩》："光从牛斗发，影落兔轮寒。"

第四，"年兄""年伯""年侄""年谊""年家子""年翁""年家""年丈""年弟""年嫂""年晚生""年侍生"等都是与科举考试相关的词条，《辞源》已收前面五词②，未收后面七词。

按，"年翁"等11词《汉语大词典》已收③，可参，"年嫂"《汉语大词典》、许少峰《近代汉语大词典》皆缺，《汉语大词典

① 罗竹风主编：《汉语大词典》卷2，汉语大词典出版社1988年版，第276页。
② 何九盈、王宁、董琨主编：《辞源》（第三版），商务印书馆2015年版，第128—129页。
③ 罗竹风主编：《汉语大词典》卷1，上海辞书出版社1986年版，第648—656页。

订补》增补"年嫂"条，引《沈小霞相会出师表》《型世言》为书证①，甚是。科举考试中，同榜中举的人都是同年，同年之间互称"年兄"，称对方的夫人为"年嫂"，该词明代已较为常见，下面再增补3个非小说用例为证。袁宏道《白苏斋类集》卷36："馆中兄弟，渐至晨星，萧玄圃又携年嫂、年侄旅榇西归矣。"叶宪祖《鸾鎞记》第25出："〔见介小生〕小弟闻得迎取年嫂到京，特来拜贺。〔生〕多谢。正是室家之乐也是人生第一事，年兄不知肯听小弟的管见么？〔小生〕愿闻。"叶宪祖《碧莲绣符》第8折："（小生）请年嫂相见。（净）宠儿！快教你母亲，服事章夫人出来。"

（二）增补文物典章制度方面的词条

《辞源》既然把"解决阅读古籍时有关古代文物典章制度等知识性疑难问题"② 作为自己的主要任务之一，就应在这方面多下功夫，加强互联网、语料库检索力度，拓宽检索范围，力争把古籍中的这类词语收全，解说正确。就《辞源》看，这方面也尚待改进，尤其是对近代汉语语料才出现的这类词语重视不够。例如：

【小马】指清代衙署中的一种执役人员。《辞源》未收。

按，该条《汉语大词典》已收，引《清史稿》为孤证③。清白话小说有用例。《温凉盏》第30回："列位明公，这陈住儿

---

①　汉语大词典编纂处：《汉语大词典订补》，上海辞书出版社2010年版，第77页。

②　史建桥：《〈辞源〉修订三议》，《古汉语研究》2008年第1期。

③　罗竹风主编：《汉语大词典》卷2，汉语大词典出版社1988年版，第1615页。

来到京师里，鬼混了几年，仗着狐朋狗友，扯棚拉纤，弄了几两银子，在南城谋干了一个小马充当。"《歧路灯》第 7 回："班役同德喜、邓祥见了管税的衙役小马之辈，一口咬定二十两。"《清史稿》是"1914 年北洋政府召集赵尔巽等 60 余位当时文史专家共同编修的"①，而《温凉盏》是"清代白话长篇才子佳人小说"，"成书于清乾隆二十年（1755）以前"②，要比《清史稿》早 150 年以上。《歧路灯》的创作始于 1749 年，1777 年脱稿③，也比《清史稿》早 140 年以上。《清实录》也有用例，如杨静亭《都门纪略·戏提调歌》："是日必向司坊中借二三执鞭者，在门前弹压，名曰'官人'，又曰'小马'。"《都门纪略》"原刊于道光二十五年（1845 年），是一部为外省客居京城的商人和士子提供生活实用信息的书籍，被学者视为最早的北京旅行指南。"④《清实录·道光朝实录》卷 268："近有惯走衙门之徒，交通皂役，直入监禁重地，传递语言；潜伏附近地方，等候部中小马，探听案情。"⑤ 显然，上述 2 条也要比《清史稿》早数十年。

【杌子】坐具。宋·曾慥《类说》三四引《摭遗》："唐明皇召安禄山，用矮金裹脚杌子赐坐。"《水浒》二四："（武

---

① 翟明主编：《国学知识全知道》，中国华侨出版社 2015 年版，第 349 页。

② 张兵主编：《500 种明清小说博览》，上海辞书出版社 2005 年版，第 1036 页。

③ 司全胜：《河洛古代文学概览》，河南文艺出版社 2007 年版，第 245 页。

④ 季剑青：《周作人笔下的北京风土》，崔志远、吴继章主编《中国语言文学研究》2015 年春之卷，社会科学文献出版社 2015 年版，第 137 页。

⑤ 《清实录》（http：//bcc. blcu. cn/zh/search/5/％ E7％ AD％ 89％ E5％ 80％ 99％ E9％ 83％ A8％ E4％ B8％ AD％ E5％ B0％ 8F％ E9％ A9％ AC）。

松）掇个杌子，自近火边坐也。"①

按，《辞源》释语太笼统。据郭芹纳考证，一般的杌子高 1.75 尺，长、宽均为 1.35 尺，油漆考究，做工颇精，比太师椅略高。小杌子高 1.55 尺，长宽各为 1.16 尺，比大杌子略小。所以，"杌子"可释为："杌子，旧时的坐具之一，其大小、高矮与椅子基本相同，但无靠背。通常是正方形，也有六角形的。"② 显然，郭说要比《辞源》高明不少。《汉语大词典》"杌子"条释语为"小凳子"③，不确，故《汉语大词典订补》④ 采纳郭芹纳的观点作了补订。

（三）增补已有词条义项

《辞源》所收词条，通常只列一个义项，或为词的本义，或为词的常用义。实际上，无论是在古代汉语中，还是在近代汉语中，同一词条在不同的语境往往具有不同的意义，词义之间虽然通常有某种内在联系，但这种联系有时比较明朗，有时则比较晦涩。换言之，《辞源》所列词条的未收义项有的可以直接从已收义项推出，有的则不能。再次修订《辞源》，应适当考虑词语的多义性，为部分词条增补义项。

第一，增补词性不同的义项。有的词语有两个或两个以上义

---

① 何九盈、王宁、董琨主编：《辞源》（第三版），商务印书馆 2015 年版，第 2002—2003 页。
② 郭芹纳：《训诂学》，高等教育出版社 2005 年版，第 232 页。
③ 罗竹风主编：《汉语大词典》卷 4，汉语大词典出版社 1989 年版，第 773 页。
④ 汉语大词典编纂处：《汉语大词典订补》，上海辞书出版社 2010 年版，第 482 页。

项，义项之间虽然有一定联系，但词性并不相同。如果词性不同的义项之间联系比较隐蔽，大中型辞书似以并收为佳，这方面《辞源》做得不是很好。例如：

> 【打麦】儿童拍掌的游戏。《旧唐书》一五八《武元衡传》："先是，长安谣曰：'打麦麦打三三三。'"宋高承《事物纪原》九《博弈嬉戏·打麦》："今俗儿戏有打麦，鼓掌作打麦声，后必三拍之，抑缘此也。"①

按，除《辞源》已收词义，"打麦"还可以指"用工具使麦子去皮或脱粒"，唐宋已多见。唐戴孚《广异记·高励》："高励者，崔士光之丈人也。夏日，在其庄前桑下，看人家打麦。"五代沈汾《续仙传·宜君王老》："于是祥风忽起，彩云如蒸，屋舍草树，全家人物鸡犬，一时飞去，空中犹闻打麦声，数村人共观望惊叹。"北宋曾公亮《武经总要前集·器图》："铁链夹棒。本出西戎，马上用之，以敌汉之步兵。其状如农家打麦之枷，以铁饰之，利於自上击下。"北宋张舜民《打麦》："打麦打麦，彭彭魄魄，声在山南应山北。"《三国演义》："懿接入，礼毕，淮曰：'吾闻蜀兵不多，现在卤城打麦，可以击之。'懿细言前事。"清李永绍《观打麦》："老人静息无些事，来听田夫打麦声。"皆其证。该义名词化，可指儿童拍掌的游戏。"打麦"条《辞源》仅列名词义，未列动词义。《汉语大词典》已收动词义，但引南宋·陆游《禽言》"老翁老尚健，打麦持作饭"句为孤证②，偏

---

① 何九盈、王宁、董琨主编：《辞源》（第三版），商务印书馆 2015 年版，第 1600 页。

② 罗竹风主编：《汉语大词典》卷 6，汉语大词典出版社 1990 年版，第 323 页。

晚，探流不够。

第二，增补语义特征差异较大的义项。有的词语有好几个义项，各义项词性相同，但语义特征有较大差异。遇到这种情况，大中型辞书一般应当并收，《辞书》尚存在这方面的不足。例如：

【抽分】宋与海外互市，根据外货的粗细，定不同税率，谓之抽解。元承宋制，除抽外来商货外，也抽土货税。至元二十年，始定抽分法。按值抽取商税若干分之几。明设抽分厂，科收竹木柴薪税。参阅《元史·食货志二·市舶》《明史·食货志五·商税、市舶》。①

按，"抽分"至少还有两义《汉语大词典》②与《辞源》均未收录。其一为"分成提取"义③。元顺帝元统三年（1335）所作《敕修百丈清规·卷七·板账式》："估唱得钱必照板账，支用外其钱作三七。抽分归常住（百贯抽三十贯，不满百贯则不抽分），余则均俵僧众。"李渔《十二楼·归正楼》第1回："我家的伴当，个个生得嘴馋，惯要偷酒偷食，少刻送桌面过去，路上决要抽分，每碗取出几块。"《醒世姻缘传》第50回："这银子不是叫我又添出来，不过还是援例的银内抽分的。"其二为官职名称，系"抽分主事"或"抽分员外"的简称，指"在关口、码头等掌征收各种实物税的官员"。《醋葫芦》第9回："此人姓胡，名芦提，别号爱泉，原是汀洲人氏，年纪五六十岁，不曾中得进

---

① 何九盈、王宁、董琨主编：《辞源》（第三版），商务印书馆2015年版，第1632页。
② 罗竹风主编：《汉语大词典》卷6，汉语大词典出版社1990年版，第453页。
③ 王锳：《〈汉语大词典〉一些条目释义续商》，《中国语文》2002年第3期。

士，亏得家兄势力，选了个抽分。"《醉醒石》第 7 回："在部冷坐了几时，用了个分上，谋得个九江抽分。"下面是 2 个"抽分主事""抽分员外"用例。《型世言》第 15 回："目下有商人来买皇木，每株三钱，老奴已将山中大木，尽行判与，计五千株，先收银五百两。尚欠千两，待木到黄州抽分主事处，关出脚价找还，已着关保随去。"王锳、吴书荫注："抽分主事，在关口、码头掌征收各种实物税的官员，属工部。"① 第 18 回："他父亲做知县病故，王太守初任工部主事，转抽分员外，升河道郎中，又升知府。"此例称"王太守初任工部主事，转抽分员外"，即说"转"，不说升或降，则"工部主事"当与"抽分员外"平级。同为"主事"，"工部主事"亦当与"抽分主事"平级，故"抽分主事"与"抽分员外"当是对同一职衔的不同称呼。

【叔翁】父亲的叔父，即叔祖。参见"叔婆"。②

按，除指叔祖外，"叔翁"还可指叔父。《夷坚东志·卷15·田三姑》："少顷忽拱手曰：'叔翁万福。'又曰：'庆孙汝可上床坐。'叔翁者，田三之季父珏，庆孙者其稚子也，皆亡矣。"《海公案》第 65 回："淑姬听得婶妈与叔翁吵闹，不知何故，潜起听之，乃是骂己与叔翁有奸。"《锦香亭》第 6 回："景期道：'叔翁如何一向不曾说起，忽然要去，莫非我夫妇有甚得罪么？'万春道：'你们有甚得罪？俺恐怕郎君、侄女挽留，故此不说，那知俺已打点多时了。'"《凤凰池》第 7 回："湘夫少不得故意辞谢，

① （明）陆人龙著，陈庆浩校点，王锳、吴书荫注释：《型世言》，新华出版社1999 年版，第 272 页。

② 何九盈、王宁、董琨主编：《辞源》（第三版），商务印书馆2015 年版，第 620 页。

道：'令爱瑶岛琼姿，小侄蓬门寒士，何敢仰结丝萝，自贻伊丑。况小侄向蒙老叔翁厚恩，视如犹子，不胜顶戴，今又欲谬厕射雕之选，使后来有负大德，遗笑将来，尚祈老叔翁图之。'"陆以湉《冷庐杂识·谳狱》："无锡县民浦四童养媳王氏，与四叔经私，事发……臬司以王氏呼浦四之父为翁，翁之弟是为叔翁，又驳……童养之妻，虚名也。王习呼四为兄，四呼为妹，称以兄妹，则不得科以夫妇。四不得为夫，则四叔不得为叔翁。"蔡东藩《南北史演义》第48回："女为嫠妇，使之改适，一不可也；以侄妇而再醮叔翁，逆伦伤化，二不可也。"《辞源》《汉语大词典》"叔翁"条失收此义。

又，《辞源》"叔翁"之"叔祖"义缺书证。韩愈《祭李氏二十九娘子文》："维年月日，十八叔翁及十八叔婆卢氏，遣昶以庶羞之奠，祭于李氏二十九娘之灵。"按，李氏系韩愈侄孙女。南宋·王明清《挥麈前录》卷2："是时，母氏年九岁，偶至东府门外观阅，归告文肃云：'翁翁明日相矣，适见快行家宣叔翁入内甚急，以是逆料。'已而果然。"明余象斗《南游记》卷2："不敢相瞒，我是你外公。那一个是我弟郎，你该叫他叔翁。你如今不必啼哭，你母被那贼秃拿到此过，不想刚刚被我两兄弟撞见，那贼秃被我二人打走去了，你娘救得在我家里。"《汉语大词典》"叔翁"条已列"叔祖"义，引韩愈《祭李氏二十九娘子文》为孤证①。

三 增补书证

书证是义项的基础和依据，辞书的例证应注意不同历史时期

---

① 罗竹风主编：《汉语大词典》卷2，汉语大词典出版社1988年版，第880页。

的阶段性和文体类型的多样性。就《辞源》看，书证方面主要存在两个方面的问题。

（一）书证缺失

同样性质的词语，有的《辞源》列有书证，有的却无书证，体例不一致。再次修订时，应考虑到书证方面的一致性，力争同类词语使用同一标准。如果是专有名词，可以考虑统一不列书证；如果是普通名词，则应争取都列书证，原来没有书证的，应考虑增补。例如：

【法尺】又称天蓬尺。道教法器名，一般用桃木制成，上刻星象，用于驱鬼，或作镇坛之物。①

按，"法服""法器""法鼓"皆有书证，与此相类的"法尺"无，下举4例为证。元朱丹溪《格致余论·虚病痰病有似邪祟论》："今乃惊以法尺，是惊其神而血不宁也；喷以法水，是冷密其肌，汗不得泄也。"《道法会元·卷一百五十六·神尺秘旨》："天蓬法尺则长一尺二寸，以应一年十二月；阔八分，取八节；厚四分，则四时。"明赵贞观《绛雪丹书·产后上卷·妄言妄见论》："病家勿求速效，医［家］勿任去邪，喷以法水，惊以法尺，率致不救。"明江瓘主编《名医类案·卷八·邪祟》："此妇痰热殆甚，乃以法尺惊其神，使血不宁，法水逆其肤，使汗不得泄，不死何俟?"《汉语大词典》未列"法尺"条。

---

① 何九盈、王宁、董琨主编：《辞源》（第三版），商务印书馆2015年版，第2320页。

【法堂】义项二：审理诉讼案件的公堂。今称法庭。①

按，"法堂"义项一列有书证，义项二缺书证。实际上，义项二至迟元代已见，后世沿用。元关汉卿《杜蕊娘智赏金线池》第4折："贤弟，恭喜你两口儿圆和了也！但这法堂上是断合的去处，不是你配合的去处。"清夏敬渠《野叟曝言》第27回："前日法堂之上险些儿受了官刑，不要说娇怯身躯捱不起无情竹片，而一经刑责，亏体辱亲，有何面目以见邻族亲友乎？"《七侠五义》第47回："文大人对孙荣道：'令岳做事太率意了。此乃法堂，竟敢遣人送书，于理说不去罢？'"《汉语大词典》"法堂"之"审理诉讼案件的公堂"义引《二十年目睹之怪现状》第25回为孤证②，《汉语大词典订补》增补《盆儿鬼》第4折为书证③。

（二）书证滞后

作为溯源性质的工具书，《辞源》应力争为每个词条乃至每个义项找到最早的书证。在这方面，《辞源》也或多或少地存在问题。例如：

【展样】义项二：气度恢宏。《红楼梦》六七："难为宝姑娘这么年轻的人，想得这么周到，真是大户人家的姑娘，

———————

① 何九盈、王宁、董琨主编：《辞源》（第三版），商务印书馆2015年版，第2323页。
② 罗竹风主编：《汉语大词典》卷5，汉语大词典出版社1990年版，第1043页。
③ 汉语大词典编纂处：《汉语大词典订补》，上海辞书出版社2010年版，第628页。

又展样，又大方，怎么叫人不敬奉呢！"①

按，书证偏晚，《汉语大词典》《元明清文学方言俗语辞典》亦仅引《红楼梦》为孤证②。"展样"一词宋代已初见，如《宋会要·章奏》："近日中外颇违约束，望令合门、御史台、进奏院申戒，除用常程表纸、三抄西川麻纸外，更不得别用展样大纸、笺纸、屑纸。"清初也不乏其例，如蒲松龄《聊斋俚曲·翻魇殃》第11回："反转星星人四个，按上一张镢头床，破矮桌安上也不展样。"又同回："咱的人家原不大，从新盖了几间房，安上吻兽才展样。"

【打尖】旅途中休息或进饮食。《红楼梦》十五："那时秦钟正骑着马随他父亲的轿，忽见宝玉的小厮跑来请他去打尖。"参阅清·福格《听雨丛谈》十一"打尖"。③

按，书证偏晚，《汉语大词典》则引福格（1796—1870）《听雨丛谈·打尖》为首证④，亦稍晚。"打尖"条明末清初已多见。李渔（1611—1680）抄本《锦香亭》第5回："打尖时节，还有那些不怕人的猢狲跳在身旁边看人吃饭。"蒲松龄（1640—1715）《聊斋俚曲》已使用该词，如《翻魇殃》第9回："二相公要打尖，脚离镫下雕鞍，迈步进了房子店。"《磨难曲》第22回："出离京城，走了一程，人马皆饥，且下马打尖则个。"《富贵神仙》

---

① 何九盈、王宁、董琨主编：《辞源》（第三版），商务印书馆2015年版，第1227页。
② 罗竹风主编：《汉语大词典》卷4，汉语大词典出版社1989年版，第46页；岳国钧主编：《元明清文学方言俗语辞典》，贵州人民出版社1998年版，第1279页。
③ 何九盈、王宁、董琨主编：《辞源》（第三版），商务印书馆2015年版，第1599页。
④ 罗竹风主编：《汉语大词典》卷6，汉语大词典出版社1990年版，第313页。

第 9 回："打了打尖，打了打尖，翻身上马又加飞颠。"皆其证。

【雨衣】降雨时所著衣，初以蓑草制成。后亦有以绢及油布等制成者。唐·许浑《丁卯集》上《材舍》诗之一："自剪青莎织雨衣，南峰烟火是柴扉。"①

按，书证过晚，《汉语大词典》首引《左传·哀公二十七年》"成子衣制，杖戈。"西晋杜预注："制，雨衣也。"② 亦晚。《说文解字·衣部》："衰，草雨衣。秦谓之萆，从衣，象形。"又《艸部》："萆，雨衣，一曰衰衣。"可见，"雨衣"一词至迟东汉已经出现。三国魏康僧恺译《昙无德律部杂羯磨·作净法·差人监净法羯磨文》："差作维那敷僧卧具、分僧粥、分饼、分雨衣、处分沙弥、守僧园人。"此例亦早于《汉语大词典》首证。

我们认为，要解决"书证缺失"与"书证滞后"的问题，可以从三个方面入手：其一，利用《汉语大词典》《汉语大字典》等大型词典每一词条每一义项的首条书证；其二，建立超大型电子语料库，扩大搜检范围；其三，尽可能收集已有成果，吸取其中的精华。

---

① 何九盈、王宁、董琨主编：《辞源》（第三版），商务印书馆 2015 年版，第 4377 页。
② 罗竹风主编：《汉语大词典》卷 11，汉语大词典出版社 1993 年版，第 612 页。

第二章

《汉语大词典》商补

　　《汉语大词典》取得了巨大成就，是当今最为权威的力图反映出汉语词汇的历史演变的大型汉语语文辞书。吕叔湘曾经指出："《汉语大词典》就是古往今来汉语词汇的档案库。比方说有那么五十万个词，每个词有个档案，它是什么时候产生的，原来什么意义，它后来意义有变化，不出现了，不用了，或者只用这个意思，不用那个意思了。"① 遗憾的是，《汉语大词典》在立目、释义、书证等方面仍然存在一定不足之处，有待修订、补充。本章共三节，在吸收已有研究成果的基础上，对部分近代汉语阶段已经出现而《汉语大词典》未收、释义不确或书证有失的一些词语进行梳理，旨在为《汉语大词典》等辞书的修订提供一些参考。

---

　　① 吕叔湘：《汉语研究工作者的当前任务》，《中国语文》1961 年第 4 期。

第一节 《汉语大词典》立目商补

《汉语大词典》的编辑方针是"古今兼收，源流并重"，故历代文献中出现的复音词，只要不是过于生僻罕见的，均应在《汉语大词典》收录之列。吕叔湘认为："汉语史研究中最薄弱的环节应该说是词汇的研究。个别词语的考释，古代和现代学者都做了不少，但在全部汉语词汇中所占比例仍然是很微小的。"蒋绍愚也曾指出："近年来有不少学者致力于六朝到明清的词语的研究，取得了很大的成绩，但总的说来，还是处于初始阶段。"① 正因如此，部分近代汉语阶段已出现的词语并未引起学界的关注，导致《汉语大词典》失收也就很正常了。本节选取部分《汉语大词典》漏收词语进行考释。

一 白团团

（1）香篆袅风清缕缕，纸窗明月白团团。（唐·薛涛《四时·夏》）

（2）三合陈希抵早寒，一双鸡子白团团。（明·张岱《快园道古》，梁容若《文学二十家传》，中华书局 1991 年版，第 318 页）

（3）坡孙言："一日晚，白沙嘴见后湖云出水，白团团

---

① 蒋绍愚：《前言》，《古汉语词汇纲要》，北京大学出版社 1989 年版。

若车轮巨瓮状者十余积，即此处也。"（清·吴敏树《君山月夜泛舟记》）

（4）里许，左岭低缺处见天山，云白团团若车轮，旋转不已，渐若匹练轻绡，至青烟缕缕，乃化。（清·裴景福《河海昆仑录》卷6，《昌吉文史资料选辑》（第6辑），1987年，第140页）

（5）新制纱袍号莽安，摇来绢扇白团团。（路工编选《清代北京竹枝词（十三种）》，北京古籍出版社1982年版，第40页）

（6）自从渡口的那位少妇，在微茫的夜色里，藏去了她那张白团团的面影之后，我独立在江边，不知不觉心里头却兀自感到了一种他乡日暮的悲哀。（《钓台的春昼》，郁达夫《屐痕处处》，江西人民出版社1983年版，第47页）

（7）一大片秋菊，红艳艳、金灿灿、白团团地展示在他的眼前。（俞天白《现代人》，黑龙江人民出版社1983年版第129页）

（8）言凤鸣背脊上冷冰冰汗渍渍的，斜眼看看田律师，白团团的面孔十分庄重。（王小鹰《你为谁辩护》，作家出版社1988年版，第638页）

（9）我们都打着呵欠，口里白团团的热气喷出很远很远。（朱西宁《破晓时分》，《台湾文学选刊》编辑部编《死亡的幽会——〈台湾文学选刊〉十年精选（中篇小说卷）》，浙江文艺出版社1996年版，第265页）

（10）每辆车上放一只长方体箱子，白铁所制，偶尔反一下光，我们眼前便赫然晃动一个白团团的太阳。（北京大学

CCL 语料库）

按，排比诸例可知，"白团团"指白而圆的样子，如例（1）形容月亮白而圆的样子，例（2）形容鸡蛋白而圆的样子，例（3）、例（4）形容云气凝聚成圆圆的样子，例（5）形容绢扇白而圆的样子。"白团团"一词最迟唐代已见，例（1）即其证。明清仍然沿用，例（2）—例（5）即其证；现代汉语也比较常见，例（6）—例（10）皆其证。《汉语大词典》《现代汉语词典》（第7版）、安汝磐编著《实用汉语形容词词典》及陶然、萧良主编《现代汉语形容词辞典》等辞书均未收录。

二　臭烘烘/臭哄哄

（1）你我如今是寡妇，比不的有汉子，香喷喷在家里，臭烘烘在外头，盆儿罐儿都有耳朵。（明·兰陵笑笑生《金瓶梅词话》第85回，人民文学出版社2000年版，第1173页）

（2）臭烘烘无鳞盐白鲞，隔年陈霉气熏鱼。（清·紫阳道人《金屋梦》第38回，花山文艺出版社1997年版，第290页）

（3）王二娘称了二两银子把皮五爷，不放心，要打开来看看，觉得臭烘烘的……王二娘说："五爷爷，好臭烘烘的马盖都玩起来了！"（清·浦琳《清风闸》第18回，《中国古典文学百部》第38卷，青海人民出版社1998年版，第521页）

（4）房里头早上被阿宝泼翻了一个马子，虽然洗过四五次，此时还觉得<u>臭烘烘</u>的难闻。（民国·朱瘦菊《歇浦潮》第 31 回，《海上文学百家文库·朱瘦菊卷上》，第 383 页，上海文艺出版社，2010 年）

（5）（米田共）又道："晦气晦气，茶也是<u>臭烘烘</u>，破毡帽也是<u>臭烘烘</u>。"唐寅接着说道："米田共也是<u>臭烘烘</u>。"（民国·程瞻庐《唐祝文周四杰传》第 84 回，三秦出版社 1998 年版，第 816 页）

（6）他就劈面一巴掌，说谁看上黑魆魆<u>臭哄哄</u>解手茅坑。（《金雀记》第 12 出，（明）毛晋《六十种曲》（第 8 册），中华书局 1958 年版，第 34 页）

（7）黑鸦鸦的六房，恶磣磣的快手，俊生生的门子，<u>臭哄哄</u>的皂隶，挨肩擦背的挤满了丹墀。（清·西周生《醒世姻缘传》第 94 回，中州古籍出版社 1997 年版，第 885 页）

（8）只听"叭啦"一声响——他闹了一裤子屎，江宁府堂上<u>臭哄哄</u>。（清·佚名《刘公案》第 11 回，三秦出版社 2005 年版，第 45 页）

（9）上惯了小茅厕的男人们女人们，总喜欢拖着鞋，夹着烟，打着哈欠，一步一步往楼下走，往那个<u>臭哄哄</u>的小茅厕跑。（刘殿学《小巷的早晨》《放学前的暴风骤雨》第 230 页，地震出版社 2013 年版）

（10）那人连看都不看她一眼，只顾往<u>臭哄哄</u>的人群外头挤。（严歌苓《第九个寡妇》第 2 章）

按，排比诸例可知，"臭烘烘""臭哄哄"同义，是同一词的不同书写形式，主要用来形容（气味、名声等）很臭，《汉语大词典》皆失收。"臭烘烘"至迟明代已见，例（1）可证；清代沿用，例（2）、例（3）可证；民国继之，例（4）、例（5）可证。该词现代汉语用例甚夥，《现代汉语词典》① 与陶然、萧良主编《现代汉语形容词辞典》② 等辞书皆已收录，不赘。"臭哄哄"也至迟明代已见，例（6）可证；清代沿用，例（7）、例（8）可证；到了现代汉语阶段，"臭哄哄"用例也不罕见，例（9）可证。

三　打拐

（1）那个错认是头儿，这个转身就打拐。（明·吴承恩《西游记》第72回）

（2）小姐说："我给年五十文钱作为脚步钱，你不可打人家的拐。"钱婆笑说："姑娘说那里话来，把我看的不是人了。人家死丧在地，卖头发我再打拐，我可连猪狗都不如了。"（清·佚名《双灯记》第2回）

（3）（钱婆）心中暗道："适才王小姐不教我打拐，我终日忙忙给人家买卖物件，说大卖小，若不打拐，我就得喝风倒沫。不成今日少赚点罢。"遂把钱摸下五十文，揣在怀内，一直出东门，来至孙宅。（同上）

（4）钱婆说："勿须数，扔下来罢。"梦月说："若不数清，俺姑娘说我打拐。"（同上书，第4回）

（5）左右是他克扣的马料麸价银两，天爷今日赐了我，

---

① 中国社会科学院语言研究所词典编纂室：《现代汉语词典》，商务印书馆2016年版，第187页。
② 陶然、萧良主编：《现代汉语形容词辞典》，中国国际广播出版社1995年版，第37页。

便吞了也不妨。从来交官府的人，全指望说官司打拐，我不打拐，便是憨子。（清·李绿园《歧路灯》第53回）

（6）秦小鹰道："小的们都是谭宅觅的伺候赌场的帮手。俺两个原说是得头钱均分，他遭遭打拐，欺负小的是外来人。他是本城人。"（同上书，第65回）

（7）方才王姑娘说不叫俺打拐，不想我那当卖婆的人，若不吃那打拐钱，难道喝北风不成？不过少拐罢了。（鼓词唱本《绣像红灯记》第4回）

（8）我爹跟我哥在家种地，只要不欠租，不打拐，就是换了东家，人家看在我当了蹚将，也不会平白地把地掐掉。（姚雪垠《长夜》二十八）

按，根据上下文语境可知，上述各例中的"打拐"近似于"作弊"，但使用范围较窄，仅指（给人购物、办事时）暗地里牟利，占小便宜，至迟明代已见。"打"与"拐"之间可嵌入数量词、代词、助词等，如例（2）就有"打人家的拐"之语。除此，"打拐"还有其他用法。宋张垍《馆中写怀寄光山琴庵》："跛履去洛阳，打拐不谓同。"清丁耀亢《续金瓶梅》第39回："（刘瘸子）行动时，左足先仰，好似等打拐的气球；立下时，单腿独劳，又象扮魁星的踢斗。"此2例"打拐"指因脚跛而导致行走时身体不稳的样子。明代季跪《续西游记》第96回："他方才施翻我，要打拐我，也是自家疑猜，几乎被他冤打。"《扬州清曲·情义二字》："你既有所爱，就莫上我家来，你若来，当心我把你腿打拐。"此2例"打拐"犹言"打瘸（殴打，使之瘸）"。现代汉语中，"打拐"通常是"打击拐卖人口的犯罪活动"的简称，《现代汉语词典》① 已收。《汉语大词典》未收"打拐"条，《汉语大词典订补》已增补，但仅列"打击拐卖妇女儿童的犯罪活动"义②。

四　淡淡溶溶

（1）清光乱乳鸦，冷魄惊栖凤，素华吞老兔，寒影动骊龙，<u>淡淡溶溶</u>。（明·陈铎《咏月·北南吕一枝花》，《全明散曲》第1卷，齐鲁书社1994年版，第595页）

（2）<u>淡淡溶溶</u>总是春，不知何物是吾身。自惊天上神仙降，却笑阳台梦不真。（明·吴敬所《国色天香》，中国文史出版社2001年版，第355页）

（3）南趾官路生磋砑，乱山深处藏人家。花丈人家无百室，花村野市多梨花。地偏气暖时光早，二月花开觉春老。东风一夜月满林，<u>淡淡溶溶</u>枝上小。（明·罗镛《梨花市》，民国《新纂云南通志·三》，云南人民出版社2007年版，第628页）

（4）<u>淡淡溶溶</u>正始音，花边柳外杖藜吟，风流前辈古犹今。（清·孔传铎《浣溪沙》，张宏生《全清词·顺康卷（补编）第4册，南京大学出版社2008年版，第1941页）

（5）在梁氏舌诊法上，适用于"舌黑无苔，而底纹嫩滑湿润如浸水腰子，<u>淡淡溶溶</u>，洗之不改色者"的阴寒凝滞症。（徐荣斋《读书教学与临症》，人民卫生出版社1985年版，

---

① 　中国社会科学院语言研究所词典编纂室：《现代汉语词典》，商务印书馆2016年版，第234页。

② 　汉语大词典编纂处：《汉语大词典订补》，上海辞书出版社2010年版，第679页。

第 108 页）

（6）夜色<u>淡淡溶溶</u>，天空上繁星不停地眨着眼睛，仿佛也让那歌声吸引了。（李贵友《柯族民歌，一首古老醉人的歌谣》，《流水十年》，新疆大学出版社 2003 年版，第 35 页）

（7）清辉映水木，是天光，是水色，<u>淡淡溶溶</u>，掩映摇窗户。（赵昌平编著《唐诗三百首全解》，复旦大学出版社2006 年版，第 20 页）

（8）李清照静静地躺在床上，卧看那一弯<u>淡淡溶溶</u>的弦月在纱窗上悬挂。（倪儿《李清照词传：溪亭日暮的飘零绝唱》，文汇出版社 2012 年版，第 239 页）

按，排比诸例可知，"淡淡溶溶"主要形容轻淡明净的样子，至迟明代已见，清代沿用，现代汉语仍不乏用例。该词既无基式"淡溶"，也非"淡淡""溶溶"两词的简单相加，而是一个相对凝固的四字格。该条《汉语大词典》、许少峰编《近代汉语大词典》《现代汉语词典》、安汝磐编著《实用汉语形容词词典》及陶然、萧良主编《现代汉语形容词辞典》等大小辞书均未收录。

五　纷纷嚷嚷

（1）裴太尉一日见街坊上王孙公子，雕鞍骏马，佳人才子，香车暖轿，来来往往，<u>纷纷嚷嚷</u>，俱出郊外踏青。（《万锦情林》卷 2·上层《裴绣娘夜游西湖记》，《中国古代孤本小说④》，春风文艺出版社 1996 年版，第 234 页）

（2）（正末云：）俺在这看街楼上，看那街市上往来的那人<u>纷纷嚷嚷</u>，俺则慢慢的饮酒咱。（元·张国宾《合汗衫》

第 1 折,《元曲选校注(第 1 册)》,河北教育出版社 1994 年版,第 468 页)

(3)只见那些未伤命的小妖,簇簇攒攒,<u>纷纷嚷嚷</u>。(明·吴承恩《西游记》第 86 回)

(4)国人皆曰:"寇道师不可轻慢,国王且师事,况臣下乎?""一符除怪,止却孩啼,真好道法!"<u>纷纷嚷嚷</u>,遍满国城内外。(明·吴元泰《东游记》第 27 回)

(5)才放下,那些散去的小行者早都各手持金字封皮一条,<u>纷纷嚷嚷</u>的争到唐半偈座前交纳。(明·梅子和《后西游记》第 37 回)

(6)那些军士,奉了大王命令,齐往下山,<u>纷纷嚷嚷</u>,不多一会,搭起了一座擂台,顷刻间,灯彩齐全。(明·熊大木《杨家将演义》,内蒙古人民出版社 2007 年版,第 467 页)

(7)原来这事已传扬到省会,先是省城隍庙道纪司于数日前梦见本庙人役<u>纷纷嚷嚷</u>洒扫殿庭,整肃职事。(清·陈朗《雪月梅传》,黑龙江人民出版社 1986 年版,第 390 页)

(8)男男女女,老老幼幼,若村若俏,或行或止,<u>纷纷嚷嚷</u>,挨挨挤挤,都出来步月观灯。(清·如莲居士《反唐演义全传》,时代文艺出版社 2001 年版,第 39 页)

(9)众将校<u>纷纷嚷嚷</u>,请求同去。(姚雪垠《李自成》,《姚雪垠文集第 2 卷》,人民文学出版社 2010 年版,第 284 页)

(10)每到这时节,也引来成群的蜜蜂、蝴蝶、蜻蜓、蚱蜢、蟋蟀、蝈蝈,<u>纷纷嚷嚷</u>地吵闹不休。(郭雨庭《荒原之恋》,时代文艺出版社 1990 年版,第 287 页)

按，"纷纷嚷嚷"字面意思为"纷纷叫喊"，但结合各例不难推断，"纷纷嚷嚷"实指"拥挤嘈杂貌"。该条《近代汉语大词典》已收，引例（2）为孤证①，可参。关于例（1）的年代，孙楷第《日本东京所见中国小说书目提要》卷6："《万锦情林》六卷，书为万历刊本，极不多见。……署'三台馆山人仰止余象斗纂，书林双峰堂文台余氏梓。'上层选《太平广记》及元以来之文言传奇。下层则为明人诗词散文相间之通行小说。其上层之《秀娘游湖》一篇为平话，铺陈艳冶，结构亦平平；而属辞比事，雅近宋元，似其时代甚早，至少亦从宋元本出。"② 由是观之，再佐以例（2）可知，"纷纷嚷嚷"可能宋元时期就已产生，后世历代沿用。"纷纷攘攘""纷纷穰穰"也是"纷乱，骚乱"意，《汉语大词典》均已收录。"纷纷嚷嚷"与上述两词结构相似，词义相近，《汉语大词典》未收。

六 剪决

（1）众位明公，像金陵的江宁府的上元县，就和咱们这保定府的清苑县、北京的宛平县都是一个样，全在城里头，所以来的剪决。（清·佚名《刘公案》第1回）

（2）忠良茶酒饭毕，就到都察院去上任。升得麻利，丢的剪决，这一任做了三天，因为他老人家上本之事，不知道上的是什么本章，皇爷不但不准，而且还是革职为民。（同上书，第78回）

---

① 许少峰编：《近代汉语大词典》，中华书局2008年版，第562页。
② 陈文新主编：《中国文学编年史（明中期卷）》，湖南人民出版社2006年版，第589页。

按，《汉语大词典》已收"剪绝"一词，释语为"快，敏捷"，书证为清代石玉昆《三侠五义》第8回："谁知赵四爷心内惦着上开封府，睡的容易，醒的剪绝。"又第106回："他却跌倒的快当，爬起来的剪绝，随后也就呱叽呱叽追了出来。"① "决""绝"同音，故"剪绝"有时也作"剪决"，上述2例均其证。"剪决"条《汉语大词典》未收。

七　翦绝

　　（1）何有圣人而欲大纵阴毒，翦绝黎元者哉！（晋·佚名《正诬论》，（清）严可均《全上古三秦汉三国六朝文（第5册）·全晋文（下）》，河北教育出版社1997年版，第1748页）

　　（2）契阔人理，崎岖六情，何获于我？而求累于神；诚自翦绝，则日损所情，实渐于道，苦力策观，倾资賮居，未几有之。（南朝·宋·宗炳《明佛论》，（清）严可均《全上古三秦汉三国六朝文（第6册）·宋齐文》，河北教育出版社1997年版，第211页）

　　（3）惟蚩尤恶力之盛，民皆化之，故虽翦绝于涿鹿，而余毒遗孽复为苗民，复出为恶，弗用灵善，所以圣人不得已制刑法以治之，此穆王推原其刑之所由起也。（宋·时澜修《增修东莱书说》卷34，商务印书馆1936年版，第384页）

　　（4）定其见于深渊薄冰之时，而守之以无妄，克一私焉，必翦绝其根源；制一欲焉，必莹彻其表里，举天下皆付

---

　　① 罗竹风主编：《汉语大词典》卷2，汉语大词典出版社1988年版，第719—720页。

于公听并观之余，岂不能新美其德乎？（宋·牟子才《论君相之职疏》，曾枣庄等《全宋文》第 334 册，上海辞书出版社、安徽教育出版社 2006 年版，第 332 页）

（5）驼罗庄客回家去，八戒开山过衕来。三藏心诚神力拥，悟空法显怪魔衰。千年稀柿今朝净，七绝衕衕此日开。六欲尘情皆翦绝，平安无阻拜莲台。（明·吴承恩《西游记》第 67 回）

（6）诸王并诬不轨，翦绝殆半，诛戮臣属下及家族。（明·何乔远《名山藏·臣林记·朱玉》）

（7）延庆道："公公说话不错。俺名姓儿不用说了，你只讲五霸山来的差官，要见王爷。"内监道："这个话就是了。翦翦绝绝，咱好去禀哩。"（清·佚名《说呼全传》第 37 回）

按，"翦"先秦已有"斩断，除去"义。《诗·召南·甘棠》："蔽芾甘棠，勿翦勿伐，召伯所茇。"毛传："翦，去。"① 《诗·鲁颂·閟宫》："居岐之阳，实始翦商。"郑玄笺："翦，断也。"② "绝"先秦已有"灭亡，断绝"义。《尚书·甘誓》："有扈氏威侮五行，怠弃三正，天用剿绝其命。"孔传："剿，截也。截绝，谓灭之。"③ 《后汉书·马援传》："名灭爵绝，国土不传。"皆其证。至迟晋代，"翦""绝"复合成词，指"剪除，消灭"，上述例（1）—例（6）皆其证。《汉语大词典》已收"剪绝"条，释语为

① 王先谦：《诗三家义集疏（一）》，岳麓书社 2011 年版，第 103 页。
② 夏传才主编：《诗经学大辞典》，河北教育出版社 2014 年版，第 838 页。
③ （汉）孔安国注：《尚书正义》，山东画报出版社 2004 年版，第 221 页。

"快，敏捷"①。"翦""剪"音同义通，故"剪绝"偶作"翦绝"，例（7）即其证。《汉语大词典》等大小辞书失收"翦绝"条。

八 厥物

（1）因家有白犬一只，章氏不得已，引入卧房，将手抚弄其犬厥物，与行交感之欢。（明·安遥时《包公案》第17回）

（2）有游湖者，见岸上有儿马厥物伸出，因同行中一友善对，乃出对曰："游湖客偶睹马屌。"友即回对曰："过江人惯肏牛屄。"（明·冯梦龙《笑林广记》卷2《腐流部·善对》）

（3）那邹云汉在床上翻来覆去，好不难过，想到妙处，不觉虚火动了，厥物直竖起来。（清·佚名《闪电窗》第4回）

（4）钱鹤举道："俗话说得好：若要妇人好厥物，除非遇着瞎与秃。"（同上）

（5）有素患痿阳之症，娶得新妇到家。初夜行房，苦于厥物不举，舞弄既久，终不能入。（明·冯梦龙《笑林广记》卷4《形体部·歪头》）

（6）他轻轻走上楼去，把帐子一掀，果然那和尚好一个厥物，有五寸来长，直竖在那里。（清·曹去晶《姑妄言》第11回）

（7）老赫酒兴正浓，厥物陡起，叫他把衣服脱了。这任鼎明晓得要此道了，心上却很巴结，掩着口笑道："小的不敢。"（清·瘦岭劳人、禹山老人《蜃楼志》第1回）

---

① 罗竹风主编：《汉语大词典》卷2，汉语大词典出版社1988年版，第719—720页。

按，"厥"有"其"义，《汉语大词典》已收①，不赘。明清文献中，"厥""物"连缀成词，字面意思为"其物"，实指雄性动物的生殖器，例（1）、例（2）可证，特指男性生殖器，例（3）—例（7）可证。从组合方式看，"厥物"的构成有两种可能：其一，"厥物"为偏正式合成词，其义如上所述。其二，"厥物"为偏正短语。"厥"为指事代词，修饰名词"物"，整个短语意为"那个东西"，隐喻雄性生殖器。权衡两者，后者可能有两点明显不足的地方：一是在明清作品中，"那个东西"既可指女阴也可指阳物，而"厥物"通常隐指雄性生殖器而不隐指雌性生殖器，即"那个东西"与"厥物"的内涵并不对等。二是"厥物"前有时前面还可加指事代词。例如：

（8）他身子既长大，那厥物自然也就大些，比得上没疙瘩的海参，较那蛏干又壮观了许多。（清·曹去晶《姑妄言》第 15 回）

（9）他在宫中做他的正务，终日服春药。养大龟，弄得那厥物粗长，如一条驴肾相似，渔猎少童幼女。（同上书，第 23 回）

（10）（奚十一）内有菊花，外有巴英官，这两重前后门是封锁不来的，未免也要应酬应酬。无奈那厥物甚不妥当，不动作时倒也不觉怎样，此时原只剩了半截，没头没脑，颇不壮观。（清·陈森《品花宝鉴》第 47 回）

按照第一种理解，则会出现这样的状况：名词前面先后出现

---

① 罗竹风主编：《汉语大词典》卷 1，上海辞书出版社 1986 年版，第 936 页。

两个意义和功能完全相同的指代性成分。显然，这样累赘的表述，不太可能出现。因此，第一种说法的可能性较大。罗竹风主编《汉语大词典》、许少峰编《近代汉语大词典》、陆澹安编著《小说词语汇释》等大小辞书均未收"厥物"。

九　恳恳殷殷/殷殷恳恳

（1）自昔巫山邂逅，继以月下深盟；妾谓事无始终，将送微命；君谓此头可断，鄙志不渝。恳恳殷殷，将意君即妾也，妾即君也。（明·吴敬所《国色天香》，中国文史出版社1996年版，第193页）

（2）今足下幽圄深邃，关禁严急，长须赤脚，不敢出入，书邮诗简，未能径达，恳恳殷殷，徒劳心切切，而敢日贡意于左右耶？（明·孟思《报卢次梗书》，《中国历代名人书信大系·明卷》，京华出版社2000年版，第111页）

（3）十年之别，仅得于孔弁一通音问，不谓先生尚忆故人，而恳恳殷殷，眷注至此也。（清·孙奇逢《复李岩同》，《孙奇逢集（下）》，中州古籍出版社2003年版，第889页）

（4）夫豪杰既能自兴，而又有倡之于其前，成之于其后，经纬左右之于其间，恳恳殷殷如此，夫孰肯自负以负先生创院之意与马公育才之心也哉！（清·王绅《道存书院记》，《睢县志》，中州古籍出版社2006年版，第114页）

（5）陶渊明是一个感情极为丰富的人，其立身行事，出处进退，本乎一个"情"字；其诗文辞赋，托兴写怀，怀亲、教子、笃友之意，恳恳殷殷，亦本乎一个"情"字。

（许结、徐宗文主编《中国赋学》，江苏教育出版社 2007 年版，第 250 页）

按，根据上下文语境可知，上述 5 例中的"恳恳殷殷"都是用来形容至诚而恳切。"恳恳殷殷"亦可作"殷殷恳恳"，明清两朝及现代汉语都有用例，如：

（6）而致君泽民，我又有此学术。是以孔席不暖，墨突不黔。汲汲皇皇，殷殷恳恳，只是这个不忍人的念头放歇不下。（明·吕坤《实政录》卷 1，《政训实录（第 8 卷）》，中国戏剧出版社 2001 年版，第 2743 页）

（7）大家须向院里告，呈词可要做周全，都说必得张鸿渐。共登门殷殷恳恳，乞求地名列前边。（清·蒲松龄《富贵神仙》第 2 回，《蒲松龄全集》，学林出版社 1998 年版，第 2900 页）

（8）砺堂先生诸事整饬，民间始见天日。而革面已多，革心尚少，欲求上理，必资远策。观其殷殷恳恳，求贤若渴，苟有人心不忍负之。（清·陶澍《复贺耦耕太守书》，《陶澍全集（第 6 册）》，岳麓书社 2010 年版，第 422 页）

（9）公之心一念慈祥，直通贯于胞民与物，故能治邑如家，视百姓若子，殷殷恳恳，惟教养二字。（清·耿介《〈登封县志〉序》，《敬恕堂文集》卷 5，中州古籍出版社 2005 年版，第 295 页）

（10）每当他底小儿子向他发脾气，他总是这样殷殷恳恳地解说着他对于"钱"为什么吝惜的理由。（萧军《哑巴儿子》，李延禄《过去的年代——关于东北抗联四军的回忆》，

作家出版社 1957 年版，第 167 页）

《汉语大词典》已收"殷恳"，引蒲松龄《聊斋志异》之《长亭》《王六郎》为书证①，过于单一，其后亦偶有用例，如清末民初况周颐《眉庐丛话·翁叔平孙文恪同科殿试》："方意计间，俄文恪造谒，文端呕出见，礼貌弥殷恳。"《汉语成语源流大辞典》收"殷殷恳恳"②，未收"恳恳殷殷"。《汉语大词典》未收"恳恳殷殷""殷殷恳恳"。若把"殷殷恳恳"当作"殷恳"的重叠形式，则"恳恳殷殷"是"恳殷"的重叠形式，《汉语大词典》只收"殷恳"不收"恳殷"似不妥，且"殷恳"条书证略晚。若不把"殷殷恳恳""恳恳殷殷"当作"殷恳""恳殷"的重叠形式，则二者需并收。

十　怕丑

（1）款段马犯红尘不熟，粗布袍见时人怕丑，则惯向傍水沿山路儿上走。（明·李开先《大声套》，《李开先全集（修订本）》，上海古籍出版社 2014 年版，第 1565 页）

（2）谢奶奶道："你怕丑就好了。如今若不学得，还丑哩。你去，我差人请师父。"（明末清初·东鲁古狂生《醉醒石》第 15 回）

（3）伍尚志哪知就里，只道是娇羞怕丑，叫侍女们俱回避了，便上前去温存，低语叫道："公主！夜深了，请安寝罢！"（清·钱彩《说岳全传》第 51 回）

---

① 罗竹风主编：《汉语大词典》卷 6，汉语大词典出版社 1990 年版，第 1487 页。
② 刘洁修编著：《汉语成语源流大辞典》，开明出版社 2009 年版，第 945 页。

（4）及今不作，将来年长，愈怕丑而不为矣。（清·曾国藩《道光二十四年二十日致温弟沅弟》）

（5）我想他大官宦人家，名节最重，只消将铁公子在他家养病之事说得不干不净，四下传闻，再央人说到他耳边里，他怕丑，或者开交也未可知。（《好逑传》第 15 回）

（6）周卜成，你为何不高念，还是怕丑么？（清·佚名《狄公案》第 36 回）

（7）人家初进门，总有些怕丑，尔等如果殷勤相劝，断没劝她不转的，快滚吧！（清·无名氏《八剑七侠十六义》第 15 回）

在现当代文献中，"怕丑"仍然常见，例如：

（8）小谷，昨晚上你功劳大，报社有一个记者今上午要来访问你这个青年突击队长，你不要怕丑，要详细说给人家听……（谢璞《小桂游春》）

（9）他也晓得怕丑，当着女子的面，胯档里总还搞点烂布条或者芭蕉叶子遮着。（韩少功《人迹》）

（10）徐斋秋问她说："晴，是谁欺侮你了？是那个姓崔的不是？我是你爷爷，不要怕丑，他糟蹋你了没有？"（李准《黄河东流去》第 22 章）

按，排比上述各例不难发现，"怕丑"义同"怕羞"，指害臊，不好意思，至迟明代已见，清代使用比较普遍。《汉语大词典》已收"怕羞"①，未收"怕丑"。除作"害羞"解外，

----

① 罗竹风主编：《汉语大词典》卷 7，汉语大词典出版社 1991 年版，第 481—482 页。

"怕丑"还可指"害怕（相貌、穿着等）丑陋"。李洁、张静《女人的内心世界》第6章："长相对一个女人而言是十分重要的，不仅仅是她自己这样认为，几乎所有的人都这样认为。故此生活中，许多女性都有怕丑的心理，我们时常可以看到在大街上，美女可以昂首阔步，因为她们那傲人的身材和那天使般的面容是炫耀的资本。而丑女们必须把头埋得很低，并且尽量躲避人多的地方，否则会为自己惹来满身异样的目光。"① 马振骋《把时装业拉上被告席》："有人主张把时装业拉上被告席，给它罗列了十大罪状：敲诈勒索顾客；丑化贬低女性；强制胖人减肥；诱使人怕老怕丑更怕不像模特儿；教唆俊男倩女甘心为了别人看而生活……"② 刘战均《女性为什么怕丑》："生活中，许多女性都有怕丑的心理，都喜欢别人说自己漂亮。"③

十一　热亲亲

（1）【天下乐】我叉手忙将礼数迎，殷勤好认亲。（小旦怒介）王白丁，我与你有甚亲来？（净）呀，的亲丈夫怎生不认？娘子，可识我东床坦腹的王右军？（小旦）那里说起。（净）热亲亲已下茶，单则为病恹恹未过门。（明·吴炳《西园记》第30出，蒋星煜等《明清传奇鉴赏辞典（上册）》，上海辞书出版社2004年版，第758页）

（2）［小旦］你若射雀屏手段果高，坦东床规模恰好，

---

① 李洁、张静：《女人的内心世界》，中国时代经济出版社2005年版，第194页。
② 马振骋：《巴黎，人比香水神秘》，文汇出版社1997年版，第140页。
③ 刘战均编著：《感悟人生全集》，北京燕山出版社2010年版，第102页。

稳稳的红丝系足，怕不坚牢？［生揖天介］老天！好教这遭，花烛夜搂你在腿儿上坐了，把脸儿衬着，热亲亲慢下推敲。（明·单本《蕉帕记》第6出，（明）毛晋《六十种曲·第9册》，中华书局1958年版，第18页）

（3）东舍多情才子，西邻有意佳人，看来何等热亲亲，恩爱一言难尽。（明·吴敬所《国色天香》卷3，中国文史出版社2001年版，第80页）

（4）昨晚龙床得一梦，梦见太子长成人，父王母后连声叫，绕膝承欢热亲亲。（《一品忠》第12场，湖南省戏曲工作室主编《湖南戏曲传统剧本（湘剧第四集)》，湖南省戏曲工作室1980年版，第69页）

（5）（女唱）从前跟我热亲亲，现在跟我冷冰冰，你太负心，有了新人丢旧人。（上海老歌（1931—1949）《爱的波折》歌词）

（6）勤走亲亲热，不走热亲亲，是亲心连心。（邓贵艾主编《巴东民间谚语》，民族出版社2007年版，第110页）

（7）婚后的开先几年，小俩口都热亲亲的，说笑话，唱山歌，勤勤快快地种谷子，种烤烟地……以后的日子寨上人都疯疯地外出了。（《武陵山的女人们》，舒应福《春梦》，中国三峡出版社2003年版，第307页）

按，根据上下文语境可知，"热亲亲"形容很亲热的样子，例（5）"热亲亲"与"冷冰冰"相对，其义尤明。正如杨宝林所言："综合性词典中各学科间同一类条目的选收也要平衡，重要的辞目必须尽可能地完备，不能畸轻畸重，特别是成套、成对的辞目。"① "热亲亲" 最迟明代已见，其后亦不乏其例，结构与 "冷冰冰" 相似，都属于 ABB 式词语，两者意思相反，《汉语大词典》《现代汉语词典》、安汝磐编著《实用汉语形容词词典》及陶然、萧良主编《现代汉语形容词辞典》等大小辞书都已收录 "冷冰冰"，但未收 "热亲亲"。

十二　途费

（1）途费谨领，送书一事，其实怕人。（明·汤显祖《牡丹亭》第 46 出）

（2）过淮，总兵都御史验封，给予十分之三，以备途费。（《明代律例汇编》卷 7《户律四·仓律》）

（3）每人月给工食银一两，每岁十四万四千两，先以四万与调官领给士兵途费，不必骚动有司。（明·郑若曾《江南经略》卷 8《调湖兵议》）

（4）崇祯元年夏，累臣复被逮赴北，蒙金惠银百两为途费，金寻蒙今上特升秉笔，掌御用监印，予告林下，近已令终。（明·刘若愚《酌中志》卷 22）

（5）初留都各卫所官每承袭北上，既苦途费之艰，尤苦京候之久。（《明实录·神宗实录》卷 529）

（6）戴家苦留不住，又设席送行，送了许多吃食，又送百金途费。（清·曹去晶《姑妄言》第 16 回）

（7）遇大风雪，黄河冰不可渡，待于河上，仍鬻壶以为途费。（清·王士禛《池北偶谈》卷 5《葛端肃公家训》）

---

① 杨宝林：《浅谈辞书编辑的体例意识》，《辞书研究》2006 年第 4 期。

（8）该勇等所得口粮，半资食用，半为<u>途费</u>。（陈乔枞《袁郡防军报销上善后局请示禀》，《皇朝经世文续编》卷78）

（9）计京中用费及灵枢回南<u>途费</u>，不过用四百金，其余尚可周恤遗孤。（清·曾国藩《道光二十一年六月初七日与祖父母书》）

（10）比较起来，由此地到湖州不下有月余的路程，<u>途费</u>算在里面，比在当地收买倒还廉许多。（清·无名氏《狄公案》第13回）

按，"途费"犹言"路费"，指旅途中所用的钱，包括交通、伙食、住宿等方面的费用，上述10例皆可证。该词明代已经很常见，例（1）—例（5）即其证；清代也不乏其例，例（6）—例（10）即其证。《汉语大词典》及许少峰编《近代汉语大词典》等辞书皆已收"路费"，未收"途费"。

十三　圆滚滚

（1）那仙丹即变了一丸石弹子，<u>圆滚滚</u>，直敌那如意，左来打左抵，右来打右挡，两相战斗，却遇着神王回到取册。（明·方汝浩《东度记》第49回）

（2）肥胖胖的一个团脸，深紫棠色，五短身材，<u>圆滚滚</u>的却胖得紧。（清·曹去晶《姑妄言》第1回）

（3）一个是头戴乌纱帽，身穿体面的礼服锦袄，手拿着纸笔，肩上插着利刃，腰上挂着刑具，睁着<u>圆滚滚</u>的大眼睛，哈哈大笑，名叫"活无常"。（佚名《玉历宝钞·酆忘台与孟婆神》）

（4）（薛仁贵）未曾出战，心中混乱，头<u>圆滚滚</u>，曲了腰，双手拿定戟杆，楞在判官头上，戟尖朝上。（清·如莲居士《薛仁贵征东》第 37 回）

（5）贾少奶一眼看见床前排着乌沉沉<u>圆滚滚</u>好似小西瓜般十个香喷喷的东西，鼻孔中嗅进这股气息，顿时把瞌睡虫儿赶得无影无踪。（民国·朱瘦菊《歇浦潮》第 29 回）

（6）保山不知箱中藏些什么，急忙开出一着，但见<u>圆滚滚</u>的铁球，有碗口来大，附有梅红名片一纸，上刊"徐宝山"三字。（吴虞公《青红帮演义》第 27 回）

（7）还是那个<u>圆滚滚</u>的女人说话："认错婿，哈哈！"（《寡妇村的故事》，《厦门晚报》1995 年 2 月 15 日）

（8）熙熙攘攘的人潮中，我看着他笨拙地张开手臂，做出奇怪又单一的动作，<u>圆滚滚</u>的身体东摇西晃，像一只憨态可掬的小鸭子，我笑了。（高沧海《初恋·女孩》，《2015 中国年度小小说》，现代出版社 2016 年版，第 235 页）

按，排比诸例可知，"圆滚滚"通常用来形容很圆的样子，至迟明代已见，清代和民国沿用。到了现代汉语阶段，该词使用仍然十分普遍，如 2017 年 7 月 8 日，笔者在北京大学 CCL 语料库现代汉语库进行检索，就找到 79 条结果。该条《现代汉语词典》①已收，但《汉语大词典》、许少峰编《近代汉语大词典》、安汝磐编著《实用汉语形容词词典》及陶然、萧良主编《现代汉语形容词辞典》等大小辞书均未收录。

---

① 中国社会科学院语言研究所词典编纂室：《现代汉语词典》，商务印书馆 2016 年版，第 1612 页。

十四 整整有条

（1）君在萧山尚少，被漕委理闸西兴，已能部夫数千，<u>整整有条</u>，不两月而竟，众皆才之。（宋·韩元吉《承议郎新通判兴国军孟君墓志铭》，曾枣庄等《全宋文》第 216 册，上海辞书出版社，安徽教育出版社 2006 年版，第 301 页）

（2）互体凡十六卦，而此举八卦者，于左取夬、归妹、既济、颐四卦，于右取姤、大过、渐、未济四卦，<u>整整有条</u>如此。（宋·熊禾《勿轩易学启蒙图传通义》卷 5，《续修四库全书·二·经部·易类》，上海古籍出版社 2002 年版，第 466 页）

（3）一路上见孔明安营下寨之所，前后左右，<u>整整有条</u>，懿叹曰："此天下之奇才也！"（明·罗贯中《三国演义》第 208 回）

（4）生累日延客置酒，琼密经画，<u>整整有条</u>。（明·吴敬所《国色天香》卷 6，中国文史出版社 2001 年版，第 191 页）

（5）只因这小姐少年老成，一毫不苟言、不苟笑，闺门严肃，<u>整整有条</u>，中门之外，未尝移步。（明·周楫《西湖二集》第 27 卷，人民文学出版社 2006 年版，第 440 页）

（6）三屉格考篮里，下层是笔墨、稿纸、挖补刀、浆糊等；中层是些精巧的细点，可口的小肴；上层都是米盐、酱醋、鸡蛋等食料，预备得<u>整整有条</u>，应有尽有。（清·曾朴《孽海花》第 4 回）

（7）丈夫在外面为社会国家服务，妻能够把家务处理得

整整有条，使丈夫无内顾之忧，专心致志地为社会、为国家
服务，增高其服务的效率。（陈海良《建设佛化家庭》，福建
莆田广化寺1948年版，第24页）

（8）她恋这个老巢，这个孵化小鸟的巢，这个简陋却整
整有条的巢，睡个觉也安隐。（陆昭环《寻梦·红叶4》，海
峡文艺出版社1996年版，第707页）

（9）谭婶婶是这个产院的创业者，她不畏艰辛，忠于职
守，把一个小小的产院治理得整整有条，她也为此而感到十
分的满足。（黄修己《20世纪中国文学史第二版（下卷）》，
中山大学出版社2004年版，第37页）

（10）她的丈夫在乡里当干部，每月工资都交由她支配，
她把家里打理得整整有条。（韦羽飞《醉在母里》，《迷人的
民俗村》，广西民族出版社2006年版，第135页）

按，根据上述例子不难看出，"整整有条"义同"井井有
条"，形容条理分明，整齐不乱，最迟唐代已见，历代沿用，现代
汉语仍不乏其例，《现代汉语词典》、安汝磐编著《实用汉语形容
词词典》及陶然、萧良主编《现代汉语形容词辞典》等辞书皆未
收录。《汉语大词典》"井井"条列有三义：洁净不变貌；形容整
齐，有条理；象声词。① 表第二义的"井井"与"有条"连用，
构成"井井有条"，形容条理分明，整齐不乱，《汉语大词典》已
收，引宋楼钥《通邵领判范启》为首证②。《汉语大词典》"整

---

① 罗竹风主编：《汉语大词典》卷1，上海辞书出版社1986年版，第336页。
② 同上。

整"条也列有三义：整齐严谨貌；工整；达到一个整数的，实足的。①"整整"第一义与"井井"第二义同。表第一义的"整整"与"有条"连用，便构成义同"井井有条"的"整整有条"，《汉语大词典》未收。"编写大中型辞书，一般要遵守同类相及原则。"②《汉语大词典》"井井""整整"并收，收"井井有条"而未收"整整有条，似不妥。

第二节 《汉语大词典》释义商补

词典是词汇研究成果的直接体现者，释义是一部辞书质量高低的主要标志。《汉语大词典》之所以在质量上超过前人旧制，很大程度上取决于这部词典吸收了大量古白话词汇研究成果，释义简明恰当。但是，由于历史的原因，近代汉语的研究尚显不足，加之近代汉语语料繁多，一些近代汉语词语被辞书编纂者误释、义项分合不当、漏收义项也就在所难免了。李仕春指出："语料库的重要作用就在于可以让词典编纂者在短时间内占有大量语料，进而通过对海量语料的穷尽性分析使词典中多义词义项的收录更加全面、科学、合理。"③ 本节选释的部分词语，是建立在充分利用 BCC 语料库、CCL 语料库的基础上的，或可补《汉语大词典》释义之微瑕。

---

① 罗竹风主编：《汉语大词典》卷 5，汉语大词典出版社 1990 年版，第 518 页。
② 贺卫国：《浅谈〈辞源〉辞目的增补问题》，《古汉语研究》2008 年第 3 期。
③ 李仕春：《语料库时代的汉语中型语文词典出版状况研究》，《中国出版》2017 年第 3 期。

一 扳罾（缯）

（1）近喜老妻能斫脍，欲令稚子学扳罾。（元·周驰《和郭安道治书韵》）

（2）这边蛤蜊相争，渔翁得利；那边三日扳罾，四日施网。（清·落魄道人《富翁醒世录》第 13 回）

（3）不须撒网与扳缯，捕得鱼来多赤鲤。（明·吴宽《观溪童捕鱼》）

（4）沙僧道："师父莫哭。你看那水边立的，可不是个人么？"行者道："想是扳缯的渔人，等我问他去来。"（明·吴承恩《西游记》第 47 回）

（5）八不谐，八不谐，扳缯老儿上钓台。（明·冯梦龙《山歌·睃》）

（6）扳罾拖网取赛多，篾篓挑将水边货。（唐·唐彦谦《蟹》，彭定求等编《全唐诗》，中州古籍出版社 2008 年版，第 3451 页）

（7）村田收歉鱼应足，一架扳罾两钓竿。（芮熊占《自林亭乘舟至小盘》，《晚清簃诗汇》，中华书局 1990 年版，第 3737 页）

（8）罾亦网也，有扳罾，有坐罾，有提罾，三制相似，惟坐罾稍大。（清·陈元龙《格致镜原》卷 48）

（9）鱼网之设，名目不一。随地而移取者为小扳罾。相地而安置者为十字木网。其乘舟平撒水面，网边之铁入水而合兜之，谓之旋网，须臂力大而善旋者，方能有获。（李光庭

《飞潜走三事》,《乡言解颐》卷5,中华书局1982年版,第85页)

（10）开赌便是害人精,赌场就是迷魂阵。有如猪羊牛马进屠门,摆起尖刀与血盆。有如游鱼碰着滚钓与扳罾,那有本事能脱身。(胡祖德《陆野臣卖娘子》,《沪谚外编》,上海古籍出版社1989年版,第134页)

按,前5例"扳罾""扳缯"是动词,指"拉罾网捕鱼";后5例"扳罾"是名词,指一种扳起捕鱼的网具,例（9）、例（10）尤为明显。例（6）谓用扳罾、拖网取蟹,较量谁所获之蟹更多,然后用篾篓挑着到湖边贩卖。不少当代语料也证明,"扳罾（缯）"除指"拉罾网捕鱼"外,还指一种扳起捕鱼的网具。《张家界市情大辞典》"扳罾"条:"用细麻线织成网状,长宽各2.6—3米,名为罾。其边系以大麻绳,用中空之木二节,尺长,小竹竿四根植入木之中心,纵横交叉成十字形,系于大竹竿之尖端,上用一大长绳系于大竹竿上。四根小竹竿之端分系于罾之四角,其形如华盖,用时,沉于水中,待鱼儿进罾,迅即拉绳,将罾扳起,鱼儿即落罾中。"[1] 戴峻翔《扳罾》:"扳罾大小不等,小的一二十公尺;大的过河罾可达百公尺。小罾用竹竿交叉成十字形,竹竿下端绑住渔网的四只角,竹竿交叉的中心用毛竹竿捆住,再用一绳绑牢,渔民坐在河边利用杠杆原理扳动绑绳的另一端,即可驱使渔网在水中起落捕鱼。小扳罾操作灵便,可以移动位置。大的扳罾则要选择固定位置,在岸边搭一草棚,搁一小铺。"[2] 王

---

① 尚立晰、向延振主编:《张家界市情大辞典》,民族出版社2001年版,第199页。
② 陈社主编:《泰州文选》,江苏文艺出版社2006年版,第184页。

权拿"扳罾"与"矮网""手网"等并列，并云："先说扳网
（扳罾），一般固定在陡门头内外的河或浦里，也有在大河岸边。
这种网是四方型，约2×2米，网的四角各系有一根竹竿，四根竹
竿的顶部扎在一起，网就会张开来，再把四根竹竿的顶部又扎一
根较长的毛竹，通到岸上固定好，还有一条粗绳也系在顶部，作
拉网用。"① 王士均："'扳罾'，也叫'扳罾网'，一种呈方形的
小型网具。用一根竹竿为支点，用绳索将网具相连接后置水中，
待鱼到网上后拉起网捕捉。"②《汉语大词典》已收"扳罾""扳
罾"，但未列名词义，"扳罾"条动词义引例（5）为孤证。③

二　打眼

（1）你精细着，慢慢地把细软收拾起，随身只打两个包
袱，其余都撇下了不必可惜，只不可使养娘打眼。（清·俞万
春《荡寇志》第72回）

（2）希真道："我儿惭愧！鬼使神差，被你看见，险些着
了毒手。却怎的被你识破？"……希真道："吃也吃了，想他做
甚。幸而我不曾吃，不然道法都被他败了。方才也是我大意，
不曾顾盼得。幸而天可怜见，着你打眼。"（同上书，第76回）

（3）丽卿道："……我要杀那狗头，他却怕我，直追到这
里不见了，兄弟可曾看见？是个骑白马的后生。"云龙道："却
不曾打眼，想是落荒逃脱了，追也无益。"（同上书，第90回）

---

① 王权：《三十六行知多少》，中国文史出版社2008年版，第26页。

② 王士均：《长三角农家谚语释义》，上海社会科学院出版社2011年版，第290
页。

③ 罗竹风主编：《汉语大词典》卷6，汉语大词典出版社1990年版，第390页。

（4）李义道："既如此，就请在舍间有屈数日。只是三位切不可出去，恐怕被人打眼。三位要探甚么情报，小弟代去打听罢了。"（同上书，第 126 回）

按，"打眼"条《汉语大词典》列有三义：其一睁眼，引《二刻拍案惊奇》为首证。其二显眼，容易引人注意，引汤显祖《牡丹亭·骇变》为首证。其三钻孔，未列书证。① 用《汉语大词典》所列三义去理解上述 4 例，都无法讲通，但若把"打眼"训为"察觉、看见"，就能豁然而解。例（2）前面说"被你看见"，后面说"着你打眼"，例（3）丽卿问"可曾看见"，云龙回答"不曾打眼"，更是"打眼"作"察觉、看见"解的有力证据。作"察觉、看见"解的"打眼"《荡寇志》中屡见，罗竹风主编《汉语大词典》、许少峰编《近代汉语大词典》等辞书失收。从构词看，作"察觉、看见"解的"打眼"似为附加式合成词。"打"是近代汉语阶段比较常用的前缀，可与不少动词性语素组合成词，如"打探""打看""打听""打搅""打睡"等。"眼"至迟汉代已有"看，看见"义。扬雄《法言·重黎》："（伍子胥）谋越谏齐，不式，不能去，卒眼之。"汪荣宝义疏："眼之字用此，谓死而犹欲亲见吴亡以为快也。"②

明何良臣《阵纪》卷 2："鸟铳出自南夷，今作中华长技，妙在打眼圆中，神在火门急迅，利在药细子坚，中在腹长焰准。"清李斗《扬州画舫录》卷 17："出则细冲打、箍槽、打稻、钻取、掏眼、打眼、打边、退头……开旋螺纹诸役。"此 2 例"打眼"

---

① 罗竹风主编：《汉语大词典》卷 6，汉语大词典出版社 1990 年版，第 323 页。
② 汪荣宝撰，陈仲夫点校：《法言义疏》，中华书局 1987 年版，第 333 页。

意为"钻孔",可补《汉语大词典》义三无书证之失。《荡寇志》第 95 回:"那知铁算盘晓得他的行为,恐怕他反把自己的儿子引坏了,没奈何暂留他住了几日,便钻缝打眼,寻他一个错处,与他闹了一场,推了出去。"费只园《清朝三百年艳史》第 77 回:"这雷太太有这蓄气,只是钻缝打眼,想寻丈夫的破绽。"此 2 句"打眼"与"钻缝"并列,字面意思指"钻孔",实指想尽办法,该义《汉语大词典》也未收。

2006 年 11 月 24 日中央电视台《时空调查》:"先来跟我一起看两个词,看您知道不知道它的含义,一个是'打眼',另外一个叫'捡漏'。搞收藏的人肯定知道这两个词是什么意思,'打眼'的意思,就是说您花大价钱结果买的来是一件赝品,而'捡漏'正好相反,是您花很少的钱买回来一个货真价实的宝贝。"根据这段说解不难看出,"打眼"在收藏界指的是买东西时没看准,被人蒙了。作"买东西时没看准,被人蒙了"解的"打眼"在北京话等方言也使用,《现代汉语词典》释为"买东西没看出毛病,上了当"①,甚佳,该义《汉语大词典》失收。

三 定情

(1)包公读罢,从龙惊骇,不能定情,同僚为之失色。(明·安遇时《百家公案》第 7 回,《中国古代孤本小说③》,春风文艺出版社 1996 年版,第 50 页)

(2)白生门外视久,而不能定情,突入参神,祈谐所

---

① 中国社会科学院语言研究所词典编纂室:《现代汉语词典》,商务印书馆 2016 年版,第 237 页。

愿，三姬见其进之遽也，各以扇掩面而笑焉。（明·吴敬所《国色天香》卷6，中国文史出版社2001年版，第163页）

（3）于时锦娘颇有逸兴，因与白生就枕。生即慕琼之雅趣，尽皆发泄于锦娘，摇曳戏谑多时。二女潜来窥视，少者犹或自禁，长者不能<u>定情</u>。（同上书，第151页）

（4）小儿年幼不能<u>定情</u>，与之缱绻。（明·方汝浩《禅真逸史》第13回）

（5）小姐道："你想的论的，未尝不是。但留此是今日之情，未必便<u>定情</u>终留于异日。我所以要姑待而试之。"（清·不题撰人《定情人》第4回）

按，《汉语大词典》"定情"条释语云："东汉繁钦《定情诗》叙述一女子把配饰送给情人，以示情意。后遂将男女互赠信物，表示爱情忠贞不渝，称为'定情'。"[1]《辞源》"定情"条释义[2]与《汉语大词典》相似。用上述释语去理解例（1）—（5），根本说不通。参照上下文可知，上述5例"定情"的"定"是"镇静、安稳"之意，"情"是"情绪、感情"的意思，"定""情"连用则是"使感情或情绪稳定"之意，此义《汉语大词典》未及。

四 饿眼

（1）<u>饿眼</u>望将穿，馋口涎空咽，空着我透骨髓相思病染，怎当他临去秋波那一转！（元·王实甫《西厢记》第1折）

① 罗竹风主编：《汉语大词典》卷3，汉语大词典出版社1989年版，第1366—1367页。

② 何九盈、王宁、董琨主编：《辞源》（第三版），商务印书馆2015年版，第1105页。

（2）生大喜曰："卿其真莲娘耶？其姮娥耶？其神女耶？吾其真见耶？其饿眼生花耶？其醉中梦里耶？"（明·吴敬所《国色天香》卷2《刘生觅莲记》（（下））

（3）（晁）无晏饿眼见了瓜皮，扑着就啃。（清·西周生《醒世姻缘传》第53回）

（4）左右是这些应试的秀才，一双饿眼，便舍他看看罢，管他则甚！（明·叶宪祖《鸾鎞记》第21出）

（5）公子在船中，一双好色的饿眼早已看见台上坐着一个美人，由不得浑身酥软，只叫："好东西，真是一块肥羊肉！"（明·佚名《听月楼》第3回）

（6）裴七郎听见这句话，就渐渐伸出头来。又怕妻子看见，带累自家出丑，取出一把扇子，遮住面容，只从扇骨中间露出一双饿眼，把两位佳人细细的领略一遍，果然是天下无双、世间少二的女子。（清·李渔《十二楼·拂云楼》第1回）

（7）觉空张了一双饿眼，仔细一看，那妇人年纪有三十五六了，一张半老脸儿，且是俏丽。（清·西湖渔隐《欢喜冤家》第11回）

（8）费钱劳力这是分内之事，奈何一班一辈的人暗中排挤，上前嫌触莽，退后憎懦弱，眼睁睁看他们赚钱醉饱，只落得饿眼空囊路中懊恨。（明·方汝浩《禅真后史》第4回）

（9）打开细看，并无别物，只这六锭大元宝，路上用了一锭，余五锭全然未动。牛巡检饿眼看见，分付快拿上来，"这不是去年劫去的官饷么！"（清·瘦岭劳人、禺山老人《蜃楼志》第10回）

（10）双星道："贤妹仙才，非愚兄尘凡笔墨所能仿佛万一。这也无可奈何，但愚兄爱才有如性命，今既贤妹阆苑仙才，琼宫佳句，岂不视性命为尤轻！是以得陇望蜀，更有无厌之请，望贤妹慨然倾珠玉之秘笈，以饱愚兄之饿眼，则知己深恩，又出亲情之外矣。"（清·不题撰人《定情人》第3回）

按，据例（1），"饿眼"至迟元代已见。从结构看，"饿眼"是由"饿"和"眼"组成的偏正式复合词。"饿"本义为饥饿，"眼"本义为眼睛，而"饿眼"则指"饥饿的（人或动物的）眼睛"，基本上是"饿""眼"二字意思的简单相加，例（1）—例（3）可证，如例（2）"饿眼生花"指饥饿的人的眼睛看东西模糊不清；例（3）"饿眼见了瓜皮"是用拟物手法，描写晁无晏看见女人就像"饥饿的动物看见了瓜皮"一样。引申之，"饿眼"可指贪婪的目光，主要是贪色，例（4）—例（7）皆可证，也可指贪财，例（8）、例（9）即可证，甚至还可指贪好的诗文，例（10）即可证。综上，"饿眼"当有两义，其一为"饥饿的（人或动物的）眼睛"；其二为"贪婪的目光，既可以是贪色，也可以是贪财或其他事物"。该条《汉语大词典》已收，仅列"贪色的目光"义，引《蜃中楼·双订》为书证。[1]《汉语大词典》词义概括不确，义项有遗漏，书证偏晚。《近代汉语大词典》"饿眼"条释语为"贪婪的目光"，引例（5）及清小说《鸳鸯记》第10回为书证[2]，可参。

---

① 罗竹风主编：《汉语大词典》卷12，汉语大词典出版社1993年版，第544页。
② 许少峰编：《近代汉语大词典》，中华书局2008年版，第516页。

五 干巴巴

（1）虽是三日了，却没些滚水漱口，<u>干巴巴</u>如何下得喉去？（明·佚名《七十二朝人物演义》卷23）

（2）但只是这两日风吹日晒，浑身<u>干巴巴</u>的，正要落些雪儿润润。（明·季跪《续西游记》第60回）

（3）拐杖钉靴劳紧管，<u>干巴巴</u>地是长安。（清·实悟等编《昭觉竹峰续禅师语录》卷2）

（4）僧问："海上横行底人脚跟下因甚么<u>干巴巴</u>地？"师云："月穿潭底水无痕。"（清·普润录《斗南昕禅师语录》卷上）

按，很明显，上述4例"干巴巴"都是指干燥的样子，即没有水分或水分很少。例如例（1），因"没些滚水漱口"，故嘴里干燥，吞不下东西。又如例（2），因"这两日风吹日晒"，导致身上很干燥。《七十二朝人物演义》"四卷，不题撰人。有明刊本，卷首有磊道人做于庚辰（崇祯十三年，1640年）序。另有光绪丁酉（1897）上海十万卷楼石印本。"[1] 至于《续西游记》，虽然作者具体是谁已无考，但学界也通常认为是明末清初之人所作。因此，表"干燥"义的"干巴巴"当至迟明代已见，例（1）、例（2）即其证，清代沿用，例（3）例（4）可证。《汉语大词典》"干巴巴"条列有"干硬貌"义，引今人老舍《骆驼祥子》、李汉

----

[1] 王立言、卢济恩、赵祖谟主编：《小说通典》，解放军文艺出版社1999年版，第339页。

平《"吓一跳"的故事》为书证。①"干巴巴"确实可以用来形容物体因水分很少而坚硬结实的样子，如"干巴巴的馒头""干巴巴的腊肉"等，但更多的情况是仅指没有水分或水分很少，故此义《汉语大词典》概括似不确，书证过晚。

六　溞浴

（1）过节之后，各处店家因黛玉旧欠未清，大家不肯赊欠。刚刚过了中秋，正是起生意的时候，黛玉两手空空，借尽当绝，没有垫场，这生意如何做得下去？直把个林黛玉急得走投无路，进退两难。左思右想，只有溞浴一个法子，却一时那里寻得出这样一个主儿？（清·张春帆《九尾龟》第22回）

（2）邱八听了，那里晓得黛玉存着一个要借他溞浴的念头，只认是黛玉同他恩到极处，所以不肯叫他浪费银钱。（同上书，第23回）

（3）潘吉卿的本意，原想要大大的骗月兰一注银钱，等到银钱骗到手中，再慢慢的想个法儿把他打发开去。这个主意，比那倌人溞浴、光棍拆梢还要恶毒了几倍。（同上书，第32回）

（4）且说张玉书自与李子霄落了相好，心上想要借他溞一个浴，便向李子霄说生意做得怕了，想要嫁人，隐隐约约的露出要嫁他的意思。（同上书，第75回）

―――――――

① 罗竹风主编：《汉语大词典》卷1，上海辞书出版社1986年版，第785页。

(5) 这个王素秋也是个数一数二的个中老手，那里肯嫁康中丞这样一个拱肩缩背的老头儿？本来原想借着他<u>浴个浴</u>的。（同上书，第118回）

按，"浴浴"本指洗澡，《汉语大词典》已收①，不赘。债务好比人身上的污垢，妓女因欠债过多，便借从良名义嫁人，让娶自己的人偿还债务，就像洗去身上的污垢，这样，"浴浴"就产生了新的用法："妓女借从良名义，让娶自己的人偿还所欠债务（再乘机逃走重整旧业）"，上引5例均系此意。有时，"浴"与"浴"中间嵌入数量词，例（4）、例（5）皆可证。不少著述对妓女浴浴之事有记载，如《沪谚外编》："妓女负债过重时，择一富翁嫁之，俟债代为还清后，即席卷细软求退，以便重整旧业，谓之浴浴。"②《中国黑幕大观》"浴浴"条云："洗涤身体之尘垢，吾人谓之'浴浴'。而妓女遇土头嫖客，欲敲大注金钱，假意从良，强使赎身。迨既经脱籍，仍不安于室，或任情挥霍，或玷辱门庭，主人翁无法羁勒，惟有挥之门外，彼乃重入勾栏，再张艳帜。是项行为，妓界中亦名之曰'浴浴'。此种诈骗之术，试批报纸观之，一月中必有数起。"③《中国隐语行话大辞典》"浴浴"条云："旧时上海长三书寓妓院谓妓女以假作从良来骗取钱财。"④《上海俗语图说》："妓女到了满身是债，无法理清的时候，便在嫖客中找一个肥而瘟的先生，先用迷汤将他灌酥，然后委身嫁他，

---

① 罗竹风主编：《汉语大词典》卷5，汉语大词典出版社1990年版，第1403页。
② 胡祖德：《沪谚·沪谚外编》，上海古籍出版社1989年版，第68页。
③ 路宝生编：《中国黑幕大观初集》下卷，中华图书集成公司1918年版，《娼妓之黑幕》，第27页。
④ 曲彦斌主编：《中国隐语行话大辞典》，辽宁教育出版社1995年版，第264页。

她是他的太太，她的债就是他的债，一捆一捆地替她还清，还要置办些衣饰替她称门面，她居然从良跟他去了；不多几时，她便想出方法来，使他不得不与她脱离，那时她就像从混堂里出来的容光焕发的浴客一样，全身烂疴，一齐擦去，她抛却定情照片，捆卷财物，写写意意地踱到生意浪，仍旧到铺房间寻第二号瘟生去了。"① 民国时期，"淴浴"也用来指其他欺骗行为。鲁迅1935年4月30日《致日本友人增田涉》："所谓作家，在上海文坛失败，多往日本跑，这里称为'淴浴'或'镀金'。"② 句中的"淴浴"是讥讽那些以镀金为目的而出国留学的人。茅盾《子夜》三："朱吟秋却在那里微笑；他听得孙吉人提到了什么长途汽车，什么矿山，他便老实断定孙吉人的办银行是'淴浴主义'，他是最会以己之心度人之心的。"句中的"淴浴"是指朱吟秋认为孙吉人办银行是借这个名头骗取钱财。综上，除了"洗澡"这个基本义，"淴浴"还有一个派生义：喻指某些欺骗行为，《汉语大词典》等辞书失收。

七 剪绝

（1）学者当于念虑一萌之初剪绝私意，只令向中正一脉里行，莫待到事上方觉，便是悔亡意思。（宋·阳枋《字溪集》卷3）

（2）此刑不及公族，不忍剪绝其生生之类耳。（元·陈澔《礼记集说》，《古今图书集成·祥刑典上（一）》，鼎文

---

① 汪仲贤文、许晓霞图：《上海俗语图说》，上海大学出版社2004年版，第140页。
② 鲁迅：《鲁迅书简：致日本友人增田涉》，陕西人民出版社1973年版，第74页。

书局 1977 年版，第 17 页）

（3）春秋之法，<u>剪绝</u>乱贼，虽死日诛，以明刑也，窃有取焉。（明·田汝成《西湖游览志余》卷 6）

（4）民以为厉，有损于民而无丝毫补益者，合无候命下之日，自隆庆三年起，一并停免，永不征派，<u>剪绝</u>祸乱之萌，一纾饷兵之困。（海瑞《革募兵疏》，《海瑞集（上册）》，海南出版社 2003 年版，第 132 页）

（5）剿除魃孽，<u>剪绝</u>妖霓。（中国道教协会《中华道藏道法会元》卷 128）

（6）雷声大动，雷光奔腾。灭邪斩鬼，<u>剪绝</u>妖精。（正绕道藏·《太上三洞神咒》卷 9《驱雷咒》）

（7）然或人于尘情小处，能以<u>剪绝</u>；而于尘情大处，不能<u>剪绝</u>。（清·刘一明《西游原旨》第 68 回）

（8）若再添派马步队以资接应，则更觉严密，庶几亦可<u>剪绝</u>根株矣。（《济阳县禀（1900 年 9 月 24 日到）》，《山东义和团案卷》，知识产权出版社 2013 年版，第 186 页）

按，"剪"的基本义是"用剪刀等使东西断开"，"绝"亦有"断"义，如《荀子·修身》："其折骨绝筋，终身不可以相及也。"两者复合成词，指"斫除，伐灭"，上述 8 例皆可证，该义罗竹风主编《汉语大词典》、许少峰编《近代汉语大词典》等辞书失收。除此，"剪绝"还可表"快，敏捷"义，《汉语大词典》已收，引《三侠五义》第 8 回、第 106 回为书证[1]，稍晚。这里

---

① 罗竹风主编：《汉语大词典》卷 2，汉语大词典出版社 1988 年版，第 719—720 页。

增补一条更早的书证，即《绿野仙踪》第 80 回："周琏情心过重，还论什么价钱多少，随口说道：'就与他一千二百两。说与管账的，就与他兑了罢。老爷问起来，只说是五百两买的。'吴同大喜，不想卖主止要八百，他到有四百两落头。周琏道：'几时搬房？'吴同道：'搬房大要得半个月后。'周琏道：'如此说，我不买了，定在三日内搬清方可。他图价钱，我为剪绝。'""剪绝"之"快，敏捷"义《近代汉语大词典》列为"爽快，干脆"①，书证与《汉语大词典》同，可参。

八　老婆

（1）他就要请你两个坐，我在旁边，那消一言半句，管情就替你说成了。找出五百两银子来，共搞一千两文书，一个月满破认他三十两银子，那里不去了，只当你包了一个月老婆了。（明·兰陵笑笑生《金瓶梅》第 45 回）

（2）晁凤道："那人奶奶见过了，就是那女戏班里妆正旦的小珍哥。"晁奶奶问道："那班里一大些老婆，我不记得是那一个。"（清·西周生《醒世姻缘传》第 7 回）

（3）自从合气之后，公婆把他儿郎唤着，俺夫妻分院而居，这也罢了。近来听的他夜夜合老婆同睡，这样光棍到容易打哩。（清·蒲松龄《禳妒咒》第 15 回）

按，据例（1）中的"老婆"被"包了一个月"、例（2）"老婆"之前有"女戏班""那班里"之语、例（3）中的"老

---

① 许少峰编：《近代汉语大词典》，中华书局 2008 年版，第 882 页。

婆"夜夜与"夫妻分院而居"的"他"睡可知，"老婆"可指女戏子或妓女。《汉语大词典》"老婆"条列有四义，第四义释语为"称丫头或年老的女仆"，引《金瓶梅词话》《红楼梦》为书证①。根据上面的分析，明清时期，除了称丫头或年老的女仆外，"老婆"还可以指别的地位低下的女性，故《汉语大词典》第四义似可修订成"特指丫头、妓女、女戏子、年老的女仆等地位低下的女性"。

九　蓐食

《汉语大词典》释"蓐食"为"早晨未起身，在床席上进餐，谓早餐时间很早。"② 甄继祥则指出，《史记·淮阴侯列传》"乃晨炊蓐食"中的"蓐食"是"饱食"义，"不可能是在床蓐上吃饭"。③《宋元明清百部小说语词大辞典》"蓐食"条释为"吃饱吃好；丰厚的饮食"④，与甄说相似。《辞源》两说并收，不作取舍⑤，让人无所适从。上述两种观点到底孰是孰非？看下面的例子：

（1）训卒利兵，秣马蓐食，潜师夜起。杜预注："蓐食，
　　　早食于寝蓐中也。"（《左传·文公七年》）

（2）苗贲皇徇曰："蒐乘补卒，秣马厉兵，修陈固列，
　　　蓐食申祷，明日复战。"（《左传·成公十六年》）

---

① 罗竹风主编：《汉语大词典》卷8，汉语大词典出版社1991年版，第620页。

② 罗竹风主编：《汉语大词典》卷9，汉语大词典出版社1992年版，第502页。

③ 甄继祥：《"蓐食"补释》，《古汉语研究》2001年第1期。

④ 吴士勋、王东明编：《宋元明清百部小说语词大辞典》，陕西人民教育出版社1992年版，第831页。

⑤ 何九盈、王宁、董琨主编：《辞源》（第三版），商务印书馆2015年版，第3555页。

（3）雍子发命于军中曰："归老幼，反孤疾，二人役，归二人。简兵蒐乘，秣马<u>蓐食</u>，师陈焚次，明日将战。"（《左传·襄公二十六年》）

（4）（韩信）常数从其下乡南昌亭长寄食，数月，亭长妻患之，乃晨炊<u>蓐食</u>。食时信往，不为具食。（汉·司马迁《史记·淮阴侯列传》）

（5）信从下乡南昌亭长食，亭长妻苦之，乃晨炊<u>蓐食</u>。食时信往，不为具食。张晏注："未起而床蓐中食。"①（汉·班固《汉书·韩信传》）

（6）会日暮，令军士各交缚两炬，三头爇火，营中星列。虏遥望火多，谓汉兵救至，大惊。待旦将退，范乃令军中<u>蓐食</u>，晨往赴之，斩首数百级，虏自相辚藉，死者千余人，由此不敢复向云中。（南朝宋·范晔《后汉书·廉范传》）

（7）须臾，望数万骑俱来，慧景据南门，梁王据北门，令诸军上城上。时慧景等<u>蓐食</u>轻行，皆有饥惧之色。（南朝梁·萧子显《南齐书·崔慧景传》）

按，依照甄继祥的观点，《史记》《汉书》"晨炊蓐食"与下文"食时而往"似无直接语义联系，例（7）亦不好解：既已"饱食"，慧景等怎会战未交而皆有饥惧之色？依《汉语大词典》，例（2）似不可解："蓐食"与"申祷"连文，且是为"明日复战"铺垫，岂会指"早餐时间很早"？训释词语，应当揆之本句而安，验之他卷可通，上述两说都未能做到，未为确

____

① 《汉书》卷34，中华书局2000年版，第1455页。

诂。我们认为，例（1）、例（3）"蓐食""秣马"连说，"秣"本为名词，指喂马的草料，"秣马"意为"用饲料喂马"，按照古汉语造句规律，与"秣"对文的"蓐"也似当为名词，指"草蓐、床蓐"，"蓐食"字面意思则当如杜预、张晏所说，指"（未起而）在床席上进餐"，结构与"用饲料喂马"相同。例（2）用"蓐食申祷"，例（4）、例（5）用"晨炊蓐食"，"申祷""晨炊"为状中结构，若把"蓐食"理解为"（未起而）在床席上进餐"，也很符合古人的表达习惯。"蓐食"字面指"（未起而）在床席上进餐"，实指早餐时间很早，引申则指就餐时间很早。"蓐食"的对象既可以是早餐，也可以不是，强调的只是就餐时间比平常早，并不侧重于是否吃饱。例（1）因要"潜师夜起"作战，故半夜三更吃了次日的"早餐"。王念孙、王引之父子认为此例"蓐食"当训"盛食"。王引之云："训卒、利兵、秣马非寝之时矣。亭长妻晨炊，则固已起矣，而云早食于寝蓐，而云未起而床蓐中食，义无取也。"① 王氏父子实际上是为替"蓐食"训"盛食"找到根据，故不惜以人之起居次序来硬套生动丰富的语言表达，恐不足取。例（2）写晋楚鄢陵之战。双方打了一整天，未分胜负，楚国主帅子反命令军吏"鸡鸣而食，唯命是听"，准备接着再战。晋国为了对付楚国，下令军中"蓐食申祷，明日复战"。显然，本句中的"蓐食"是针对"鸡鸣而食"提出的，可直译为"未起而在床席上进餐"，强调早餐时间比楚军更早。例（3）因要在明日两军交战前焚烧己方所住的帐篷，摆好作战的阵势，故提前吃了"明日"的

---

① （清）王引之：《经义述闻》，江苏古籍出版社 1985 年版，第 418 页。

"早餐";例（4）"亭长妻"为避开韩信的"寄食"，故提前吃完早餐；例（6）因敌人"待旦将退"，故廉范令军中提前吃了早餐，好"晨往赴之"杀敌；例（7）因就餐时间过早，故战未交而慧景等"皆有饥惧之色"。可见，若把"蓐食"理解为"就餐时间很早"，上述诸例均可豁然而解。

十　条子

"条子"《汉语大词典》已收，列有六义：长方形的纸张；便条；旧时特指召唤妓女的字条，借指妓女；单据；细长形的花纹；金条。① 看下面的句子：

（1）搓细小短条子，临时随牙缝大小，扎在病处缝中，甚效。（宋·佚名《保幼大全》卷20，第二军医大学出版社2006年版，第637页）

（2）猴行者拘得背筋，结条子与法师系腰。（宋·佚名《大唐三藏取经诗话》七）

（3）缲车竹筒子宜细，铁条子串筒，两桩子亦须铁也。（元·大司农司编《农桑辑要》卷4《缫丝》）

（4）将羊肚洗净，细切条子。（明·高濂《遵生八笺·饮馔服食笺（上）》）

（5）岂料飞卫命不该死，路旁却有黄荆条子一堆，原是樵子斫下的。（明·佚名《七十二朝人物演义》卷28）

---

① 罗竹风主编：《汉语大词典》卷1，上海辞书出版社1986年版，第1479—1480页。

按，用《汉语大词典》所列义项理解上述句子，皆扞格难通。细究语境可知，上述 5 例中的"条子"系泛指细长物：或为金属，如例（3）；或为枝条，如例（5）；或为食材，如例（4），等等。有时，"条子"还可特指鞭笞人或动物的条状物，例如：

（6）若不依我言语，将所管的人用<u>条子</u>打的，依旧教<u>条子</u>打他；用拳打的，依旧用拳打他。（元·佚名《元朝秘史》卷 11）

（7）娘子见他久不回还，便跑到大门，探头一看，见他正在庄东头那里踢毽子哩。回来找了一根<u>条子</u>，差人叫了他来，骂声："畜生快跪下！你做嗄的来？可着你气杀我了！"（清·蒲松龄《富贵神仙》第 8 回，《聊斋俚曲集》，国际文化出版公司 1999 年版，第 657 页）

（8）方娘子手拿针线，寻思泪雨潸潸。娇儿一个最孤单，未从打他手先战。<u>条子</u>一落，心如刀剜。要他成人，须索把脸变。（同上书，第 659 页）

（9）只说他常在书房里，谁想他每日哄娘亲，一回想来一回恨！我找下荆条竹杖，等他来自有处分。……娘子拿着<u>条子</u>说道："畜生还不跪下！你不念书，那里去来？"（清·蒲松龄《磨难曲》第 16 回，同上书，第 782 页）

（10）晁思才将小琏哥拉夺回去，把手里拿的<u>条子</u>劈头劈脸的乱打，打的那小琏哥待往地下钻的火势。（清·西周生《醒世姻缘传》第 57 回）

《滇海虞衡志》卷2："其笃以荆，曰条子；其缚以藤，曰楦。"① 例（9）"条子"与"荆条竹杖"互相呼应，亦当指荆条竹杖，其余4例"条子"也是指小孩犯了比较严重的错误时，家长用来鞭笃小孩使其牢记教训的条状物。直至今日，湖南双峰一带仍说"条子"，可指鞭笃人或动物的条状物（通常是荆条、竹枝或小竹子）。

综上，"条子"有这样一义：泛指细长物，特指鞭笃人或动物的条状物，该义《汉语大词典》失收。许少峰编《近代汉语大词典》未列"条子"条。

十一 土公

（1）拯看取一回，转衙，唤过<u>土公</u>陈尚："直要去馆驿中，推勘此妇人鬼魂，是谁坏他性命，限期五日回报。"（明·安遇时《百家公案》第30回，《中国古代孤本小说③》，春风文艺出版社1996年版，第144页）

（2）（包拯）随唤<u>土公</u>陈尚，押阿吴同去坟所，起棺检验丈夫有无伤痕，即来回报。（同上书，第76回，第360页）

按，"土公"条《辞源》失收，《汉语大词典》列有三义：①土地神。②古星名。③方言。专管掩埋尸体的人。② 《百家公案》又名《包公传》，十卷一百回，明钱塘散人安遇时编纂，最早的

---

① （清）檀萃：《滇海虞衡志》，中华书局1985年版，第12页。
② 罗竹风主编：《汉语大词典》卷2，汉语大词典出版社1988年版，第981—982页。

版本是明万历二十二年朱仁斋与耕堂刊本。① 上述 2 例中的"土公"似指"仵作（旧时验尸的法官）"，《汉语大词典》失收。《汉语方言大词典》"土公"条列有该义，唯书证过晚②，可参。据林明义考证，"土公"是为丧家掘穴、建墓、修缮和洗骨的人，为台湾早年的旧业，一般的埋葬洗骨，一天可得二元至六元。③ 按此，《汉语大词典》"土公"第三义似乎概括不够全面。许少峰编《近代汉语大词典》未列"土公"条。

十二　写意

（1）原尝春陵六国时，开心写意君所知。（唐·李白《扶风豪士歌》）

（2）愿结九江流，添成万行泪。写意寄庐岳，何当来此地？（唐·李白《流夜郎永华寺寄浔阳群官》）

（3）我有戏勿会自家看，我有大菜勿会自家吃，我有马车勿会自家白相张园，倒去让格格老太婆写意？（清·欧阳巨源《负曝闲谈》第 17 回）

（4）童子因此受训斥，也恨极了他，走上前猛力踢了他几脚，骂道："我把你这不知死活的畜牲，你在这里写意，却害得我几乎受刑。"（清·无垢道人《八仙得道传》第 20 回）

（5）这时候别人睡在温暖的被窝里多么写意！（巴金《死亡》第 15 章）

---

① 郭建：《金龙难娶玉堂春——中国传统戏曲的法眼解读》，北京大学出版社 2012 年版，第 19 页。

② 许宝华、［日］宫田一郎主编：《汉语方言大词典》，中华书局 1999 年版。

③ 林明义：《台湾冠婚葬祭家礼全书》，（台北）武陵出版社 1993 年版，第 200 页。

（6）这一次的澡，洗得确实比上海的温泉<u>写意</u>。（阿英《盐乡杂信》三）

（7）漱芳道："耐倒说得<u>写意</u>哚，我自家蛮要吃来里，吃勿落末那价呢?"（林若欣《海上花》第 20 回）

（8）孙杰家中本来一无所有，此时却逐渐兴盛起来，不但柴米衣服完全不用忧虑，其他起居服用都舒适非常，比平常有钱人家还来得<u>写意</u>。（清·无垢道人《八仙得道传》第 10 回）

（9）大家都替秦府上捏一把汗，谁知柳夫人倒反<u>写写意意</u>的若无其事顺势儿行了过去。（清·天虚我生《泪珠缘》第 91 回，《中国古代孤本小说②》，春风文艺出版社 1996 年版，第 697 页）

（10）曲而美的条件是，人物的姿态、动作、形状，必须明显地有一种"毋庸费力"或"便于省力"的暗示，如苏州人所谓"<u>写意</u>"。（洪深《戏剧导演的初步知识》下篇三）

按，前 6 例"写意"指"舒适，快乐"，后 4 例指"轻松，不费力"。《小说词语汇释》已收"写意"，未及"轻松，不费力"义，仅列"适意，舒服"义，以《负曝闲谈》为书证①，偏晚。《形容词辞典》亦已收"写意"，仅列"适意，舒服"义。② 较少有文献指出"写意"有"轻松，不费力"义，但有不少文献指出"写意"有"舒适，快乐"义，如民国初年徐珂《清稗类钞·方言类》："写意，适也，愉快也，盖取乐之名词也，即快

---

① 陆澹安编著：《小说词语汇释》，中华书局 1964 年版，第 717 页。
② 戴品宏、戴云霁编著：《形容词辞典》，浙江大学出版社 1992 年版，第 331 页。

活舒适之义也。"①《中国秘语行话词典》："写意，清末民初江湖乞丐称快乐。《切口·乞丐》：'写意，快乐也。'"②《汉语大词典》收"写意"，释为"舒适，不费力"③，引例（5）、例（6）、例（10）为证。"舒适"与"不费力"并列，义项归并不够妥帖，书证过晚。

十三　嘴喳喳

（1）他真心爱出家。自甘守淡，不恋繁华，不容人说闲非话。空费我嘴喳喳，多谢蜂媒，及早回衙。（明·高濂《玉簪记》第20出）

（2）〔前腔〕老乌，你平日间嘴喳喳说开说合，今日里似烧葱一堆软鼾。你就不看我老身体面，全不想猱儿玉貌如花朵，拼得过珠沉玉破。（明·徐复祚《投梭记》第11出）

（3）客邸孤单，少年狂放，只怕你心头不似嘴喳喳。（明·沈璟《义侠记》第8出）

（4）你这干奸臣，朝廷大俸大禄养你，却不为朝廷出力，镇日只是贪财乱政，树党诈人，平日只嘴喳喳讲人不是，怎么也拣着不是处做？（明·陆云龙《魏忠贤小说斥奸书》第12回）

（5）立堂的，一庭青草；吆喝的，两部鸣蛙。告状，有几个噪空庭乌雀嘴喳喳；跪拜，有一只骑出入摇铃饿马。

---

① 徐珂：《清稗类钞》（第十六册），商务印书馆1917年版，第152页。

② 曲彦斌、徐素娥编著：《中国秘语行话词典》，书目文献出版社1994年版，第832页。

③ 罗竹风主编：《汉语大词典》卷3，汉语大词典出版社1989年版，第1626页。

（明·陆云龙《型世言》第 12 回）

（6）这两个书生，不晓得马是怎么骑，刀是怎么使，躲在营中，不知我们阵上的苦，一味嘴喳喳。（明·袁于令《隋史遗文》，人民文学出版社 2006 年版，第 481 页）

（7）你看他衣衫褴褛，囊箧空虚，身同丧家狗，形类落汤鸡，那个把他放在眼里。只是嘴喳喳，夸的都是大口，说的都是大话。（明·全木散人《鼓掌绝尘》，江苏古籍出版社 1990 年版，第 374 页）

（8）这一个，颜面有愧，徒逞着嘴喳喳，言谈粗暴。那一个，心胸无愧，任从他絮叨叨，坠落天花。（同上书，第 443 页）

（9）虽怜你腔儿窈窕，可憎你性儿粗糙，嘴喳喳一味研酸，怎当我心儿不好？（明·方汝浩《禅真逸史》第 24 回）

（10）哎，休得把虚脾来掉，嘴喳喳弄鬼妆幺。（清·洪昇《长生殿》第 19 出）

按，排比上述 10 例可知，"嘴喳喳"至迟明代已见，指"咋咋呼呼，多嘴多舌"，例（7）"嘴喳喳"后有"夸的都是大口，说的都是大话"等语，例（8）"嘴喳喳"后有"絮叨叨，坠落天花"等语，皆明证。《汉语大词典》把"嘴喳喳"释为"吵闹"，引《儒林外史》为孤证①，不确，书证偏晚。若用"吵闹"去理解上述句子中的"嘴喳喳"，虽然有的句子似通，但总给人一种很别扭的感觉，远不如"咋咋呼呼，多嘴多舌"文从字顺。"嘴

---

① 罗竹风主编：《汉语大词典》卷 3，汉语大词典出版社 1989 年版，第 519 页。

喳喳"最初主要集中于吴语区作家笔下,如高濂、徐复祚、陆云龙、陆人龙、袁于令、金木散人等。明中叶以后,部分官话区作家笔下也曾出现该词,如方汝浩《禅真逸史》、吴敬梓《儒林外史》等。在今四川、安徽部分地方仍然沿用"嘴喳喳"一词,如《四川方言词典》:"嘴喳喳:嘴碎,话多。"① 《成都方言词典》:"嘴喳喳:喳喳乎乎。"② 《庐州方言考释》:"嘴喳喳:话多,嘴碎。"③ 广州方言:"嘴喳喳,叽叽喳喳说个不停。"④ 该条《描摹词辞典》释为"形容嘴里话多",引《梼杌闲评》、高濂《玉簪记》为书证,并言"数见于明人作品"⑤;《古代小说百科大辞典》释为"说嘴"⑥;《小说词语汇释》⑦ 释为"多嘴",引《儒林外史》为孤证;许宝华、宫田一郎主编《汉语方言大词典》与吴士勋、王东明编《宋元明清百部小说语词大词典》亦收,但书证都过晚,可并参。

十四　做天气

(1) 当初你待要暗算小梅,他有些知觉,豫先走了。若留得他在时,生下个兄弟,须不让那引孙做天气。(明·凌濛初《初刻拍案惊奇》卷38)

---

① 王文虎、张一舟、周家筠:《四川方言词典》,四川人民出版社 2014 年版,第 474 页。

② 罗韵希、冷玉龙等编著:《成都话方言词典》,四川省社会科学院出版社 1987 年版,第 257 页。

③ 王光汉:《庐州方言考释》,安徽大学出版社 2008 年版,第 264 页。

④ 白宛如:《广州方言的 ABB 式主谓结构》,《方言》1981 年第 2 期。

⑤ 文昌荣编著:《描摹词辞典》,中国青年出版社 1997 年版,第 389 页。

⑥ 白维国、朱世滋主编:《古代小说百科大辞典》,学苑出版社 1997 年版,第 934 页。

⑦ 陆澹安编著:《小说词语汇释》,中华书局 1964 年版,第 715 页。

（2）小子而今说一个极做天气的巫师，撞着个极不下气的官人，弄出一场极畅快的事来，比着西门豹投巫还觉希罕。（同上书，卷39）

（3）庙巫看见晕去不醒，正中下怀，落得大言恐吓。妻子惊惶无计，对着神像只是叩头，又苦苦哀求庙巫，庙巫越把话来说得狠了，妻子只得抚尸痛哭。看的人越多了，相戒道："神明利害如此！戏谑不得的。"庙巫一发做着天气，十分得意。（同上）

（4）李君自恃才高，且家有余资，不愁衣食，自道："只争得此一步，差好多光景，怎肯甘心就住，让那才不如我的得意了，做尽天气？且索再守他次把做处。"（同上书，卷40）

按，"做天气"似乎唯明末《初刻拍案惊奇》有例，凡5见。唐松波与华夏出版社都认为，"做天气"是"得意，得好处"的意思①；石汝杰、宫田一郎则认为，"做天气"指"（借有利的形势）摆架子，摆威风"②，白维国、朱世滋③也持类似看法。按照第一种说法，例（3）"庙巫一发做着天气，十分得意"难以自圆，例（2）、例（4）也扞格难通。第二种说法比较可取，"天气"易变难测，用于喻人，则可指人的情态变化多端，因人、因事、因情势而不同。"天气"即"气候"，易变难测，既不以人的

---

① 唐松波校注：《初刻拍案惊奇》，金盾出版社2004年版，第644页；华夏出版社注：《初刻拍案惊奇》，华夏出版社2008年版，第469页。
② 石汝杰、[日]宫田一郎主编：《明清吴语词典》，上海辞书出版社2005年版，第787页。
③ 白维国、朱世滋主编：《古代小说百科大辞典》，学苑出版社1997年版，第1003页。

意志为转移，更不可"做"，两者超常搭配在一起，表示"（借有利形势）端架子，故弄玄虚（以抬高自己的身价）"，约与"拿乔"相当，含贬义。该条可能只在一个较短的时期通行于江浙部分地区，罗竹风主编《汉语大词典》、陆澹安编著《小说词语汇释》等辞书均未收录，《汉语大词典订补》增补此条，释为"摆架子，做出得意的行为举止"①，甚是。

第三节　《汉语大词典》书证商补

书证不仅是一个义项的"见证人"，还是词义出现时代的"指示人"，读者应该可以通过书证看出词汇发展变化的过程。编写历时性的大型语文辞典，首例应当尽可能举始见例，即在传世文献中最初出现的例子，其他例证则要较为全面地反映出该词在后世的使用情况。但是，中国古代典籍籍瀚如烟海，要对词语的某个意义真正做到穷本溯源是非常不易的。本节选释的部分词语，或可补《汉语大词典》书证之疏失。

一　白蒙蒙

（1）山烟向晚白蒙蒙，人过梨花树底风。（金·麻九畴《暮春山家》）

（2）关头雾露白蒙蒙，关下斜阳照树红。（明·刘基

---

① 汉语大词典编纂处：《汉语大词典订补》，上海辞书出版社 2010 年版，第143—144 页。

《过闽关》）

（3）东吴药绢白蒙蒙，况值胶矾盏内空。（明·徐渭《画竹》）

（4）遍地白蒙蒙，高歌我稼同。（清·许南英《耕烟》）

（5）再往下看，惟见小小的几星黑点，几根黑线，余外都是白蒙蒙、青沉沉的，一眼看它不尽。（清·张春帆《红楼春梦》第50回）

按，据上述各例，"白蒙蒙"至迟金代已见用例，其后沿用，主要用来形容烟、雾、蒸汽等白茫茫一片，模糊不清。"蒙"是"濛"的简化字，《现代汉语词典》《实用汉语形容词词典》《现代汉语形容词辞典》[①] 皆收"白蒙蒙"，例多，不赘。许少峰编《近代汉语大词典》未收"白濛濛"，《汉语大词典》已收此条，引刘半农《晓》、郭沫若《北伐途次》为书证[②]，过晚。

二　包谷（苞谷）

（1）西藏及苗匪邪教未起事先，川中所种包谷，根下宛如人首，眉目毕具。（清·钱泳《履园丛话》，中华书局1979年版，第377页）

（2）田中青青惟包谷，粒粒圆匀珠十斛。（吴世贤《包谷行》，作于乾隆三十年）

---

① 中国社会科学院语言研究所词典编纂室：《现代汉语词典》，商务印书馆2016年版，第25页；安汝磐编著：《实用汉语形容词词典》，中国标准出版社1990年版，第23页；陶然、萧良主编：《现代汉语形容词辞典》，中国国际广播出版社1995年版，第8页。

② 罗竹风主编：《汉语大词典》卷8，汉语大词典出版社1991年版，第212页。

（3）常平仓向贮<u>包谷</u>、粟谷二千三百九十余石。（《清高宗实录》卷 1247·乾隆四十年）

（4）湖北宜昌府属之鹤峰州，水田甚少，常平仓向贮<u>包谷</u>、粟谷二千三百九十余石。（《清高宗实录》卷 1247 卷·乾隆五十一年）

按，刘光第《方言记·谷》："玉蜀黍曰'包谷'。"① 道光《施南府志·食货·物产》："包谷，本名玉蜀黍，施人呼为包谷，山居以为正粮。"同治《东湖县志·物产·谷类》："玉蜀黍，释名玉高粱，土名包谷。"同治《巴东县志·物产·谷类》："玉蜀黍，释名玉高粱，土名包谷，山中种此者甚多。"② "包谷"又作"苞谷"。徐珂《包谷李树蟾蜍之兆》卷 7："西藏及苗匪邪教未起事之前，川中所种苞谷，根下宛如人首，眉目毕具，李树忽生刀豆。"③ 光绪三十四年九月二十七日《东三省总督徐世昌等为非产自东三省之小麦高粱苞谷等一概照约禁运出洋事给吉林行省衙门咨文》："前咨所称无碍民食者系指高粱、苞谷而言，所有东三省高粱、苞谷应即一并通融，予以弛禁。"④ 清末民初《林公案》第 34 回："近年来陕西南山一带，及楚北郧阳上游等处的深山老林，尽行开垦，栽种苞谷。"《汉语大词典》"苞谷"条未列书证，"包

---

① 《刘光第集》编辑组编：《刘光第集》，中华书局 1986 年版，第 182 页。

② 以上 3 例皆录自张建民：《湖北通史·明清卷》，华中师范大学出版社 1999 年版，第 282—283 页。

③ 徐珂编撰：《清稗类钞》（第 34 册），商务印书馆民国七年版，第 66 页。

④ 《东北边疆档案选辑（一□七）·清代 民国》，广西师范大学出版社 2007 年版，第 106—107 页。

穀"条引吴炽昌《客窗闲话续集》为首证①，比例（1）—例（3）稍晚。《〈汉语大词典〉商补》补"包谷"条，引沈从文《白河流域几个码头》、汪曾祺《职业》为书证②，过晚。

三　赤裸裸

（1）自身赤裸裸，体上无衣被。（唐·庞居士《诗偈四》，（唐）李群玉等《唐代湘人诗文集》，岳麓书社 2013 年版，第 576 页）

（2）即心是佛须承当，使人的实赤裸裸。（［日］《定慧明光佛顶国师语录》卷 5《龙峰牛耕有春首偈分作四偈赠之》，《大正藏》卷八十一）

（3）此是一把无明火，光前绝后赤裸裸，放出些来满太虚，教伊蓦地难推躲。（明·释海明《破山禅师语录》卷 20《为乘空禅人举火》）

（4）赤裸裸一双脚蹬不得皂朝靴，黑漆漆两只手捧不得象牙简。（明·杨尔曾《韩湘子全传》第 9 回）

（5）云为动作，心心念念，性也修也，净洒洒，赤裸裸，了无定执。（清·彻悟大师《〈楞严〉二决定义》，《梦东禅师遗集》卷中）

按，据上述各例，"赤裸裸"指"光着身子，不穿衣服"，最迟唐代已见，最初主要见于佛教文献，其后扩散到其余文献。许

---

① 罗竹风主编：《汉语大词典》卷 9，汉语大词典出版社 1992 年版，第 355 页；罗竹风主编：《汉语大词典》卷 2，汉语大词典出版社 1988 年版，第 186 页。
② 王锳：《〈汉语大词典〉商补》，黄山书社 2006 年版，第 5 页。

少峰编《近代汉语大词典》未收"赤裸裸",《汉语大词典》"赤裸裸"条已及"光着身子,不穿衣服"义,引朱自清《匆匆》、周而复《白求恩大夫》为书证①,过晚。

四　滴溜溜

(1) 高耸耸蔚蓝天画不成,宽绰绰广寒宫夜不扃,<u>滴溜溜</u>挂雕檐一轮宝镜,明闪闪映珠箔万叶光晶。(元·汤式《端正好·题梧月堂》)

(2)(净)爱杀他<u>滴溜溜</u>睐老儿好。(丑)是好双俊眼儿。(明·沈璟《义侠记》第 12 出)

(3) 那兕怪闻报大惊,挜进进,钢牙咬响;<u>滴溜溜</u>,环眼睁圆。(明·吴承恩《西游记》第 52 回)

(4) 那血见了水,果然如珍珠一般<u>滴溜溜</u>圆,沉到水底。(清·佚名《施公案》第 414 回)

(5) 上面有紫巍巍、明晃晃、圆丢丢、光灼灼、亮铮铮的葫芦顶,左右是紧簇簇、密层层、响叮叮、<u>滴溜溜</u>、明朗朗的玉佩声。(明·许钟琳《封神演义》第 12 回)

按,前 4 例"滴溜溜"形容特别圆的样子,例(5)形容声音圆润、宛转。《汉语大词典》"滴溜溜"条列有三义,"形容特别圆的样子"义引今人赵日升《编草帽》为孤证,"形容声音圆润、宛转"义引今人曹禺戏剧《王昭君》第五幕、林斤澜《母女》为书证②。事实上,前者至迟元代已见,例(1)可证,明清

---

① 罗竹风主编:《汉语大词典》卷 9,汉语大词典出版社 1992 年版,第 1170 页。
② 罗竹风主编:《汉语大词典》卷 6,汉语大词典出版社 1990 年版,第 101 页。

沿用，例（2）—（4）皆其证；后者至迟明代已见，例（5）即其证。《汉语大词典订补》"形容特别圆的样子"义增补例（1）为书证①，甚好；"形容声音圆润、宛转"义未增补书证，似不妥。《近代汉语大词典》"滴溜溜"条仅列"旋转滚动的样子"义，引元马致远《黄粱梦》、明屠隆《昙花记》为书证，不及"形容特别圆的样子""形容声音圆润、宛转"两义②。

五　癫子

（1）悔引这癫子，到歪厮缠起来。（明·范文若《花筵赚》第6出，王筱云等《中国古典文学名著分类集成·戏曲卷（三）·明（续）》，百花文艺出版社1991年版，第358页）

（2）四童合围，共吹竹笛，指予嘻嘻而笑，视予云："是何痴子？家乡不顾，荒山草野茫茫乱走，是失心的癫子。"（清·汪象旭《吕祖全传》，明·汤尔曾等《八仙全书》，春风文艺出版社1987年版，第387页）

（3）上年冬天，听见各寨都出了癫子，发癫的时候，就拖刀弄枪，要杀客民。（乾隆六十年十二月初四日《谕军机大臣吴天半不肯吐实情仍予监禁·附：吴天半供词笔录》，盛天宁《清代中衰之战》，宁夏人民出版社1994年版，第255页》）

（4）前年十月里，各苗寨先听说出了癫子，小的原也不信。到十二月里，侄子石由保癫起来，说家里出了苗王，小

---

① 汉语大词典编纂处：《汉语大词典订补》，上海辞书出版社2010年版，第666页。
② 许少峰编：《近代汉语大词典》，中华书局2008年版，第421页。

的就动了念。（嘉庆元年六月初四日《军机大臣奏提审吴天半讯问石三保供情节是否属实片·附：石三保等供词笔录》，同上书，第232页）

（5）如今平陇一带苗寨都被官兵烧毁，<u>癫子</u>杀的很多，附近的苗寨都投了降，吴廷义们想来逃也不远。（嘉庆元年十二月十七日《明亮奏斩杀苗首石柳邓生擒伊子石老乔·附：石老乔等人供词笔录》，同上书，第362页）

（6）从此乱讲乱唱，一个美貌佳人，变成失性<u>癫子</u>。（清·刘省三《跻春台·卷一·过人疯》）

按，自先秦以来，"癫"就有"精神错乱"之意。《黄帝内经·素问·长刺节论》："病在诸阳脉，且寒且热，诸分且寒且热，名曰狂。刺之虚脉，视分尽热，病已止。病初发，岁一发；不治，月一发；不治，月四五发，名曰癫病。"《南华逸篇》："流脉并作，则为惊怖；阳气独上，则为癫病。"《难经·二十难》："重阳者狂，重阴者癫。脱阳者见鬼，脱阴者目盲。"《黄帝内经》为古代医家托轩辕黄帝之名而作，一般认为成书于春秋战国时期。[1]《南华逸篇》为战国时期著名哲学家、思想家、文学家庄周所作。《难经》原名《黄帝八十一难经》，原题秦越人撰，实成书于汉代。"癫"加"子"缀构成名词，最迟明代已见，清代沿用，以上6例皆其证。《汉语大词典》"癫子"条"疯子"义引谢璞《吉平得宝》为孤证[2]，过晚。

---

[1] 段广慧编著：《文化修养与文明生活》，中国言实出版社2015年版，第56页。

[2] 罗竹风主编：《汉语大词典》卷8，汉语大词典出版社1991年版，第370页。

六 风快

"快"属"心"部,本指一种心理活动,《说文解字·心部》:
"快,喜也。"大约东汉,"快"除沿用"喜"义外,开始有了
"急速"的意思,例常见,不赘举。刀具锋利,砍削东西一定
"急速",故"快"又引申有"锋利"义,较早的用例子如北魏·
贾思勰《齐民要术·杂说》:"且需调习器械,务令快利。"唐·
刘恂《岭表录异》卷中:"可为锁子甲,利胜于铁。若钝,以浆
水洗之,还复快利。"杜甫《戏题王宰画山水图歌》:"焉得并州
快剪刀,剪取吴松半江水。"前2例"快"与"利"同义连用,
第三例"快"单独使用,均是"锋利"意。"风"用在单音节形
容词前面,表示程度高,如"风脆""风酥"等。"风""快"连
用,就有"十分锋利"的意思,该义《汉语大词典》已收,但仅
以秦基伟《故乡的战斗》为书证[①],过晚。该义许宝华、宫田一
郎主编《汉语方言大词典》亦收,仅以李劼人《大波》卷2为书
证,亦过晚。表"十分锋利"义的"风快"至迟明代已见,
例如:

(1) 王爷道:"是我传令每船用二十个选锋,各持一口
风快的腰刀伺候着。大凡抓起一个来,就在刚出水时还他一
刀。"(明·罗懋登《西洋记》第 36 回)

(2) 徐公子看了大怒,道:"罢,罢。他今日真赃实犯,
我杀他不为过了。"便在书房中将一口剑在石上磨,磨得风

① 罗竹风主编:《汉语大词典》卷 12,汉语大词典出版社 1993 年版,第 600 页。

快，赶进房来。（明·陆人龙《型世言》第 29 回）

（3）阳大王一觉睡醒，忽见床面前挂着一口风快的宝剑，磨得雪亮。（明·无名氏《后西游记》第 29 回）

按，《近代汉语大词典》收"风快"条，"锋利"义引元曲《陈州粜米》"则俺那势剑如风快"及《醒世姻缘传》为书证。①显然，《陈州粜米》"如风快"犹言"像风一样快"，属于状中结构，"风快"尚不是词。《西洋记》《型世言》都成书于明末，早于《醒世姻缘传》。高文达主编《近代汉语词典》释"风快"为"像风一样快，比喻刀刃锋利"，以《儒林外史》为证，书证略晚，释义可参。《汉语大词典订补》"风快"条"十分锋利"义增补《醒世姻缘传》为首证②，仍偏晚。

《汉语大词典》"风快"条列有"犹飞快"义，引艾芜《纺车复活的时候》、柳青《铜墙铁壁》为书证③，过晚。宋周邦彦《兰陵王》："愁一箭风快，半篙波暖，回头迢递便数驿，望人在天北。"句中的"风快"既可理解为主谓结构，指"风速很快"，也可理解为偏重结构，犹言"飞快"。宋曹组《点绛唇·咏御射》："水已无情，风更无情暾。兰舟解，水流风快。"此例"风快"仍可两解。至迟明代已见确当"飞快"解的"风快"用例。《明会典·工部·船只》："其各卫征战风快船只等项，各有缺少损坏，及当修理者，务要会计木钉、灰油、麻藤及所用工具，依数拨用。

---

① 许少峰编：《近代汉语大词典》，中华书局 2008 年版，第 570 页。
② 汉语大词典编纂处：《汉语大词典订补》，上海辞书出版社 2010 年版，第 1335—1336 页。
③ 罗竹风主编：《汉语大词典》卷 12，汉语大词典出版社 1993 年版，第 600 页。

如有……其风快小船，就京打造者，亦须依例计造木料等项，就于各场库支拨。"上例为洪武二十六年（1393）规定的制度①，这足以表明，最迟明初"风快"已有"飞快"义。《汉语大词典订补》"风快"条"十分迅速"义增补明代卢楠《想当然》为书证②，《近代汉语大词典》"风快"条"锋利"义也以卢楠《想当然》为首证③。卢楠在 1535 年（嘉靖十四年）前后在世，《想当然》当比《明会典》稍晚。

七 明公正气

（1）我虽生意人家，颇知婚姻大礼，若不明公正气，使亲友得知，就是过门来，终是不光荣的，断然不可。（清·罗浮散客《贪欣误》第 4 回）

（2）我是对太太当面明公正气求的，又不是私情暗昧，老爷只问太太便知。（《人中画·终有报》第 3 回）

（3）我眼中实是看不得，你去寻一个单身汉子，卖了春桃，等我日后明公正气的讨一个来与员外做妾。（清·雪樵主人《惊梦啼》第 1 回）

（4）你系她家邻舍，既非昌姓亲戚，她又不曾明公正气嫁你，你如何公然与她同住，霸占寡妇？（清·曹去晶《姑妄言》第 2 回）

（5）这日，诸亲百眷，只说他在省城中明公正气婚娶的

① 郑鹤声、郑一钧编：《郑和下西洋资料汇编（增编本上）》，海洋出版社 2005 年版，第 92 页。
② 汉语大词典编纂处：《汉语大词典订补》，上海辞书出版社 2010 年版，第 1335 页。
③ 许少峰编：《近代汉语大词典》，中华书局 2008 年版，第 570 页。

这个标致女子，并不知此道来的，故此人人敬重。（清·西湖渔隐《欢喜冤家》第 5 回）

（6）如今只须如此这般，娶她回来，才得明公正气，没人谈论。（明·青莲室主人《后水浒传》第 8 回）

按，"明公正气"意为正式，公开，堂堂正正，堂然皇之。此条《汉语大词典》已收，引《红楼梦》《孽海花》为书证①，稍晚。《贪欣误》《人中画》为明末作品，《惊梦啼》《姑妄言》《欢喜冤家》《后水浒传》为明清之际作品，成书时间均比《红楼梦》要早。《近代汉语大词典》引《人中画·终有报》《梼杌萃编》为书证②，甚确。

八 披房

（1）太监李祺遂欲并修各库披房，似为可缓，宜暂停止以纾民困。（《明孝宗实录》卷 109）

（2）（万历三年三月丙寅）添造慈宁宫接檐披房……（《明神宗实录》卷 36，李国祥、杨昶主编《明实录类纂》（宫廷史料卷），武汉出版社 1992 年版，第 1607 页）

（3）张秀来到监前，只见当年陈员外住的那一间土库房子，尽改作一带披房，猛然伤感。（《鼓掌绝尘》第 38 回）

按，排比上述 3 例可知，"披房"指偏屋、偏房，明代已不罕见。"披"隐含"旁"义。《说文·手部》："从旁持曰披。"刘向

---

① 罗竹风主编：《汉语大词典》卷 5，汉语大词典出版社 1990 年版，第 597 页。
② 许少峰编：《近代汉语大词典》，中华书局 2008 年版，第 1292 页。

《新序校释》卷3："凡从皮字，如'陂''披'皆有旁谊，心腹居中。"① 义近"披房"的含"披"复合词不少，如"披檐""披厦""披屋""披子"等，下各举1例为证。宋张耒《和大雪折木》："披檐掷瓦事未测，起坐明灯彻其幄。"民国黄侃《郫春语》："吾乡谓于正室旁依墙作屋，斜而下，其外更无壁者，曰披厦。"元代陶宗仪《南村辍耕录·宫阙制度》："庖室一区，在凝晖楼后，正屋五间，前轩一间，后披屋三间，又有盝顶房一间，盝顶井亭一间。"② 今人濮永顺《胭脂巷风流》："说起胭脂巷，别看这名字蛮美，巷子却是平常普通得很。巷子本来就不宽，人口膨胀之后，你家搭个棚子，他家搭个披子，把巷子挤得又窄又弯，这样的巷子在临江市闭着眼睛就能数出一大串。"《汉语大词典》"披房"条引《儒林外史》为孤证，"披檐"条引《酌中志》为孤证，"披屋"条引《初刻拍案惊奇》为首证，皆偏晚，"披子"条以《儒林外史》为孤证。③

九 飘飘拽拽

（1）说罢，只见卫旭霞飘飘拽拽的立在素琼面前，道："昨日略睹芳容，便觉神魂飞越，但别后不知更何以为情耳！"（清·无名氏《山水情》第2回）

（2）想毕，遂下笔画出一个卫旭霞，点这双俊俏含情之眼，勾出他的入影双眉，腔就何郎粉面，写成沈约腰肢，头

---

① （汉）刘向：《新序校释》，中华书局2001年版，第433页。
② （元）陶宗仪：《南村缀耕录》卷21，辽宁教育出版社1998年版，第249页。
③ 罗竹风主编：《汉语大词典》卷6，汉语大词典出版社1990年版，第521—529页。

上画一顶软翅纱帽巾，身上染一身紫色袍，脚下加一双粉底靴，描成一个<u>飘飘拽拽</u>紫衣少年模样。（同上书，第 4 回）

（3）忽见左厢门内走出一个<u>飘飘拽拽</u>的年少来，旭霞遂停了口，仔细一看，欲要去启齿亲近，又恐怕是个狂妄的人，被他不睬，殊为不雅。（同上书，第 7 回）

（4）（卫旭霞）复进房去，换了几件簇簇新的佳丽衣服，打扮得<u>飘飘拽拽</u>，坐于妆台之侧。（同上书，第 21 回）

按，"飘"为"随风飞动"意，"拽"同"曳"，为"拖、拉"意，"飘""拽"复合成词，意为"随风摇荡"。"飘飘拽拽"是"飘拽"的 AABB 式重叠形式，形容"飘拂拖带的样子"。该条《汉语大词典》已收，引《红楼梦》第 109 回为孤证①，首证偏晚，探流不够。张俊指出，据书之字体及书中不避"玄"而间或讳"检"推测，《山水情》当刊于"明末崇祯、清初顺治之间"②，比《红楼梦》要早一百余年。现代汉语也不乏"飘飘拽拽"用例，如李道一《梅雨时节唱江南》："霏霏扬扬，飘飘拽拽，又到了江南梅雨时节。"③ 李竹平《梦》七："头带妙常髻，身上穿一件月白素绸袄儿，外罩一件水田青缎镶边长背心，拴着秋香色的丝绦，腰下系一条淡墨画的白绫裙，手执……飘飘拽拽的走来。"④

① 罗竹风主编：《汉语大词典》卷 12，汉语大词典出版社 1993 年版，第 649 页。
② 张俊：《清代小说史》，浙江古籍出版社 1997 年版，第 57 页。
③ 李道一：《情满江南》，广西民族出版社 2002 年版，第 32 页。
④ 李竹平：《石卵子》，中国文联出版社 2015 年版，第 289 页。

十 稀散

（1）《大戴礼记·夏小正》："五月启灌蓝蓼。"孔疏引熊氏云："灌谓丛生也，言开辟此丛生蓝蓼，分移使之稀散。"（王利器《吕氏春秋注疏》，巴蜀书社 2002 年版，第 484 页）

（2）种蓝之体，初必丛生，蓝儿长大，始可分移，使之稀散，以言正养蓝之时，非刈蓝之候也。（宋·罗愿《尔雅翼·释草》，石云孙点校本，黄山书社 1991 年版，第 38 页）

（3）车马游人尽稀散，潜步两情厮绾。（元·佚名《小孙屠》第 19 出，张月中、王钢主编《全元曲》，中州古籍出版社 1996 年，第 2074 页）

（4）常平之政不修，社仓之义不劝，劳徕不息招集，有功者不闻显赏，阃境逃移、户口稀散者不必受罚，何异受人之牛羊立而视其死欤？（元·陆文圭《墙东类稿》卷 4）

（5）其四，谓近边之民，村舍稀散，畜牧被山谷，以此致寇。（明·丘养浩《陈蓟辽边务十事（嘉靖六年五月庚辰）》，《明实录》卷 76）

（6）且俱将稻谷撒于田地，听其生长，并非插种之法，秋苗皆稀散细弱，难期秀实。（清·刘韵珂《奏勘番地疏（道光二十七年十二月二十二日）》）

按，"稀散"是联合式复合词，指稀疏而杂乱。例（1）中的熊氏指熊安生，北齐任国子博士，后入北周，武帝宣政元年（578 年）官露门学博士，不久致仕卒。由此例可知，"稀散"南北朝已经使用，其后沿用。"稀散"条许少峰编《近代汉语大词典》

未收,《汉语大词典》已收,引张天翼《蜜蜂·仇恨》为孤证①,过晚。

十一　汹汹拳拳

(1) 或朋从游宴,摄杂其间,他人皆<u>汹汹拳拳</u>,若将不及,张生容顺而已,终不能乱。(唐·元稹《莺莺传》)

(2) 乘邑中指差为盗,方<u>汹汹拳拳</u>,遂趁势贿禀瞿县丞,差拿贵等系狱泄忿。(《钦犯邓云霄等斩十二绞七军九徒八杖四笞一》,明·颜俊彦《盟水斋存牍》,中国政法大学出版社 2002 年版,第 16 页)

(3) 今后秀才宜闭户读书,乡民宜各安生理。如有见事风生,随行逐队,<u>汹汹拳拳</u>於廷者,先据律究治,然後质讯本事,断不曲徇。(明·颜俊彦《谕各役》,同上书,第 669 页)

(4) 秋芙既自命酒人,又自矜名下,睥睨余子,旁若无人。攘袖飞觥,<u>汹汹拳拳</u>,势将用武。(清·杨掌生《京尘杂录·长安看花记》,傅谨主编《京剧历史文献汇编·清代卷·专书(上)》,凤凰出版社 2011 年版,第 481 页)

(5) 他吃了亏,连发作都不许他发作,还一个个<u>汹汹拳拳</u>的举着巨灵掌要打他。(民国·不肖生《留东外史》第 53 章,岳麓书社 1988 年版,第 382 页)

(6) 梁先生便正在这个西潮泛滥,众人皆<u>汹汹拳拳</u>,意见纷纷的时候静下来对西方文化观察,对传统文化反省。(梁培宽《梁漱溟先生纪念文集》,中国工人出版社 1993 年版,第 302 页)

---

① 　罗竹风主编:《汉语大词典》卷 8,汉语大词典出版社 1991 年版,第 91 页。

按，排比上述诸例可知，"汹汹拳拳"形容喧闹欢腾的样子。据例（1），"汹汹拳拳"至迟唐代已见。明清语料乃至现代汉语亦不乏用例，例（2）—例（6）皆其证。《汉语大词典》已收"汹汹拳拳"条，引例（1）为孤证①。

十二 眼子

（1）不容分说，拉下去把眼子打个一撮一撮的还得去拿。……少不得暂且去访，且救一救我的眼子要紧。（清·佚名《刘公案》第6回）

（2）我一见，恭也顾不得出咧，屎也没拉完。你说凑巧多着的呢！偏偏的忘了拿手纸！两只眼睛只顾瞅着那个包袱咧，用手去地下一摸，摸了块瓷瓦子，拿起来就往眼子上一抹，吃喽，把眼子也拉破咧！（同上书，第23回）

（3）每服取一丸，穿一眼子于灯上烧，烟绝为末，以生姜米饮调服之，以利为效。（宋·王衮《博济方》卷1）

（4）这厮也害怕，拿起一块板，上面有一个眼子，套在我脖子上，把我扯倒了，他教我休言语。（《元曲选·勘头巾》第3折）

（5）八戒道："莫赖我！我有证见！你不看一钯筑了九个眼子哩！"（明·吴承恩《西游记》第70回）

按，"眼子"条《汉语大词典》已收，第三义释语为"孔

---

① 罗竹风主编：《汉语大词典》卷5，汉语大词典出版社1990年版，第1173页。

洞", 例证自拟①, 《汉语大词典订补》增补例（3）为孤证②；第四义释语为"肛门"，无书证，《汉语大词典订补》未增补。上述5 例，前 2 例"眼子"指"肛门"，后 3 例指"孔洞"，均可补《汉语大词典》书证之失。古文献偶用"屁股眼子"指肛门，如《醒世姻缘传》第 96 回："他的龙性同不得你，一会家待要寻趁起人来，你就替他舔屁股，他说你舌头上有刺，扎了他的屁股眼子了。"从语源看，"眼子"由词根语素"眼"带"子"缀构成，本指"眼睛"，至迟唐代已见，如张鷟《游仙窟》："千娇眼子，天上失其流星；一搦腰支，洛浦愧其回雪。"《敦煌变文·丑女缘起》："十指纤纤如露柱，一双眼子似木槌。"词义泛化，"眼子"可指"孔洞"，至迟宋代已见；词义缩小，可特指"肛门"，至迟清代已见。

十三　硬柴

（1）打面糊物料：……硬柴（半斤，计二百一十一秤五斤。）……打面糊物料每轴：……硬柴（一斤，计六十三秤一十斤。）……（《元代秘书监志·秘书库》，徐雁、王燕均主编《中国历史藏书论著读本》，四川大学出版社 1990 年版，第 446—447 页）

（2）荞麦灰半斗许，荆柴、老杉枝、山白竹、杂硬柴各截二尺长劈成片，各取一束晒干，火烧成炭，置密罐内。（明·徐春甫《古今医统大全·痔漏门·敷涂诸药》）

---

① 罗竹风主编：《汉语大词典》卷 7，汉语大词典出版社 1991 年版，第 1210 页。
② 汉语大词典编纂处：《汉语大词典订补》，上海辞书出版社 2010 年版，第 917 页。

（3）这次上山，虽然心火万盆，怎奈法海本领高强，深恐非他敌手。且丈夫在他手里，更只得软柴束硬柴。（玉山主人《义妖白蛇全传》第 34 回）

（4）你若不听我的话，现在做一个丫头，日后嫁一个车夫，到老来也和这里的烧火老娘姨一般，多大年纪，还要劈硬柴，洗锅洗碗。（民国·朱瘦菊《歇浦潮》第 91 回）

（5）他借了一把厨刀和一根硬柴回来，就在车头旁边削起来。（丰子恺《半篇莫干山游记》）

（6）还有，就是要在今晚，在山沟里再拾几抱干硬柴，而且尽量拾比较粗的干燥的树股。（李绪民《红裤带》第 26 章）

按，排比上述 6 例可知，"硬柴"指树枝、树干、树墩、树根等硬度大、耐烧的木柴。该词至迟元代已见，例（1）即其证；其后沿用，例（2）—（6）皆可证。《宁波乡谚浅解》："硬柴系最坚硬的杂木，耐火力强，无论煮饭烧菜，放入适当数量，由始至终，不必再事添加。"[①]《中国历代御膳大观》："用柴爿、树枝等硬柴点火燃烧，先旺火，将铁锅烧得发红，接着续用小火烧一二小时，最后将炉灶门封塞，让木柴余火（俗称塘灰）煨一夜，至羊肉熟。"[②] 可为旁证。吴连生把"硬柴"释为"指作燃料用的劈成条状的树干和粗枝条。"[③] 释义范围过窄。"硬柴"有的确是"劈成的"，如例（1）、例（4）；有的却是木棍、树枝之类自然

---

① 汤强：《宁波乡谚浅解》，（台北）东方文化 1970 年版，第 47 页。
② 周三金：《中国历代御膳大观》，文汇出版社 1996 年版，第 227 页。
③ 吴连生等编：《吴方言词典》汉语大词典出版社 1995 年版，第 478 页。

物，如例（5）、例（6）。晓雨释为"做薪的树杆或树枝"①，褚半农释为"烧火用的花萁柴、树枝等，相对于稻柴、麦柴等'软柴'而称之"②，是。《汉语大词典》不收"硬柴"，《汉语大词典订补》增补此条，2 条书证皆为元曲《盆儿鬼》用例③，探流不够。

十四　圆溜溜

（1）碧峰长老就轻轻的伸起一个指头儿来，到地上画了一个圆溜溜的小圈儿。（明·罗懋登《西洋记》第 6 回）

（2）那林澹然脑后另生出一块三台骨，圆溜溜就如肉瘤一般，自有记认。（明·方汝浩《禅真逸史》第 12 回）

（3）不一时宫奴取到，窦后叫花又兰近身，将圆溜溜光灿灿的一件东西，向又兰眉间熨了三四熨。（清·褚人获《隋唐演义》第 62 回）

（4）原来那板的尽头，遮着一个圆溜溜的窟窿。（清·俞万春《荡寇志》第 75 回）

（5）陡然一双环眼睁得圆溜溜的，油漆面上透出光来，用手在衣底下飕的一声，抽出一柄匕首来，冷气森森，寒锋凛凛。（清·李亮丞《热血痕》第 16 回）

按，排比上述 5 例可知，"圆溜溜"用来形容很圆，至迟明已

---

① 晓雨：《舟山人学习普通话指南》，语文出版社 1996 年版，第 160 页。
② 褚半农编著：《上海西南方言词典》，上海人民出版社 2006 年版，第 206 页。
③ 汉语大词典编纂处：《汉语大词典订补》，上海辞书出版社 2010 年版，第 906 页。

见，其后沿用。《现代汉语词典》已收①，例多，不赘举。许少峰编《近代汉语大词典》未列此条，《汉语大词典》已收该条，引权宽浮《牧场雪莲花》、张英《老年突击队》、邹忠新《断头山》为书证②，过晚。

---

① 中国社会科学院语言研究所词典编纂室：《现代汉语词典》，商务印书馆 2016 年版，第 1612 页。
② 罗竹风主编：《汉语大词典》卷 3，汉语大词典出版社 1989 年版，第 658—659 页。

第三章

近代汉语词语考释

"汉语历史语料保存之悠久、完整，世上少见，这是中华民族的一笔宝贵精神财富，揭示其发展规律是我们炎黄子孙责无旁贷的责任。"① 不少近代汉语词汇的发展横跨很长的历史时期，如果考察范围只局限于人为划定的某一历史阶段，就无法看清其嬗变规律。本章共七节，主要采用比类归纳、方言佐证、因声求义、演绎词义演变轨迹、利用同义并列词组与复合词等方法，同时根据实际需要，结合语音、语法等相关范畴，对部分近代汉语常用词汇溯源探流。

第一节　说"饿气"

"饿气"在网络文学中出现频率相当高，在"百度"等搜索引擎输入该词，就不难找到数以百计的例子。实际上，"饿气"

---

① 　石毓智：《语法化的动因与机制》，北京大学出版社 2006 年版，《前言》第 5 页。

不仅网络文本使用，明清小说也不罕见，但罗竹风主编《汉语大词典》、许少峰编《近代汉语大词典》等大小辞书并未收录，诸家亦似未言及。本节将对"饿气"的意义、语源进行描写、分析。同时，试图通过对"饿气"的考察，揭示网络语言对汉语词汇构成带来的影响。

一　饿气¹

饿气¹指"饥饿的感觉或状态"，网络文本与现代汉语传统纸质文本都可以见到。例如：

（1）都是大小伙子，干的又是体力活，饭量那么好，2个馒头只能压压饿气。（汪晓霞《悠悠岁月依依——一位养路老前辈的往事回放》，http: //news. hexun. com/2014 - 10 - 29/169830667. html，2014 - 10 - 29）

（2）一坐下来，对街做煎饺的阿姨会建议你来份煎饺压下饿气，味道还可以，但可不要贪吃，好戏还在后头呢。（《美味是王道 武汉"牛羊大战"》，http: //hb. qq. com/a/20100106/004002_ 25. htm，2010 - 1 - 6）

（3）过了约有一个小时，那个农民提着一桶水又来了，并且还提着一筐子杂面烙饼，说怕大家饿了，吃点东西，压压饿气。（牙含章《陇右地下斗争》，甘肃人民出版社 1981 年版，第 99 页）

（4）他本来刚喝了一碗馄饨，吃了一扇小笼包子，连点饿气儿都没有。（黄同甫《流光皮奇缘》，中原农民出版社 1990 年版，第 208 页）

（5）韩羡书包里有他给你在"典蓝"买的巧克力蛋糕，先吃点，<u>垫垫饿气</u>！（COOQI 著《我的同桌是靓仔》，百花洲文艺出版社 2005 年版，第 187 页）

（6）小虎外孙吃了两只老鼠，不要说<u>压压饿气</u>，就连牙缝也不够填。（陶莲讲述《猫留一招》，《中国民间故事集成·青海卷》，中国 ISBN 中心 2007 年版，第 298 页）

（7）参军后我去到了广西甘棠渡种田，按定量，一天一斤半。说句实话，一餐一斤半也压不了我的<u>饿气</u>。（《三年困难纪事》，中国工人出版社 2009 年版，第 250 页）

（8）先<u>压压饿气</u>吧，这儿还有苹果。等一会到家，我给你做面条吃。（高鸿《黑房子 白房子》，译林出版社 2011 年版，第 139 页）

据我们考察，《朱子语类》《董西厢》《张协状元》《元曲选》《朴通事》《金瓶梅》《西游记》《三言二拍》《鼓掌绝尘》《型世言》《十二楼》《隋唐演义》《儒林外史》《红楼梦》《儿女英雄传》《荡寇志》《老残游记》等文献均不见"饿气[1]"用例；《子夜》《骆驼祥子》《柔石选集》《边城》《三里湾》《创业史》《青春之歌》《黄水传》《吕梁英雄传》《红旗谱》《中国现代短篇小说选》、曹禺《原野》、杨朔《三千里江山》《人民文学》（1976—1978 年）也不见"饿气[1]"用例。据此，我们推断，"饿气[1]"很可能改革开放以后才开始使用，可能是语言类推原则的产物。汉语中早已存在大量根据"单音节形容词＋气"模式构成的双音节模式词，如"傲气""怪气""豪气""骄气""娇气""狂气""怨气"等。根据表达的需要，网络写手们按照"单音节形容词＋气"模式，新造了"饿气[1]"。由于人们早已习惯"单音节形容词＋气"模式的结构和意义，故"饿气[1]"出现后很快在一定范围内得到认可与推广。

二 饿气[2]

饿气[2]指"怒气，怨气"，网络文本与现代汉语传统纸质文本都可以见到，常与动词"出""生""发泄"等连用。例如：

（9）中国人都一个样，想当初自己年轻的时候就受到来自大人们的压迫，现在自己也有了孩子，一定要把这口压在心中多年的饿气发泄在自己孩子的身上，这里有点轮回的味道。（《色情贺卡在学生中传递 成人看后都觉脸红（图）》，2004－5－12百度检索）

（10）干了，再把酒都干了，谢谢哥几个的支持，今天出了口饿气，早就看那个"三大亩"不顺眼，今天终于摆平了。（2004－6－17百度检索）

（11）他对我那么好，怎么会生我的饿气呢？我急的想哭，可除了呆坐着，没有别的主意。（孙靳玉《哭泣的灵魂》，2005－6－8百度检索）

（12）叶枫快步走到张凌面前，拍了拍他的肩膀："好样的小凌子，哈哈哈，替中国人出了一口饿气。"（风再起时《足球之谁是王者》第84章，2005－9－15百度检索）①

（13）终于为dotaer出了一口饿气了。（2012－10－31百

---

① 2016年8月15日检索时，"饿气"已改成"恶气"。

度检索）

（14）詹姆斯终于出了一口<u>饿气</u>（2015－6－8百度检索）

（15）佘背锅喜出望外，尽管受了皮肉之苦，劳累之役，可坑害百姓的狗官——被摘去了乌纱帽，一口<u>饿气</u>出了，百姓的生活有盼了。（安明稳《佘"背锅"告御状》，《横山文史资料》第8辑，2006年，第106页）

（16）这一生气还真有效果，第二天晚上，天刚黑，德宝正直挺挺地躺在床上生<u>饿气</u>，忽然听到高音喇叭在叫："龚德宝，龚德宝，黄春妹找你。"（郭建勋《天堂凹》，珠海出版社2008年版，第118页）

从我们的考察看，"饿气²"似乎21世纪才见使用，可能是同音假借的产物。至迟宋元时期已有"恶气"一词，指"怒气，怨气"，"恶"在语义和感情色彩上有加强程度的作用，较早的例子如：

（17）一心要离京，是州城不暂停。我与伊家欢笑，骂得我<u>恶气</u>生。说一和你惺惺，才相见剪头来骂人。（南宋·温州九山书会才人编撰《张协状元》第41出）

（18）这披鳞的曲蟮，带甲的泥鳅！我歹杀呵是国家白衣卿相，你岂敢戏弄我！怎生出的这<u>恶气</u>？（元·马致远《荐福碑》第2折）

（19）我穷则穷是秀才的妻室，你穷则穷是府尹的门楣。那些儿输与这两个泼皮，白白的可干受了一场<u>恶气</u>！（元·佚名《举案齐眉》第3折）

（20）我妻，听说就里，不杀他怎消<u>恶气</u>！恶缘聚会，拼个直恁的，不足虑。两个兄弟曾说誓，纵有官司他替取。（元·徐田臣《杀狗记》第 24 出）

按，《汉语大词典》"恶气"条"怒气，怨气"义首证为《醒世恒言·乔太守乱点鸳鸯谱》①，《近代汉语大词典》书证为《水浒传》《醒世恒言》②，皆偏晚。现代汉语也有"恶气"用例，如：

（21）去年我们将他们的灶都拆掉了，总算已经出了一口<u>恶气</u>。（鲁迅《彷徨·离婚》）

（22）叫工人们砸破些玻璃，出出他们的<u>恶气</u>；砸了的东西自然有保险公司来赔；同时叫马家古玩铺出了名，将来的买卖一定大有希望。（老舍《二马·五十六》）

（23）此人骂我们是"狗熊之会"，谁也奈何他不得，反倒是乔峰出手，给大伙儿出了这口<u>恶气</u>。（金庸《天龙八部》第 19 回）

在今湖南双峰等地方言中，也仍然使用"恶气"，指"怒气，怨气"。也许，作"怒气，怨气"解的"饿气^2"就是"恶气"的新"马甲"？由于普通话里"恶""饿"读音完全相同，在许多方言里"恶""饿"读音相同或相近，部分网络写手就把"恶气"写成了"饿气^2"，然后逐渐推广，得到了相当一部分人的认同。

---

① 罗竹风主编：《汉语大词典》卷 7，汉语大词典出版社 1991 年版，第 557 页。
② 许少峰编：《近代汉语大词典》，中华书局 2008 年版，第 515 页。

三　饿气³

饿气³指"意气，志气，骨气"，网络文本与新中国成立以后的传统纸质文本都可以见到，常与动词"争（挣）"连用。例如：

（24）刘国璋也想争饿气赔他，无奈囊中羞涩，哪里敢逞这个英雄。（蒋春光《教工之家》第 10 节，http：//blog. sina. com. cn/u/2930636192，2010 – 05 – 07）

（25）抱着争一口"饿气"的想法，"不差钱"的徐忠成较真了。（《一句玩笑 让他成了"野鸭司令"》，http：//di-fang. gmw. cn/newspaper/2014 – 11/21/content_ 102159086. htm，2014 – 11 – 21）

（26）王小霞非常后悔当时"争饿气"，写了悔过书，并请求县看守所向该院驻所检察室递交了羁押必要性评估材料。（唐建东《南充"操哥"驾车不文明引祸端"直人"为争一气触刑律》，http：//nc. newssc. org/system/20150326/001611073. html，2015 – 03 – 26）

（27）既然吃不上、穿不上，何必争饿气，要来上学读书呢？（刘葴《铁树总有开花的一天》，中国青年出版社编辑《战斗的历程》，中国青年出版社 1959 年版，第 45 页）

（28）他是个肠子不打弯的人，直性子，他要替回龙人争这口饿气，肚内吃扁担横了心肠。（杨道金主编《当代优秀共产党员风采》，中央文献出版社 1998 年版，第 1301 页）

（29）李雯便把那天土根与服务小姐的纠纷复述了一遍，听得刘婕开心地大笑："想不到土根兄弟还有这么大的脾气！"土根自嘲："哪有什么脾气，那是穷人争饿气。其实，那一顿饭吃得我心疼。"（《上海诱惑》，上海文化出版社 2002 年版，第 48 页）

胡宗伋（1079—1148）世居浙江余姚，一生专研"道德性命之学"，坚守所学宗旨，不愿追随时好，能摒弃门户之见，提倡不主一师的学风。其妻莫氏为一代才女，86 岁高龄时，为了垂训家族后人，编撰了《胡氏家训》。[1] 《胡氏家训》"118 条，语言俚浅，易于上口，例喻设教，寓意深远"[2]。《胡氏家训》经胡宗伋门生孙介辑校后付梓传世，在社会上有广泛影响，上海市图书馆现藏有清光绪十四年（1888）敦厚堂木活字本，其中有这么一条：

（30）做人须留正经，七分略装聋，做哑诈痴呆一二分，弗宜乖巧太露，原有几分受益处；若察察为明，件件认真，则争是争非，会是会非，淘闲气，争饿气，疏亲眷，坏朋友，自有许多不便宜。（《胡氏家训》）

显然，例（30）中的"饿气"与例（24）—例（29）中的"饿气"意思相同，也是指"意气，志气，骨气"。看来，"饿气[3]"一词至迟宋代已在浙江部分地区流行。

元明白话作品中也有"饿气[3]"用例，譬如：

（31）到端午之日，别人闲争饿气，我则管解粽吃酒。

---

① 童银舫、王孙荣主编：《慈溪旧闻》，浙江古籍出版社 2010 年版，第 11 页。
② 胡洪军：《雁过无痕》，大众文艺出版社 2007 年版，第 88 页。

（元·佚名《射柳捶丸》第 2 折）

（32）要与骷髅争饿气，打敖不吃土馒头。（元·林辕
《谷神篇》卷上《大药还丹诗》）

（33）行者道："师弟一般都挑担走路，偏你只叫肚饿。
此后吃斋饭，你一人兼二人之食便了。"八戒说："也难，除
非八九个都让我，还不知可了得哩。"沙僧道："二位师兄，
各人省些气力挑担，不要争饿气了。"（明·季跪《续西游
记》第 14 回）

在明末清初李渔所著白话作品中，"饿气³"更是多见，并常
作动词"争（挣）"或"折"的宾语，例如：

（34）万一我死得早，儿子又不得大，妻子要争饿气，不
肯把产业与人，他见新的图不到手，旧的又怕回赎，少不得
要生毒计，斩绝我的宗祧。只怕产业赎不来，连儿子都送了
去，这才叫做折本。（清·李渔《三与楼》第 2 回）

（25）他有财主做了亲翁，佳人做了媳妇，这一生一世用
不着贫贱之交、糟糠之妻了，为什么又来寻找？莫说我这样
女儿，不愁没有嫁；就是折脚烂腿、耳聋眼瞎，没有人要的，
我也拼得养他一世，决不肯折了饿气，嫁与仇人！（清·李渔
《拂云楼》第 2 回）

（36）能红变下脸来，假妆个不喜的模样说："有了女
儿，怕没人许，定要嫁与仇人？据我看来除了此人不嫁，就
配个三四十岁的男人，也不折这口饿气！……若有十分好处，
便折了饿气嫁他；若还是个秀才，终身没有甚么出息，只是

另嫁的好。"（清·李渔《拂云楼》第 4 回）

（37）你的意思想是要升转升转，宁可把这口饿气，折与同等之人，不肯使青楼得志么？（清·李渔《笠翁传奇十种·凰求凤》）

（38）老夫一向也有此意，只是一个做体面的人，怎好卖女还债受聘葬妻？如今这口饿气也争不来了，将来毕竟要上这条路。（清·李渔《笠翁传奇十种·意中缘》）

（39）我是个腼腆的人，不曾回骂得几句，至今恨他不过。如今遇了大娘，只当有个帮手了。几时约你同去见他，等说起来的时节，大家骂他一顿，替我们再醮之人，争些饿气也好。（清·李渔《连城璧》第 7 回）

（40）我当初破家之后，只因不屑做娼优隶卒，所以出来叫化。如今争了十年饿气，又从新跟了妓女，做起乌龟亲眷来，图哺啜而丧声名，岂不是为小而失大？（清·李渔《连城璧》第 3 回）

例（34）—例（40）中的"饿气"也指"意气，志气，骨气"，"争饿气"即"争意气，争志气，争骨气"，意为即使处境不佳，也不轻易屈服，不甘示弱，"折饿气"即"折骨气"，意为屈服、让步。

"饿气³"在其他清代及民国时期作品中也不乏用例。如：

（41）一日，本县一个皂隶也是极生事的，却又极要体面，惯争饿气，且是一身气力，姓祝名高，绰号铁壳蜒蚰。（佚名《生绡剪》第 9 回）

（42）那行主人冷笑道："卵不与石斗，出门人省些事罢，不要想争这饿气了。"双人也勃然道："谁是卵？谁是石？谁要争饿气？官府是不吃盐米的，敢说没理的话吗？"（清·夏敬渠《野叟曝言》第 23 回）

（43）做人内要伶俐，外要痴呆，装聋作哑一二分。若察察为明，件件认真，则争是争非，争厚争薄，淘闲气，争饿气，疏亲眷，坏朋友，自有许多不便宜。（民国·洞灵子《薄白学》第 45 卷）

贵州、四川部分地方至今存留"争饿气"的说法，如黔东南黎平方言："争（口）饿气：收入少或生活困难，还是不失面子和骨气，不随意接受别人的怜悯或施舍。"① 四川省北川县方言："我们一定要争口饿气，把中学办起来。"② 湖南不少地方也有"争饿气"的说法，指虽然处境不佳，为了争志气，仍然下决心把事情做好，意思与上述近代汉语用例中的"争饿气"差不多，如常宁方言："争饿气：打肿脸装胖子。"③ 下面是两个具体的例子：

（44）郴州瘦狗放大屁，穷人争饿气。（《怀化谚语》，湖南省文学艺术界联合会编《湖南谚语集成（一）》，湖南文艺出版社 2009 年版，第 321 页）

---

① 熊赐新：《黎平方言》，巴蜀书社 2014 年版，第 155 页。
② 王朝义：《北川县创办中学的亲身经历和感受》，政协北川县委员会文史资料组《北川县文史资料选辑》第 1 辑，政协北川县委员会文史资料组 1984 年版，第 54 页。
③ 吴启主：《常宁方言研究》，湖南教育出版社 1998 年版，第 195—196 页。

（45）送妹五步把脚停，路途遥遥手抹眼泪转回程，心中
的话讲不尽，你去他家争口饿气做好人。（《新晃歌谣》，《湖南
歌谣集成（一）》，湖南文艺出版社 2009 年版，第 280 页）①

（46）宝庆人不是弥勒佛，能容天下难容之事；也不是稻
草人，脑袋随着风向转。他们认死理，争饿气，人穷志不穷。
特别是读书人，心气傲，脾气倔，不肯随人俯仰。（刘志坚
《士林风骨》②）

从字面看，"饿"本义为"饥之甚"，引申可指一切不利的境
况，"气"指"气概"，二字连缀成词，指在不利的处境中，无论
别人怎么评说也不放弃努力的那种气魄，即"意气，志气，骨
气"。从我们调查的结果看，使用"饿气³"的明清白话作品作者
均为江浙一带人，如《胡氏家训》中的"胡氏"世居浙江余姚；
李渔祖籍浙江兰溪，明万历三十九年（1611）生于江苏如皋，后
移家杭州和金陵③；《野叟曝言》的作者夏敬渠系江苏江阴人④。
我们认为，作"意气，志气，骨气"解的"饿气³"最初很可能
是江浙一带常用的方言词，后来辗转传播到湖南、四川、贵州等
地，被当地方言吸收。由于该词太偏，地域性强，一般人难以理
解，所以，在新中国成立以后的书面语中较为罕见，近年来在网
络语言广为传播，重新焕发出青春。

---

① 该例原书有注，"争口饿气：方言，下死决心用最坚决的行动争气。"甚是。
② 张建安：《当代湘西南作家研究》，花城出版社 2007 年版，第 182 页。
③ 徐宁：《南京历代名著》，南京出版社 2016 年版，第 164 页。
④ 杨旺生：《夏敬渠与〈野叟曝言〉研究》，安徽教育出版社 2004 年版，第 1 页。

四 结语

综上所述，"饿气"实际上代表了三个不同的词语：意为"饥饿的感觉或状态"，即"饿气¹"；意为"怒气，怨气"，即"饿气²"；意为"骨气，志气，骨气"，即"饿气³"。"饿气¹""饿气²""饿气³"是同音同形词，语义上三者没有直接的内在联系。其中，"饿气¹"可能是"单音节形容词 + 气"模式的类推词，"饿气²"可能是"恶气"的借音词，两者产生比较晚，似乎都是先在网络语言中流行然后得到认同；"饿气³"至迟宋代就已使用，但在 20 世纪以前的现当代纸质文献中极其罕见，近年网络语言中使用较多。通过对"饿气"的考察，不难发现网络词语具有以下四个明显特点。

第一，利用已有词语模式，旧瓶装新酒。随着互联网使用的快速膨胀，在"经济省力、功能为主、突出创新、讲求个性"[1] 等网络语言原则的诱导下，"模式词语"越来越多，充分利用旧有模式类推新词语已经成为网络语言重要的特征。例如：根据相对较早产生的"黑客"（在网络上从事非法活动的电脑网络编程高手），类推出"红客"（在网络上从事维护网络秩序活动的电脑网络编程高手）、"白客"（非法侵入站点不进行任何操作就退出的电脑网络编程高手）、"灰客"（在网络上从事处理黑客活动的电脑网络编程新手），进而类推出"极客"（对计算机与网络的痴迷有时会达到不正常状态的电脑网络编程高

---

[1] 杨永林、李鸣：《社会文化，词语为镜——社会文化因素与语言使用关系研究》，《外语研究》2004 年第 1 期。

手）、"闪客"（在网络上使用 Flash 软件创作 Flash 动画活动的电脑网络编程新手）、"威客"（在网络上出卖自己的知识产品的人）。

　　第二，"谐音"造词也是网络语言比较显著的特征。正如王希杰所说："谐音就是对同音现象的积极利用和开发，也是日常生活中使用很广泛的一种修辞手段""谐音的巧妙运用，可以增加语言的艺术情趣。"① 通过"谐音"造词，部分传统词语被"陌生化"，出现了新的书写形式或新的意义，少数外语单词被直接音译成汉语，少量汉语词语被说谐成拼音或英文字母。例如：把"hacker"音译加意译变成汉语词语"黑客"，把"fans"音译成"粉丝"，把"再见"说成"CU（See you）"，把"哥哥"说成"GG"，把"喜欢"说成"稀饭"，把"版主"说成"斑竹"，把"泡妞"说成"跑牛"，把"邮箱"说成"幽香"，把"飞机"说成"灰机"，等等。

　　第三，利用方言词语。现代社会人际交往的范围不断扩大，不同地域、不同阶层的人群的交往频率不断提高，加上媒体传播的影响日益扩大，方言词语很有可能冲破原有的使用范围，使一些带有地域色彩的词语流向全民词汇。而且，对使用区域之外的人群而言，某些方言词、社会流行语显得新颖独特，能使受众收获较大的新鲜感，满足网络语言运用者的"猎奇"心理，这样的词语一旦在网络中露头，就可能获得大批"拥趸"，逐步大众化，进而变成流行词语。

　　第四，许多网络词语开始从虚拟世界走进现实生活。具有

---

① 王希杰：《汉语修辞学》，商务印书馆 2007 年版，第 192 页。

"快餐文化"性质的网络语言越来越受到人们尤其是年轻"网民"的青睐，部分"新生代"词语开始走出具有虚拟化特征的网络交际，逐渐渗透到人们尤其是年轻"网民"的现实社会交际中，有的还进入了新闻媒体，甚至跻身基本词汇之列。

佛教文化与西洋文化在中国的传播曾给汉语词汇带来两次较大的影响，极大地丰富了汉语词汇。目前，在网络语言中，新词语已经称得上触目皆是，有的已经进入比较权威的新闻媒体，甚至跻身基本词汇之列。随着电脑、智能手机的进一步普及，"网民"势必越来越多，网络语言对人们潜移默化的影响势必越来越深远。也许，网络语言将给或者正在给汉语词汇带来又一次比较大的影响。

第二节 "怯气"与"惬气"

从我们目前所见的语料看，"怯气"最早见于《水浒传》。例如：

（1）婆子笑道："押司莫要见责。……外人见押司在这里，多少干热的不怯气，胡言乱语，放屁辣臊。押司都不要听，且只顾吃酒。"（第 21 回）

（2）我近来取得一个老小，清河县人不怯气，都来欺负，没人做主；你在家时，谁敢来放个屁？（第 24 回）

（3）这汉是蓟州守御城池的军，带着这几个，都是城里城外时常讨闲钱使的破落户汉子，官司累次奈何他不改，为见杨

雄原是外乡人来蓟州，却有人惧怕他，因此不怯气。（第 44 回）

排比上述 3 例可知，"怯气"当作"服气"解。先看例（1）。因"水也似后生，况兼十八九岁，正在妙龄之际"的阎婆惜被"黑三"宋江娶做妾，但因宋江"只爱学使枪棒，于女色上不十分要紧"，阎婆惜便与"生得眉清目秀，齿白唇红"且又"风流俊俏"的张文远通奸，渐渐地"那张三和这婆惜，如胶似漆，夜去明来，街坊上人也知道了"，经常议论此事。知情的阎婆子为了替阎婆惜开脱，便说外人的议论是因为不服气"押司在这里"。再看例（2）。因"面面丑陋，头脑可笑"的武大郎娶了"年方二十余岁，颇有些颜色"的潘金莲做老婆，"牛屎"上插了一朵"鲜花"，故清河县人不服气，并有几个奸诈的浮浪子弟不时在门前叫道："好一块羊肉，倒落在狗口里。"再看例（3）。因杨雄是外乡人来蓟州，却有人怕他，所以那些破落户汉子不服气。《荡寇志》第 78 回云"众百姓都不怯气"，又说"众位不伏气"①，相似的语境，一用"不怯气"，一用"不伏气"，也说明两者意义相同。

《古本水浒传》《型世言》《醋葫芦》《济颠语录》《韩湘子全传》《女仙外史》《龙阳逸史》《荡寇志》等明清小说也不乏"怯气"用例，如：

（4）董平、陈达两起人马，径自回山缴令，俺和雷都头不怯气，欲思捉那贼都监献功。（《古本水浒传》第 33 回，黑龙江人民出版社 1997 年版，第 240 页）

（5）长老大喜曰："既然朝官与你好，如何做不得盐菜

---

① 参见《荡寇志》，人民文学出版社 1999 年版，第 130—131 页。

化主?"济公曰："做得做得，奈不怯气化来请这伙秃驴。若是长老这等相爱，休说盐菜，便一日要十个猪也有。"（《济颠语录》，路工、谭天合编《古本平话小说集（上）》，人民文学出版社2006年版，第27页）

（6）有一等见了人的东西就思量要，却没本事去要他的，见他与了别人，心里便起了妒忌，不怯气他，这便叫做怨鬼。（明·汤尔曾《韩湘子全传》第20回）

（7）过去佛却已勃然兴尽，未来佛耳朵里听的，眼睛里看的，未免眼红耳热难熬，要让一边又不怯气，每日定要滚做一床。（明·陆人龙《型世言》第29回）

（8）那翠苔自再配成珪，表正作为外妾，人便唤了三娘子，又有那不怯气的，就口叫他翠三娘子，从此叫得熟溜，永远叫出。（明·西湖伏雌教主《醋葫芦》第13回）

（9）高煦屡请，愿自统兵克复，燕王偏信了讹传之言，道是妖法厉害，因此不许，只叫他率兵牵制，去助人成功，不消说是不怯气的。（清·吕熊《女仙外史》第49回）

从句法功能看，作"服气"解的"怯气"通常充当谓语，如例（1）—例（7），偶尔做定语（后面省略了中心语），如例（8）。无论是充当谓语还是充当定语，"怯气"前面一般带否定词"不"，充当谓语时偶尔可带宾语，例（6）即可证。

《鼓掌绝尘》第40回有这样一段话①：

---

① 详见刘蕆校点、明末金木散人编著、江苏古籍出版社1990年出版的话本小说集《鼓掌绝尘》第479页，又见路工编选、上海古籍出版社1986年出版的《明清平话小说选》第一集第78页。原文均为繁体，这里除"愍"字照录，其余都改为简体。

众僧都不快活起来，道："我们白白供奉你，只道你是个好人，那里晓得你是个损人利己的黑心和尚。难道新太守面前把我讲不得一声，可要了你的银子么？"老和尚道："你们可不错怪了人。适才新太守爷差人来唤的时节，你也不肯出头，我也不肯出头，把我这个老和尚推上前去搪塞。幸得天可怜见，因祸致福，得了这些银子回来。你又不忕气，我又不忕气，你们何不适才自去见了官呢？"

"忕气"在上述文字中出现了 2 次。"忕"是"忕"的繁体字，但笔者遍检能找到的大小辞书，均未见"忕气（忕气）"条。拿"（忕）忕"的各个义项理解上述句子，也都扞格难通。近几年，笔者阅读了不少近代汉语文献，也未发现该词有其他用例。这便不能不使人怀疑"忕气"词形的真实性与可靠性。前面已经讲过，近代汉语存在"怯气"一词，义同"服气"。显然，如果拿"服气"来替代上述文字中的"忕气"，可谓文从字顺。近代汉语文献里的错字，多半是两种原因造成的：一种是形近致讹；另一种是音近致讹。从书法角度看，"怯"右上一横一竖写得稍微斜一些，右下"撇折"写得略粗略轻，导致"撇"中留有无墨镂空的话，便与"忕"的手写体十分相似，加之古籍版面漫漶不清，是很容易让人认错。所以，我们认为，《鼓掌绝尘》第 40 回"忕气"的"忕"字当是"怯"的形讹字，中国戏剧出版社 2000 年版《鼓掌绝尘》（第 415 页）、华夏出版社 2012 年版《鼓掌绝尘》（第 301 页）、春风文艺出版社 1985 年版《鼓掌绝尘》（第 436 页）、大众文艺出版社 2002 年版《鼓掌绝尘》（第 391 页）等皆把"忕气"简化为"忕气"，华艺出版社 1993 年版《鼓掌绝

尘》（第 345 页）把"�气"改作"和气"，岳麓书社 1993 年版《新拍案惊奇（上）·鼓掌绝尘》（第 511 页）把"恮气"改作"服气"，皆不妥。

明清白话作品中还出现了"惬气"一词，例如：

（10）此间人眼又紧，口嘴又歹，容不得人，倘有人不惬气，在此飞砖掷瓦，安身不稳。（明·冯梦龙《喻世明言》卷 3）

（11）（贾空）又骂到街上道："那个忘八不惬气我，你有胆气学我做做。不是我贾待诏夸口说，我贾待诏到处有好女人奉承的。"（佚名《一片情》第 8 回）

（12）小戈欲待打成一家，又不惬气。若不，又掣肘难行。（同上书，第 14 回）

（13）我少年夫妇，半路分离，不知那个不惬气，故意定要他远出，教他死得好苦。（明·方汝浩《禅真后史》第 3 回）

按，《汉语大词典》已收"惬气"，但仅列一个义项："顺心，合意"，并引例（10）为孤证①，词义概括似不确。细察上述 4 例，"惬气"似与"怯气"意义相同，当作"服气"解。"怯""惬"很早以前就读音相近或相同，《字汇》："惬，气协切，音怯"即可证，故"怯""惬"很早就可互通。《史记·廉颇蔺相如列传》："方蔺相如引璧睨柱，及叱秦王左右，势不过诛，然士或怯懦而不敢发。"裴骃《集解》引徐广曰："一作'惬懦'。"在近代白话作品，"惬气"与"怯气"均作"服气"解，当系同一词

---

① 罗竹风主编：《汉语大词典》卷 7，汉语大词典出版社 1991 年版，第 652 页。

语的不同写法。《宋元语言词典》①《水浒词典》②《诗词曲小说语辞大典》③《小说词语汇释》④《近代汉语大词典》⑤ 等都曾指出，"不忔气"即"不惬气"，甚是。

　　从历时角度考察，作"服气"解的"惬气""忔气"，"惬"是本字的可能性似乎更大。"惬"很早就有"信服、顺从"义。《玉篇》："惬，起颊切。服也，又快也。"《四声篇海》："惬，起颊切。服也，又快也。"《广雅》："惬，可也，又训服。"《广韵·添韵》苦协切："惬，心伏也，又快也。"俗语"心不惬，口不服"中"惬""服"相对为文，更说明"惬"有"服"义。至迟唐代已有同义连用的"惬服"一词。《大正藏·出三藏记集·鸠摩罗什传》："更令出大品，什持胡本，（姚）兴执旧经，以相仇校，其新文异旧者，义皆圆通。众心惬服，莫不欣赞焉。"北宋司马光《资治通鉴·唐纪十三·贞观十八年》："俟利苾之北渡也，有众十万，胜兵四万人，俟利苾不能抚御，众不惬服。"按，"惬服"条《汉语大词典》已收，引南宋·陆游《曾文清公墓志铭》为首证⑥，稍晚。在此基础上，"惬"与"气"组合，产生出作"服气"解的复音词"惬气"，当是顺理成章之事。

　　"忔"主要指"畏惧"。《礼记》："勇者若忔。"《仓颉篇》："忔，畏劣也。"《说文·犬部》："多畏也，从犬去声，去劫切"，《四声篇海》已指出该字今作"怯"。《玉篇》："怯，去劫切，惧

　　① 龙潜庵编著：《宋元语言词典》，上海辞书出版社 1985 年版，第 139 页。
　　② 胡竹安编著：《水浒词典》，汉语大词典出版社 1989 年版，第 37 页。
　　③ 王贵元、叶桂刚主编：《诗词曲小说语辞大典》，群言出版社 1993 年版，第 70 页。
　　④ 陆澹安编著：《小说词语汇释》，中华书局 1964 年版，第 80 页。
　　⑤ 许少峰编：《近代汉语大词典》，中华书局 2008 年版，第 148 页。
　　⑥ 罗竹风主编：《汉语大词典》卷 7，汉语大词典出版社 1991 年版，第 652 页。

也，畏也。"《广雅》："怯，惧也。"《集训》："怯，惧也。"显然，如果把"怯"看作本字，由"畏惧"再引申出"服气"义，就显得过于迂曲。

在现代汉语中，"怯气"仍然使用，但与作"服气"解的"怯气"有着不同的来源，因为"怯"不再使用假借义，而是使用本义，整个词也一般不再指"服气"，而指"害怕、胆怯"。例如：

（14）"我不行，没能耐。"春玲有些怯气地望着父亲。（冯德英《迎春花》第 11 章）

（15）有你闯王坐镇石门谷，弟兄们勇气百倍，别说官军来，天塌下来也不怯气。（姚雪垠《李自成》第 11 章）

（16）改过去学着儿媳妇的样子拖起了地，改拖得很小心，明晃晃的地就是这样拖出来的，改心里对那明晃晃的地一点也不怯气了。（计文君《水流向下》，《人民文学》2005年第 8 期）

作"畏惧、胆怯"解的"怯气"在网络语言中比作"服气"解的"怯气"更常见，在"百度"等中文搜索网址输入该词，按下回车键，粗略看一看，就不难找到数以百计的例子，兹举 2 例为证：

（17）等到上小学结束童年时，没有上过幼儿园的我一点也不怯气，同年的我真是无忌，说什么话做什么事都不需要考虑。（牧鍪《无忌的童年》，http：//politics. people. com. cn/GB/8198/97945/97946/6184835. html，2007 - 8 - 29）

（18）王彦涛坚守一线，身先士卒，面对各种矛盾、问题，不回避、不**怯气**、不推诿，敢抓敢管敢负责，倾心倾力解难题。（王红利《市委市政府督查局通报表彰 银基水世界项目责任领导》，http：//news. dahe. cn/2015/06 – 19/105122820. html，2015 – 6 – 19）

随着"一 + 气"模式词语的日益增多，"**怯气**"最近又类推出名词用法，指缺乏胆量与气魄的精神状态，与"勇气"意义相对。例如：

（19）而当笔锋触及生活其他方面，描写就显得粗疏稚嫩，倒露出少年人的**怯气**。（余旸《看〈花城〉》，《花城》2004 年第 4 期）

（20）史玉柱站在台上大声对着上百家媒体记者说，平日他的声调总是带着一种**怯气**，说这话的时候，感觉不太一样。（张见悦《史玉柱亿元狂砸网游，挖网游人才得罪陈天桥》，http：//hi. people. com. cn/2006/04/11/229769. html，2006 – 4 – 11）

（21）去迂气，养才气；去暮气，养朝气；去惰气，养锐气；去小气，养大气；去霸气，养和气；去**怯气**，养胆气；去邪气，养正气。（蒋能《习近平读书何以有"三让"体会?》，http：//gs. people. com. cn/n/2014/0213/c183343 – 20563624. html，2014 – 2 – 13）

（22）我们断定是用绳索拴着，也没了**怯气**，照直来到院里。（李小榜《老宅守望》，http：//difang. gmw. cn/news-paper/2015 – 07/06/content_ 107693469. htm，2015 – 7 – 6）

"惬气"在现代汉语阶段也仍然使用，但也一般不再作"服气"解。例如：

（23）在金巴兰海滩上吃着海鲜BBQ，光着脚丫感受这惬气的海风，看着日落，氛围太好，吃什么真的感觉无所谓了。（函菲0213《Bali，终于还是与你相遇》，http：//bali. qtour. com/Raiders/detail/22284，2014－10－22）

（24）是一个惬气的午后，除了感叹受益于每天清晨的瑜伽和散步之外，我的身体还告诉我现在打一场18洞的会员赛打得更轻松了。（《高尔夫是一种契约精神》，http：//www. aoweibang. com/view/35160264，2015－06－30）

（25）新事新办么！留一份你们亲笔申请书，说明建立新家庭，相爱相敬，共同劳动，共同生活，不吵嘴不惬气……（《喜事盈门》，费枝《春晖寸草》，北京出版社1963年版，第116页）

（26）甚至对年迈的父母，他们也会赌气惬气，极不公平地伤害着与自己密切相关却已走向衰弱的身影。（余秋雨《中年当家的滋味》，http：//www. cz88. net/rizhi/sanwen /3714875. html，2016－6－14）

前2例"惬气"大致等于"惬意，快意"，后2例"惬气"大致等于"怄气"，这两义似乎都是后来产生的，《汉语大词典》《现代汉语词典》都没有收录。

综上，"怯气""惬气"明清时期都表"服气"义，"惬"可能是本字，而"怯"则是同音假借字。在现代汉语中，"怯气"主要有两义：一指"害怕、胆怯"；一指缺乏胆量与气魄的精神状态。"惬气"亦有两义：一指"惬意，快意"，一指"怄气"。

"不怯气""不惬气"义同"不服气"，《汉语大词典》三者并收；"不怯气"引《水浒传》《古今小说·新桥市韩五卖春情》为书证，"不惬气"引《古今小说·新桥市韩五卖春情》为孤证；"不服气"引杜鹏程《保卫延安》、萧乾《雁荡行·灵峰道上》为书证，① 过晚，最迟明代已见，如《今古奇观》第 10 卷："周秀才好生不服气，没奈他何，只得依了。"《初刻拍案惊奇》第 35 卷："说那贾仁心中不服气，每日得闲空，便走到东岳庙中，苦诉神灵道：'小人贾仁特来祷告……'""怯气""惬气"义同"服气"，《汉语大词典》收"惬气""服气"而未收"怯气"。"惬气"书证同"不惬气"，"服气"列有两义，"甘心信服"义首引《儒林外史》为书证。按，"惬气"条书证为孤，不妥；"服气"书证略晚，可增补《今古奇观》或《初刻拍案惊奇》为书证。

第三节　"火亮"考

"火亮"近代白话小说多见，现代汉语也使用，陆澹安编著《小说词语汇释》、张季皋主编《明清小说辞典》、侯建主编《中国小说大辞典》、许少峰编《近代汉语大词典》等辞书亦未收录。《汉语大词典》《现代汉语词典》虽收"火亮"，但前者书证偏晚，义项不全，后者也存在义项不全的问题。就笔者搜集的语料看，排除用作人名这类情况，"火亮"大致有四种用

---

① 罗竹风主编：《汉语大词典》卷 1，上海辞书出版社 1986 年版，第 425、455、423 页。

法，下面一一举例说明。

一 属于短语或短语成分

从我们目前找到的语料看，"火亮"最初不是词，而属于短语或短语成分，大致有两类用法。

(一) 如火│亮

"火亮"前有"如"，其节奏为"如火│亮"，属于状中结构，表示"像火一样亮"，至迟明代已见。例如：

(1) 高低面赛马鞍鞒，眼放金光如火亮。浑身毛硬似钢针，虎皮裙系明花响。（明·吴承恩《西游记》第83回）

(2) 小儿跌倒，其母恐儿的魂堕地不起，俟扶儿起了，即取一把乾秆，走到跌倒的地点燃着，口里低声念道："如火红！如火亮！"（剑岳《乡居随笔》，《科学月刊》1930年第7—8期，第49页）

(二) 火│亮

"火""亮"两个字虽然连在一起使用，但不是一个词，而是一个短语，"火"为主语，"亮"为谓语，意为"火焰大，火光明亮"，至迟明代已见。例如：

(3) 发火草六十个（用房一间覆之，毋令雨湿），火池三座（连草苫盖听用），火绳五条，火镰火石一副，旗杆三根（每根长一丈八尺，要直，每根相去五丈），扯旗绳五副

（务要新粗，半年一换），火池（每座方五尺，张口，庶草多火亮）。（明·戚继光《纪效新书练兵实纪合编（卷下）》，大陆印书馆 1929 年版，第 426 页）

（4）至更深时，忽见南边火亮鼓鸣，众木横列而进，飞桥随后又前，矢石越过女墙，守兵受伤。（清·汪寄《海国春秋》第 24 回，中国文联出版公司 1998 年版，第 348 页）

（5）只听见季享乔口里念道：左七右三，相克相反，走得七步一转弯，湖水倏忽不见，闪出一条石板铺成的小道，前面三丈开外一座隐约的红砖青瓦楼房，里面灯明火亮。（南樵子《魂断北溟侠骨香（中册）》，山东文艺出版社 1992 年版，第 160—161 页）

（6）最后不管三七二十一，跌跌撞撞摸到学校里，看见有个教室灯明火亮。我闯了进去，没错，这种景象我熟识得很。（林斤澜《台湾姑娘》，《北京优秀短篇小说选（1949—1984）》，北京十月文艺出版社 1984 年版，第 59 页）

例（3）"火亮"与主谓短语"草多"并列，例（4）"火亮"与主谓短语"鼓鸣"并列，例（5）、例（6）"火亮"与主谓短语"灯明"并列，"火亮"的结构已不言自明。

二 事物名词

"火亮"充当事物名词，有指"火光"与"'火把'之类照明用具"两种不同用法，但二者显然颇有关联。

（一）指"火光"

"亮（儿）"有"亮光"义。《生绡剪》第 4 回："那三个在间房里，讨个亮儿，只拣成匹绵绸、新鲜衣服、铜炉锡壶，银镶杯筋，各担抽分，面上照他手迹叠好。"《红楼梦》第 25 回："（贾环）一时又叫彩云倒钟茶来，一时又叫玉钏剪蜡花，又说金钏挡了灯亮儿。"《歧路灯》第 51 回："我昨夜就害眼疼，怕见亮儿。"《儿女英雄传》第 29 回："张姑娘道：'柳条儿，你先进去把玻璃上那个挡儿拉开，得点亮儿。'"《大八义》第 31 回："你把门窗户壁全关上，不透一点亮儿。"表"亮光"义的"亮（儿）"与词根语素"火"结合，就可构成表"火光"义的偏正式词语"火亮（儿）"。关东方言目前尚使用该词："火亮，小的火光。"① 指"火光"义的"火亮（儿）"最早见于罗懋登（1596 年（万历二十四年）前后在世）撰《西洋记》，明末清初拟话本集《生绡剪》与《歧路灯》《续红楼梦》《三侠剑》《奇侠精忠全传》等清末民初时期成书的白话小说中也多有用例。如：

（7）（黄凤仙）又叮嘱他道："你进门之后，逢火亮处，照直只管走。……"……唐状元挺身而进，进到里面，果是有一路火光，唐状元遵着老婆的教，照着火光路上一直跑。（明·罗懋登《西洋记》第 85 回）

（8）船中人见火亮，一齐扒起，执了器械，走出船头，一棍一个，打下水了。将火扑灭，慢慢拿起两个劫鞘强盗，大大绳子捆着。（佚名《生绡剪》第 1 回）

（9）看看日落西山天昏黑下来，心里又饥又惧，望见前边有个火亮儿，想定有人家。（清·李绿园《歧路灯》第 44 回）

---

① 王长元、王博：《关东方言词汇》，吉林教育出版社 1991 年版，第 176 页。

（10）只见甄士隐上前，向妙玉脸上喷了一口仙气，就象戏台上放了一股松香<u>火亮</u>儿似的，两人都吃了一惊。（清·归锄子《续红楼梦》第2卷）

（11）贾明说道："师兄，地道里边黑，你可别打火折，若是一打火折，恐怕贼人顺着<u>火亮</u>儿，可就看见咱们啦。要不打火折，定一定眼神，咱们弟兄都是童子功，眼神最足……（张杰鑫《三侠剑》第1回）

（12）遇春大步行去，时已入夜，却见西北角上，疏落落映出一片<u>火亮</u>，知有人家，连忙奔去一看，不由大惊。（赵焕亭《奇侠精忠全传》第43回）

例（7）前文说"逢火亮处，照直只管走"，下文有"照着火光路上一直跑"等语句照应，"火亮"显然与"火光"同义。例（8）下文有"将火扑灭"照应，可见此例中的"火亮"指大的火光。例（9）"火亮"前面用量词"个"，可见火光不大，例（10）中的"火亮"是"松香"发出来的，例（11）是"火折"发出来的，当指小的火光，例（12）中的"火亮"虽然是"一片"，但前文有"疏落落"之语，也可以看作小的火光。

现当代文学作品及当代网络文本中，作"火光"解的"火亮"也不乏其例，如：

（13）曹冷元烟袋锅上的<u>火亮</u>，像萤火虫一样在黑暗中闪烁。（冯德英《迎春花》第18章）

（14）魏强正焦急地思摸渡河办法时，东察西看的小秃，忽然像得到宝贝似的，手指着下游河弯子，低声地叫道："那

有火亮!"人们朝他手指的方向转了过去,果然,有个忽隐忽现的一颗小红火儿。(冯志《敌后武工队》第27章)

(15) 银杏再看去,长寿老头从地里拔出个白东西,吃力地放在地面上,就坐在一旁吸起烟,火亮一蹿一跳的,却看不见长寿老头的脸。(刘绍棠《运河的桨声》)

(16) 几只萤火虫在六叔的身旁飞来飞去,很像是六叔旱烟锅里的火亮。(人民网,2010-06-07)

(17) 诸葛井瑞没有走出去多远,那星星点点的火亮儿,都渐渐从雪原上消失了……(丛维熙《北国草》第6章)

(18) 李统制当机立断,下令各哨位夜间举火明哨,这一夜包围圈上哨位火亮通明,巡逻哨兵提铃揭号,所有哨位皆以腰牌为证。(朱茂泉《山大王金满》第21回,浙江文艺出版社1986年版,第281页)

(19) 二十三日夜,北乡农民见兵将排列灯球,火亮照耀如昼,乡人大恐,抢攘丛杂中,恍见领首队者,为奎五陈公,群知为天兵显圣。(《宝应历代县志类编》,江苏人民出版社1991年版,第469页)

(20) 从这里上去便是山顶,那上面火亮红红的,子弹急雨似地打下来,这正是敌人的机枪阵地。(刘白羽、西虹《我们挺着胸膛走向胜利》)

前5例"火亮"指"小的火光",如例(13)中的"火亮"是烟袋锅发出来的,例(14)中的"火亮"下文有"一颗小红火儿"照应,例(15)中的"火亮"是吸烟时发出的,例(16)中的"火亮"是"旱烟锅"发出的,例(17)"火亮儿"前有定语

"星星点点的"，其"小"不问可知。例（18）说"火亮通明"，例（19）说"火亮照耀如昼"，其中的"火亮"显然不是指"小的火光"，而是指"大的火光"。例（20）中的"火亮"是敌人的机枪阵地发出来的，其大小无从得知。

（二）指"火把"之类照明用具

"亮儿"又有"灯火"义。明末清初白话小说《生绡剪》第4回："那三个在间房里，讨个亮儿，只拣成匹棉绸、新鲜衣服、铜炉锡壶，银镶杯筋，各担抽分，面上照他手迹叠好。""讨个亮儿"指"讨个灯火儿"。清初时事小说《樵史演义》第28回："约定到了人家，先把人马四面围定，口里叫号儿道'放亮儿'，将两边空房尽行放火。"清计六奇《明季北略》："于是各统所部，往渭源、河州、金县、甘州等处劫掠，所至之地即起火，名放亮儿。"上述2例"放亮儿"皆指放火儿。《汉语大词典》"亮儿"条第二义"灯火"，仅以老舍《离婚》为书证[①]，偏晚。

表"火，灯火"义的"亮"加"子"缀，可以构成指"灯或火把之类照明用具"的派生词"亮子"。清代丁耀亢《续金瓶梅》第29回："有两条路，一路通到山后，一路直到寺前。多是去的人不知路径，如何小沙弥也不回来？待我下楼去，再使一人点着亮子接他。"清代石玉昆《龙图耳录》第75回："不想在道旁土埂之间有人躺卧，忙把灯笼、亮子一照，恶奴道：'有了！在这里呢。'"古代煤窑井下皆用明火照明，从燃松木条、松脂始，到清代有用植物油作燃料的照明用具也称"亮子"，其结构和使用方

---

① 罗竹风主编：《汉语大词典》卷2，汉语大词典出版社1988年版，第367页。

法，吴其浚记载甚详："曰亮子，以铁为之。如灯盏碟而大，可盛油半斤。其柄长五六寸，柄有钩，另有铁棍长一尺，末为眼以受盏，钩上仍有钩，可挂于套头上。棉花搓条为捻，计每丁四五人，用亮子一照。"① 《滇海虞衡志》："其灯曰亮子。"② 《习武必读》："灯曰亮子。"③ "亮子"条《汉语大词典》失收，当补。

表"灯火"义的"亮（儿）"与词根语素"火"结合，就可构成联合式词语"火亮（儿）"，与"亮子"同义，指"'火把'之类照明用具"，最早见于黄六鸿于康熙三十三年（1694）编纂完成的《福惠全书》④，《野叟曝言》《儿女英雄传》《三侠五义》《小五义》《小八义》《施公案》《西太后艳史演义》《汉代宫廷艳史》等清末民初小说多有用例，现代文学作品也偶有用例。如：

（21）某不合纠同某某，各不合依允，各持枪棍，几更时分，潜到某家门首，用某物打开某处，点起火亮，劫出某某财物，在某处分用。（黄六鸿《福惠全书》卷12《释招状》，官箴书集成编纂委员会编《官箴书集成（三）》，黄山书社1997年版，第355—356页）

（22）走不半里，只见远远的火把透明，一队人赶下岗子来。素臣提着腰刀，晾攥了铁尺，飞步迎去。却见来人有八九个，都把两手反绑着，有两个喽罗模样，四只手擎着七八把火亮。（清·夏教渠《野叟曝言》第12回）

① （清）吴其浚撰，徐金生绘：《滇南矿厂图略》，上海古籍出版社1996年版，第138页。
② （清）檀萃：《滇海虞衡志》，中华书局1985年版，第12页。
③ 李诚编著：《习武必读》，北京体育学院出版社1991年版，第193页。
④ 岑大利：《中国古代官德研究》，中共中央党校出版社2014年版，第72页。

（23）只见那女子同了那妇人拿着个<u>火亮儿</u>从夹道子里领了一个人来，望着他母女说道："你娘儿们且见见这个人再讲。"（清·文康《儿女英雄传》第 7 回）

（24）张龙道："贤弟千万莫揭此板。你就在此看守。我回到庙内将伴当等唤来，多拿<u>火亮</u>，岂不拿个稳当的。"（清·石玉昆《三侠五义》第 51 回）

（25）你看满营<u>火亮</u>通红，各人上马厮杀，赵大鹏杀进营中，早有数员唐将迎了。（清·如莲居士《说唐三传》第 32 回）

（26）婆子慌慌张张跑出来了，说："大爷，他们这新人上轿的屋里，连个<u>火亮</u>也没有。别是不得吧?"（清·石玉昆《小五义》第 118 回）

（27）阮英说道："俺营的左右，全有树林，每一边藏兵五百多。带油松亮子多砍枝子，将亮子挂在树枝以上，先别点着。只等号炮一响，将<u>火亮</u>都要点齐，留一百名兵在树林内尽喊叫杀呀，虚张声势。"（清·佚名《小八义》第 86 回）

（28）（朱光祖）又将刀取出来，即在身旁取出<u>火亮</u>，在手内一晃，借着亮光，向鼓里看去，果见一对双钩，挂在里面。便即探手去取，那知取不下来。又将<u>火亮</u>一亮，才见有细连环铁索，将双钩在那里系住。（清·佚名《施公案》第 393 回）

（29）天气是黑魆魆的，加着枯藤断葛，棘刺很多，大家带些<u>火亮</u>，灵活的，一步套一步，已升入云端，手脚稍松的，早一个咕咚，跌入水晶宫里，游流的不知去向。（民国·李伯通《西太后艳史演义》第 19 回）

（30）差不多到三鼓的时候，大家偃旗息鼓，直等将蓝乡周近完全围起，一声令下，登时金鼓震天，灯球火把，照耀得和白日一样……揉开睡眼，只见灯光<u>火亮</u>，照耀得和白日一样，只吓得三魂落地七魄升天，连裤子也来不及穿，赤身露体的逃走，霎时，东奔西散，跑个精光。（民国·徐哲身《汉代宫廷艳史》第69回）

（31）因为人家跑得飞快，<u>火亮</u>余光射到后面，如何能照径分明？（赵焕亭《奇侠精忠全传》第197回）

（32）我不是太阳，不过是一个小小的<u>火亮</u>。（《靳以散文小说集·上集·人们》）

例（22）前文说"只见远远的火把透明"，下文说"四只手擎着七八把火亮"，例（30）前文说"灯球火把，照耀得和白日一样"，下文说"只见灯光火亮，照耀得和白日一样"，"火亮"与"火把"互文，其义不言自明。用"'火把'之类照明用具"义去理解其余诸例中的"火亮"，亦可豁然而通。而当前，随着人们经济实力与生活水平的提高，手电筒之类照明用具不再是奢侈品，人们极少使用"火把"之类东西了，"火亮"也就不再有指"'火把'之类照明用具"这种用法。

三　形容词

意为"明亮"，该义盖源于状中结构"如火｜亮"。至迟在清初，"如火亮"中的"如"字省略，"火亮"凝固成表"明亮"义的复音词，最早见于《姑妄言》，现当代汉语亦多有用例。例如：

（33）数枝烛花<u>火亮</u>，照见夫人，比桂氏还娇美。（清·曹去晶《姑妄言》第15回）

（34）马化龙忿火攻心，跨了一匹火色龙驹，在这火城中东逃西窜，不料碰着刘锦棠这位火德星君，部下提起<u>火亮</u>个灯球，有人放起火枪，迸出火弹，马化龙惹火烧身，登时跃下火色龙驹，被几个火夫捆了。（民国·李伯通《西太后艳史演义》第17回）

（35）我身躯内积起的一切可以燃烧的热量会在一瞬间爆发出来，形成一个<u>火亮</u>的光点，把自己烧毁。（张炜《柏慧》第2章）

（36）他竟从远远的地方，引来电流，使全宅院通宵<u>火亮</u>，对于那在低暗的小屋子里生活的人民是一种威胁，一种镇压。（孙犁《一别十年同口镇》）

（37）他的两只眼睛可<u>火亮火亮</u>，就像早晨天上燃起的一片明霞。（刘白羽《一个温暖的雪夜》）

（38）这双眼睛显然不对头，<u>火亮火亮</u>的，下面各有一道弯曲的黑影。（傅东华译、玛格丽特·米切尔著《飘》第24章）

（39）四目相碰，不禁发现彼此的眸子正被夕阳映得<u>火亮</u>。男孩于是心头一紧，赶紧垂下眼睑，脸上一片绯红。（郑业雄《蝴蝶》）

（40）<u>火亮</u>的钢坯奔腾而出，机声隆隆，冷水淋淋，雾气腾腾。（刘白羽《我带回春雨，带回春风》）

（41）还要看电线铜芯的横断面，优等品紫铜颜色<u>火亮</u>、色泽柔和，否则便是次品。（宋哲先《假劣电线电缆充斥市

场 需谨慎!》,《人民日报》2009 年 11 月 10 日)

上述 9 例中,例(33)"烛花"指蜡烛的火焰,"火亮"形容烛光很明亮,例(34)—(36)中的"火亮"也是用来形容光亮,例(37)—(39)形容眼睛,例(40)形容刚出炉的钢坯,例(41)形容紫铜的颜色。

四 结语

《汉语大词典》"火亮"条列有两个义项:方言,小的火光,例证自拟;形容明亮,引例(37)为证。①《汉语大词典订补》给"火亮"条增补了"灯火,照明物"义,引《野叟曝言》第 10 回的两个用例为书证②。《现代汉语词典》"火亮"条仅列"名词,小的火光"义③。根据上面的论述不难看出,《汉语大词典》所列第一义缺书证,第二义书证偏晚,失收"指'火把'之类照明用具"义;《汉语大词典订补》增补的义项书证稍晚,且过于单一,探流不够;《现代汉语词典》失收"形容词,明亮"义;《汉语大词典》《现代汉语词典》"小的火光"义概括不准,以改作"火光"为佳,因"火亮"虽然偏向于指"小的火光",但并不绝对,例(8)、例(18)、例(19)可谓明证。

从我们目前找到的书证看,"火亮"的演变大致有两条路径:其一,最初为如同例(3)—例(6)中的"火亮"一样的主谓短

① 罗竹风主编:《汉语大词典》卷 7,汉语大词典出版社 1991 年版,第 10 页。
② 汉语大词典编纂处:《汉语大词典订补》,上海辞书出版社 2010 年版,第 794 页。
③ 中国社会科学院语言研究所词典编纂室:《现代汉语词典》,商务印书馆 2016 年版,第 593 页。

语，词汇化之后，先是指"火光"，又借指"'火把'之类照明用具"；其二，最初为如同例（1）、例（2）中表"像火一样亮"义的状中结构"如火｜亮"中的"如"字省略，"火亮"凝固成表"明亮"义的复音形容词。

第四节　说"兔子"

"兔子"是兔的通称，该词首见于《尔雅·释兽》："兔子娩，其迹迒，绝有力，欣。"[1] 其后，文献多有用例，如南朝梁萧子显《南齐书》卷19："二曰兔子度坑，天意言天下将有逐兔之事也。"[2] 唐张𬸚《朝野佥载》卷七《补辑》："汉发兵用铜虎符。及唐初，为银兔符，以兔子为符瑞故也。"[3] 唐苏颋《咏死兔》："兔子死兰弹，持来挂竹竿。"唐陈陶《海昌望月》："兔子树下蹲，虾蟆池中游。"《汉语大词典》"兔子"条第一义"兔的通称"引宋梅尧臣《和永叔内翰戏答》为孤证[4]，过晚。晚清白话小说《荡寇志》也曾多次使用"兔子"，其中有2次意义比较特殊，罗列如下：

（1）真祥麟道："还有阮其祥的儿子阮招儿，是高封的兔子，小将已活捉在此。这个逆种，休要轻饶。"（《荡寇志》

----

① （晋）郭璞注：《尔雅》，上海古籍出版社2015年版，第187页。
② （南朝梁）萧子显：《南齐书》，岳麓书社1998年版，第258页。
③ 陶敏主编：《全唐五代笔记（第1册）》，三秦出版社2012年版，第221页。
④ 罗竹风主编：《汉语大词典》卷2，汉语大词典出版社1988年版，第274页。

第 86 回）

（2）那年希真擒高封的时节，高封有个<u>兔子</u>，是阮其祥的儿子，名唤阮招儿，面面与祥麟相像，希真曾说有个用处，今番把来如此用过也。（同上书，第 108 回）

《荡寇志》第 85 回还有一个这样的句子：

（3）当夜高封在芦川南岸下寨。高封在中军帐内，只是悲伤老少，那里睡得稳。那阮招儿只把云情雨意撩拨他，高封就与他淫戏散闷。

拿上述 3 例两相比照不难发现，例（1）、例（2）中的"兔子"当指"男妾"。除《荡寇志》外，其余明清小说中也常见类似用法的"兔子"。尤其是 1849 年首次出版的《品花宝鉴》，"兔子"一词凡 13 见，仅有 3 例用本义，其余各例均与例（1）、例（2）中的"兔子"含义相同或相关。

刘瑞明认为，"兔子"在明代本是称说妓女的隐语，清代把男妓借称为"兔儿"。① 按，此说不确，喻指用法的"兔子"至迟明末已见，且不一定指男妓。例如：

（4）万生者，楚黄之诸生也，所善郑生曰孟哥。始遇郑于观优处，垂髫也，未同而言应，进以雪梨，不却。万喜甚，期明日更会于此，将深挑之，而郑不果来。访其耗，则已奉父命从学中州矣。惘然者久之。凡岁余，复遇诸途，则风霜

---

① 刘瑞明：《近代汉语及汉语方言趣难词"兔子"辨释》，《成都大学学报》2003 年第 3 期。

盈面，殊不似故吾。万心怜乃更甚。数从周旋，遂缔密好，邑少年以为，是<u>兔子</u>者。而亦狡童耶，欲相与谪郑以耻万生。万生不顾也，匿郑他所饮食焉。（明·冯梦龙《万生》，《情史》，岳麓书社 2003 年版，第 522 页）

（5）（充好古）原也是好人家的儿孙，自幼酷好小官的。他的妻子郗氏，生得也甚有姿色，他总弃而不顾。在这一件事上，把个小小家业花得精光。如今手头短促，不能相与那时兴的<u>兔子</u>了。（清·曹去晶《姑妄言》第 7 回）

（6）薛蟠兴头了，便搂着一个娈童吃酒，又命将酒去敬邢傻舅。傻舅输家，没心绪，吃了两碗，便有些醉意，嗔着两个娈童只赶着赢家不理输家了，因骂道："你们这起<u>兔子</u>，就是这样专洑上水。天天在一处，谁的恩你们不沾，只不过我这一会子输了几两银子，你们就三六九等了。难道从此以后再没求着我们的事了！"（清·曹雪芹《红楼梦》第 75 回）

（7）春茗笑道："是了，他父亲是做戏旦的，自然用着后窍；母亲是用前窍的。如今合成一孔，南北两便。二爷好运气，买了一个丫头，却带了一个<u>兔子</u>来哩。咱们把炕幔放下，由着二爷上前落后，一箭双雕吧。"（清·兰皋主人《绮楼重梦》第 39 回）

（8）但是别的旗人总没有像这位瑞方伯，闹得一衙门的<u>兔子</u>，好似开兔子会一般。除却稿门解大、解二，号房黄胖子、钱谷潘静斋这几只彰彰在人耳目的有名<u>兔子</u>不计外，还有许多时来时去捉摸不定的。最奇的是大<u>兔子</u>名下还收了好些<u>小兔子</u>，名为传艺。<u>小兔子</u>称呼大<u>兔子</u>名曰先生，或曰干

爷。(清·八宝王郎《冷眼观》第5回)

（9）毕秋帆先生为陕西巡抚，幕中宾客大半有断袖之癖，入其室者美丽盈前，笙歌既叶，欢情亦畅。一日，先生忽语云："快传中军参将，要鸟枪兵、弓箭手各五百名，进署伺候。"或问何为，曰："将署中所有<u>兔子</u>，俱打出去。"（清·钱泳《履园丛话·卷21·打兔子》）

（10）我常常劝他道："婊子无情，<u>兔子</u>无义，你的钱也干了，他的情也断了。"（清·陈森《品花宝鉴》第50回）

（11）石氏骂道："你这不要脸的老忘八、老<u>兔子</u>，自己的屁股被人㕶出虫来，才花了钱请人挖干净了，你如今又想㕶人，你何不弯转你的屌子来，㕶你自己的？他是我的干儿子，你胆包了身，你敢顽他？"（同上书，第58回）

按，细考上下文语境可知，上述各例中的"兔子"义可概括为"（士大夫等）所狎男子"，或为"男妾"，或为"男妓"，或为"男同性恋者"等，不一而足，具体所指可视具体情况作判断。如例（4），郑生与万生"数从周旋，遂缔密好"，故郑生被"邑少年以为，是兔子者"，此例"兔子"当指男同性恋者；又如例（7），前面说"买了一个丫头"，接着说"带了一个兔子来"，此例"兔子"当指男妾。再如例（10），"婊子无情，兔子无义"对举，此例"兔子"当指男妓。用"（士大夫等）所狎男子"义去理解其余各例，也揆之可安。

在部分汉语方言中，"兔子"一词保留了"（士大夫等）所狎男子"义，如姜亮夫就曾明确指出："男而女装侍宴侍寝之人，俗名为兔子，吾乡昭（笔者按，指云南省昭通市）人有之，蜀郡成都有之，上海、北京亦有之，且能见于文人学士文中，其在吾乡，则中学同学中有面目端正肤色红润者，亦戏以此词称之，未有不大怒而至于争吵者。"① 部分方言词典收录了该词，如《成都方言词典》："兔儿：男妓。"② 许宝华、陶寰主编《上海方言词典》："屁精：1. 男娼，也叫'兔子'。2. 男同性恋者。"

"兔子"与"（士大夫等）所狎男子"毫不相干，怎么会扯到一块儿呢？在古人眼里，兔子"不夫而妊"，"望月"即可产子。《博物志》卷4："兔舐毫望月而孕，口中吐子。旧有此说，余目所未见也。"③《春渚纪闻》："苏东坡云，中秋月明，则是秋必多兔。野人或言兔无雄者，望月而孕。"④ 大约元代始，"兔"开始喻指不夫而孕的女子。《南村辍耕录·废家子孙诗》："秀之斜塘，有故宋大姓居焉。家富饶，田连阡陌。宗族虽盛衍，子孙多不肖，祖父财产，废败罄尽。郡人金方所，谈辞滑稽，为赋诵好嫚戏，因摭其事，成近体一律云：'兴废从来固有之，尔家忒煞欠扶持。诸坟掘见黄泉骨，两观番成白地皮。宅眷皆为撑目兔，舍人总作缩头龟。强奴猾干欺凌主，说与人家子弟知。'夫兔撑目望月而孕，则妇女之不夫而妊也。其家有道观二所。语虽鄙俚，然为人后者见此，宁不知惧也哉！"⑤ "妓女"属于"不夫而妊"者，因其从良前通常未婚，可谓"不夫"，但卖淫为业，人尽可夫，怀

① 姜亮夫：《"东西"臆断》，《中国文化》1990 年第 2 期。

② 梁德曼、黄尚军编纂：《成都方言词典》，江苏教育出版社 1998 年版。

③ （晋）张华：《博物志》，天津古籍出版社、中国世界语出版社 1998 年版，第 1070 页。

④ （宋）何薳：《春渚纪闻》，《四库全书·子部精要（中）》，天津古籍出版社、中国世界语出版社 1998 年版，第 1031 页。

⑤ （元）陶宗仪：《南村辍耕录》卷 28，辽宁教育出版社 1998 年版，第 331—332 页。

孕的可能性自然很大，因此"妓女"至迟明代就被称作"兔儿"。《墨娥小录》卷14："水表，兔儿。"按，"水表"即"娼妓"，宋汪云程《蹴鞠谱·圆社锦语》："水表，娼妓。"据郭正谊考证，《墨娥小录》成书于元末明初，书中材料主要采自江浙一带，辑录者有可能是元末学者陶宗仪。① 如果郭氏考证可靠的话，则"兔儿"表"娼妓"义至迟元末明初已见。

"兔儿"即"兔子"，通过类推，大约明末，"兔子"开始喻指"（士大夫等）所狎男子"，因这类男子虽不可能"不夫而孕"，但也是男人狎弄的对象，本质上与妓女相似。身为男子却被别的男人玩弄，自然会被别人瞧不起，甚至成为嘲笑、唾骂的对象。所以，作"（士大夫等）所狎男子"解的"兔子"泛化，就成为了詈词。例如：

> （12）（净）我是拉里骂吓？（付）那说骂我？（净）头一句是吓个<u>兔子</u>吓；第二句是说道死乌龟坏耶。吓倒拉"着着"个答应！（清·李渔《人兽关传奇·演官》）

> （13）史氏急得跳起来嚷道："你这狗杂种，臭<u>兔子</u>，撒你娘的谎。"（清·兰皋主人《绮楼重梦》第4回）

旧时演员被称为"戏子"，地位很低，男戏子（特别是长得比较英俊的男戏子）往往成为公子阔佬的玩弄对象，例（7）"他父亲是做戏旦的，自然用着后窍"即很好的注脚，故男戏子也常被骂作"兔子（兔）"。又如：

---

① 郭正谊：《〈墨娥小录〉辑录考略》，《文物》1979年第8期。

（14）鲁鹏先不知是什么姓柳的，此时见了面，仔细朝下一望，原来是唱戏的柳五官。不由仇人相见，分外眼红，暗喜道："你这小兔子，一般也有今日，撞到我手里。我只当你一辈子靠着东府里王爷势头，奈何不着你。可见天网恢恢，自投罗网。此次又行凶打伤了人，我即从公办去，你亦有应得之罪。"（清·西泠野樵《绘芳录》第 39 回）

（15）素兰正在窗缝里偷瞧，已惊呆了，不提防他们出来，急走时，已被那短衫子的看见了，便道："你这个小杂种，又是谁，往那里跑，快过来，你爷爷正要找你呢。"……那个人当是跑出胡同，也不来追赶，便问琴言的人道："方才这个小兔子，在那个班子里，在什么地方？他见三太爷就跑，三太爷偏要找他。"（清·陈森《品花宝鉴》第 22 回）

（16）小使开了风门，见聘才与蓉官迎出来，蓉官便抢上一步，哈了一哈腰，就来拉手。富三把他拧了一把，蓉官便将富三的手扭转来。富三骂道："小兔子闹什么？"（同上书，第 33 回）

（17）大凡做戏班师傅的，原是旦脚出身，三十年中便有四变。你说那四变？少年时丰姿美秀，人所钟爱，凿开混沌，两阳相交，人说是兔。到二十岁后，人也长大了，相貌也蠢笨了，尚要搔头弄姿，华冠丽服。遇唱戏时，不顾羞耻，极意骚浪，扭扭捏捏，尚欲勾人魂魄，摄人精髓，则名为狐。到三十后，嗓子哑了，胡须出了，便唱不成戏。无可奈何，自己反装出那市井模样来……则此为虎。到时运退了，只好在班子里，打旗儿去杂脚，那时只得比做狗了。（同上书，第 18 回）

按，例（14）与"鲁鹏先"有仇的"柳五官"是东府里唱戏的，故"鲁鹏先"骂他"你这小兔子"。例（15）"三太爷"以为"跑出胡同"的男子"素兰"是哪个戏班子里面的，故以"小兔子"称呼他；"蓉官"本来就是"联珠班"的男戏子，《品花宝鉴》第21回已有说明，故例（16）"富三"骂他"小兔子"。例（17）用较多笔墨，刻画了"戏班师傅"一生的遭遇与经历，其少年时被男人玩弄故曰"兔"。

刘瑞明认为，"兔子"指妓女是因为"兔"与"秃"谐音，"平"义，指女阴处不像男阴的突起，"兔子"指男妓是从肛门处而言，所卖者与妓女相同。① 按，此说亦通，但似乎过于迂曲。

综上，与色情有关的"兔子"明清时期使用较多，可释为"（士大夫等）所狎男子，可泛化为詈词"。"兔子"条《汉语大词典》列有两义，第二义释为"詈词"，引《红楼梦》第75回为孤证②，偏晚。《近代汉语大词典》"兔子"条释为"上等妓女的随从听差，含鄙意③，首证为《冷眼观》第6回："小翁，我们今天谈的兔子实在不少，这是我从前在淮安清河县办账房的时候一件笑话。"《红楼梦鉴赏辞典》也收有"兔子"条，仅列一义，释语为："分家兔、野兔两类。野兔肉性寒，味甘，有补中益气、健脾、解热毒等功效，且肉丝纹路细腻、质嫩，可烹制各种佳肴。"④《汉语大词典》的释义似乎过于笼统，《近代汉语大词典》

① 刘瑞明：《近代汉语及汉语方言趣难词"兔子"辨释》，《成都大学学报》2003年第3期。
② 罗竹风主编：《汉语大词典》卷2，汉语大词典出版社1988年版，第274页。
③ 许少峰编：《近代汉语大词典》，中华书局2008年版，第1880页。
④ 上海市红楼梦学会、上海师范大学文学研究所编：《红楼梦鉴赏辞典》，上海古籍出版社1988年版。

释义不确，《红楼梦鉴赏辞典》释义不全。《白话小说语言词典》
"兔子"条释为"男妓的俗称"，引《红楼梦》第75回、《品花宝
鉴》第50回为证①，《近代辞释》"兔子"条释为"男人之与人鸡
奸者"，引《红楼梦》第75回为证②，《汉语称谓大词典》"兔
子"条释为"娈童或男旦"，引《红楼梦》第75回、《品花宝鉴》
第58回为证③，皆是。

第五节 "密骗"类词语考释

"密骗""觅骗""蔑/篾骗"与"篾客"四词《汉语大词典》
皆未收，已有的部分成果对"密骗""觅骗"两词的诠释不够准
确。有鉴于此，本节将对这四个词语进行考释。

先说"密骗"。在清初西湖渔隐《欢喜冤家》中，"密骗"出
现了17次。例如：

（1）且说冯吉闻知费人龙是个饱学秀才，又探知妻儿十
分美貌，但不知何故住在我家，正在疑想间，有一个密骗，
名叫凤城东，走将进来。见了冯员外，见他面有愁思之态，
不免问及。冯吉把费家一事说知。大凡做密骗的，一心只要
奉承东家，哪管世上之事做得做不得的。（第16回）

（2）正在吃茶，只见里头又走出一个带唐巾的人来，连

---

① 白维国主编：《白话小说语言词典》，商务印书馆2011年版。
② 曲守约编著：《近代辞释》，（台北）千华出版社1986年版，第155页。
③ 吉常宏主编：《汉语称谓大词典》，河北教育出版社2001年版，第943页。

忙上前施礼。人龙问及，那人道："小子名唤凤成东，在冯先生宅上早晚效劳。"人龙便晓得是个<u>密骗</u>了。冯吉道："不是学生斗胆，便敢相烦，只因县尊挽学生做一架围屏，都是雪景，今日见了此雪，便想起此事，尚乏诗章。足下山斗高才，敢烦金玉，使此屏八面光辉，千年华美，皆足下之使然也。"（第16回）

化振红指出，"密骗"一词，"除《欢喜冤家》第16回之外，包括明清笔记小说在内的各类典籍中均不见用例"，并认为"'密骗'应当与民间所谓'包打听'的词义非常接近"。① 按，化说不确。其一，除《欢喜冤家》外，使用"密骗"的各类典籍实非罕见，下举例（3）—（7）均可证。其二，化说释义不准，以"民间所谓'包打听'"义去理解各典籍中的"密骗"，未能文意通畅。譬如例（4），如果牛信、富吉只是"好打听消息或知道消息多的人"，高世德又怎会与他们极亲近，并一做官就"派牛信账房管总，派富吉为稿案门上"？又如例（7），"况乎豆蔻槟榔，密骗奉承于侧；烟筒茶碗，跟班服侍于旁"，句中的"密骗""跟班"处于对文位置，与"包打听"又有何干？显然，"密骗"非谓"民间所谓'包打听'"之类的人，而另有所指。

（3）大家猜三喝五，把酒乱吃了一会。将近更把天气，一齐作别出门。高绰便叫小厮把火把先拿上前，老将是个做<u>密骗</u>的，点头知尾，听了这一句，也先上前走了。（明·京江醉竹居士《龙阳逸史》第12回）

---

① 化振红：《〈欢喜冤家〉词语拾零》，《古籍整理研究学刊》2008年第1期。

（4）原来牛信、富吉是高世德极亲近的密骗，那时一做官，便派牛信账房管总，派富吉为稿案门上，所以二人大权在手。（清·俞万春《荡寇志》第27回）

（5）无知之徒，不知学问渊源不同，而臆撰为考据家；不知文章流别不同，而臆撰为著述家；其意将以己之纤佻浮薄辞章（此不足成家，乃清客密骗家也）私诩为著述家也。（清·章学诚《文史通义》，辽宁教育出版社1998年版，第150页）

（6）婉容笑道："我不信你的鬼话。大凡我说一句话，你都说预先想到了。分明你跟着我口气说，却叫我又爱你口才敏捷，又厌你惯使乖巧。你如做了密骗，倒是个出色的。"小黛脸上一红，笑道："我果真做了总督小姐的门客密骗，定是前世修来的。有了你这大靠背，还愁做穷司员的家小么？今日你亲口说过了，若厌烦我这密骗，想丢掉了我，那是不依的。"婉容笑着啐道："谁同你说这些混话？你又硬来编派我了！我怎敢把一位五品宜人太太当作密骗？也不怕罪过！"（清·西泠野樵《红闺春梦》第25回）

（7）况乎豆蔻槟榔，密骗奉承于侧；烟筒茶碗，跟班服侍于旁。全本之团圆已扮，而呼来墩酒，吹打焉而定席殷勤，彼三两六钱之鸽蛋、燕窝无论矣。（黄强、王颖校《游戏八股文集成》，武汉大学出版社2009年版，第128页）

按，例（5）"清客""密骗"连用，例（6）"门客""密骗"连说，例（7）"密骗""跟班"对文，故"密骗"当指狎客之类帮闲凑趣之人。"密骗"主要靠阿谀逢迎讨好主人，故与主人关

系亲密，而社会地位则比清客、门客要低。用该义去理解例
（1）—（7），均可豁然而解，文从字顺。

　　《中国秘语行话词典》："密骗，明清江湖中人称幕宾。"①《中
国隐语行话大辞典》："密骗，明清江湖社会谓幕宾。《新刻江湖
切要·人物类》：'幕宾：密骗。'"②按，"幕宾"与"帮闲凑趣
之人"义近，但从前引义例可以看出，"密骗"并非"江湖中人"
专用，且"密骗"通常含贬义，而"幕宾"词义比较庄重，故上
述两辞书的说解似乎还可以进一步推敲。

　　"密骗"怎么可以指狎客之类帮闲凑趣之人？蒋冀骋认为，
在话本小说中，"篾片"可以"特指嫖行中帮闲，有些地方与一
般的帮闲同义，应是泛指的结果。"③潘荣生进一步指出，"'篾
片'本是旧笑话中某些特殊嫖客嫖妓时使用的器具。引申之，则
成为嫖行中帮闲凑趣之人的专称，如今称之'皮条'。再引申，
则不限于嫖行，社会上帮闲凑趣之人皆可以'篾片'称之。"④据
《广韵》，"密"属明母质韵，"篾"属明母屑韵，"片"属滂母霰
韵，据《集韵》，"骗"属滂母羡韵，"密"与"篾""片"与
"骗"声母相同，韵母相近，可以相通。因此，"密骗"指狎客之
类帮闲凑趣之人，当是与"篾片"互通的结果。

　　据《广韵》，"觅"属明母锡韵，与"密"音近，故"密骗"
也偶作"觅骗"。例如：

　　①　曲彦斌、徐素娥编著：《中国秘语行话词典》，书目文献出版社1994年版，第
514页。
　　②　曲彦斌主编：《中国隐语行话大辞典》，辽宁教育出版社1995年版，第424页。
　　③　蒋冀骋：《话本小说俗语词考释》，《古汉语研究》1994年第4期。
　　④　潘荣生：《"篾片"取义探源》，《辞书研究》2001年第6期。

（8）原来那船内几个饿眼油花，见成珪船内有些女眷，便动了他一点磨晴之念，故此紧紧逼来。那少年虽不知是成家之船，却认得当舱立的乃是何院君，像也过意不去，便也缩入舱内。即周、成二人，也未知这少年是谁。其余那些觅骗，那里知这就里，钉双穷眼，只顾觑看。（明·西湖伏雌教主《醋葫芦》第 13 回）

许少峰编《近代汉语大词典》："觅骗：流棍，痞子。"① 按，此说近是，但还可以进一步优化。例（8）下文有这样一段话：

周、成二人面面相觑。仔细一看，果见就是继子都飙，与同热帮闲小易牙、盛子都等辈。……成珪道："今日湖中遇只大船，内有四五个娼妓，五六个帮闲，吹弹歌舞，无所不至……彼时拙夫方且打上心来，注目一看，原来就是令郎！院君你道日日饮酒宿娼，可是要银子的么？"……都氏道："他又有甚么朋友？"成珪道："说将来只怕连老夫也要慕他；你若要嫖，有那热帮闲张煊，能知科鸨之奸媸，善识娼家之事迹，扛帮撒漫，第一在行；……贤郎得此帮闲，汉祖所谓羽翼成矣，何愁大事不济乎！老娘不信，只请儿子到来，质对便是。"

上述文字多次提到"帮闲"，与例（8）中的"觅骗"互相呼应，"觅骗"亦指"狎客之类帮闲凑趣之人"已不证自明。

除了写作"密骗""觅骗"外，"篾片"还可写作"蔑/篾

---

① 许少峰编：《近代汉语大词典》，中华书局 2008 年版，第 1271 页。

骗"。例如：

（9）以是门多狎客弄臣、帮闲蔑骗，少不当意，辄呵叱随之，昔者所进，今日不知其亡也。（明·张岱《五异人传》，《琅嬛文集》卷4，浙江古籍出版社2013年版，第142页）

（10）他叫莫爱，又叫莫虚友，是个无管无业之人，平时同些老爷们来，他就像是个帮闲，俗称蔑骗的光景。（清·邗上蒙人《风月梦》第14回）

（11）这时刘锡彤任了余杭县，子和越发胆大心乱，仗着自己这付面貌，刘锡彤的势力，刘太太的金钱，只在外面胡闹，自有几个趋炎附势，觊觎子和金钱的浪子蔑骗，怂恿着子和，替子和设法诱骗妇女。（清·黄南丁《杨乃武与小白菜》第16回）

（12）胡通正在惧怕，旁边有个蔑骗，名叫活嘴王三。（清·佚名《施公案》第526回）

（13）窦氏道："依我看起来，那终南山倒不是怀道宗玄之士、练精饵食之大栖托的去处，倒是一个篾骗拐子的渊薮了。"（明·杨尔曾《韩湘子全传》第23回）

（14）大凡做篾骗的人是要方就方，要圆就圆，生怕得罪侯府中人。（清·佚名《玉燕姻缘全传》第1回，无名氏《〈云钟雁三闹太平庄全传〉〈玉燕姻缘全传〉》，百花洲文艺出版社1990年版，第337页）

（15）买土归来不到家，既瞒娘子又瞒爷。精工篾骗真知趣，烧好洋烟觅大爷（掇臀捧屁）。（胡祖德《沪谚·沪谚外编》，上海古籍出版社1989年版，第108页）

（16）你们这些篾骗恶少，打算老夫不知你的作为，却来妄想，岂不是做梦。（清·佚名《闺门秘术》第 14 回）

（17）"小开"是流氓的恩物，流氓把"守小开"或"照小开牌头"当作正当业务，守"小开"就是做公子哥儿们的篾骗，代他们计划嫖赌吃着的方案，此中回佣却此中回佣却比信托公司更厚。（汪中贤《上海俗语图说》第 12 章）

按，例（9）有"帮闲篾骗"之语，例（10）有"他就像是个帮闲，俗称篾骗的光景"之语，足以说明"篾骗"确与"篾片"同义。当代蔡国梁《金瓶梅考证与研究》："帮闲勤儿：帮闲比清客身分卑下，俗名篾骗，《板桥杂记》作篾片，即狎客之流。"① 此说甚是，可为有力佐证。

"篾片"也作"篾客"，《中国古典小说用语辞典》②《文言文常见名物制度词语汇释》③《近代汉语大词典》④ 皆已指出。"篾客"清代、民国作品中常见，例如：

（18）你不知道我们门户人家的苦处，上面要答应官府，下面要派办差徭，衙门里书房差役，街坊上总甲排年，合那些罡神泥鬼、掮鹰放鹞的人，那一个不要来分使几个钱儿？就是篾客、架儿，每年间也要陪些茶酒润润他的喉管。（清·夏敬渠《野叟曝言》第 33 回）

---

① 蔡国梁：《金瓶梅考证与研究》，陕西人民出版社 1984 年版，第 282 页。
② 田宗尧编著：《中国古典小说用语辞典》，（台北）联经出版事业公司 1985 年版，第 1379 页。
③ 张子才：《文言文常见名物制度词语汇释》，凤凰出版社 2013 年版，第 599 页。
④ 许少峰编：《近代汉语大词典》，中华书局 2008 年版，第 1286 页。

（19）我丈夫乃是花公子一个帮闲篾客，花公子爱妾姿色，叫他金陵去买缎子，即造做假银害他，如今监禁在上元县，不知死生。（清·佚名《五美缘》第48回）

（20）记得我向日在乡宦人家做篾客时，也曾学描几朵兰花，就是山水也是易事，何不冒了小梅名姓，搬往别处去，照他开张起来，倒是绝妙的计策，也强如开那子曰店。（清·烟霞散人《凤凰池》第6回）

（21）府中有几个篾客：一个姓黄，名子方；一个姓李，名连义。二人原是在庠生员，因惯代人刀笔出入衙门，如同儿戏，学院按临考试，访得他二人招摇撞骗，劣迹多端，所以学院行文，将他二人头巾革去，无以为生，目下在侯府做了个篾客。（无名氏《玉燕姻缘全传》第1回）

（22）前面穿大红的，就是沈太师的公子沈廷芳；后面穿天蓝的，是沈府中第一个篾客，叫做锦上天，每日下午无事，便到园中散闷。（清·竹溪山人《粉妆楼》第4回）

综上，"篾片"本指旧笑话中某些特殊嫖客嫖妓时使用的器具，引申则可指社会上帮闲凑趣之人。因"密骗""觅骗""蓂骗"皆与"篾片"音近相通，故也可指帮闲凑趣之人。此外，"篾片"还可写作"篾客"，亦指帮闲凑趣之人。"密骗""觅骗""蓂/篾骗"与"篾客"四词《汉语大词典》皆失收，当补；《汉语大词典订补》虽已增补"蓂骗"条，但仅引例（9）为孤证①，探源不够；许少峰编《近代汉语大词典》失收"密

---

① 汉语大词典编纂处：《汉语大词典订补》，上海辞书出版社2010年版，第1079—1080页。

骗""蒉/簏骗";已有的部分成果对"密骗""觅骗"的诠释似不确。

第六节　称谓词"相公""王姑"补考

据《现代汉语词典》,"称谓"是指"人们由于亲属或其他方面的相互关系,以及身份、职业等而得来的名称,如父亲、师傅、厂长等"①。汉语称谓既丰富多彩,又纷繁复杂。相比之下,中国古代的称谓词比当代还要繁冗一些,这就给辞书编纂者带来了很大的麻烦,《汉语大词典》《辞源》(第三版)及杨应芹、诸伟奇主编《古今称谓辞典》等辞书不少称谓词的训释就存在这样那样的纰漏。下面择取两个所指比较复杂的古称谓词进行补释,皆管窥蠡测,未必得当,写出来主要是向博雅君子求教。

一　相公

晚清常用"相公"指称"男娼",用"相公堂子"指代"男娼寓所",用"吃相公饭"指代"当男娼",此义不少辞书皆已指出。例如:

（1）子云道:"你们眼里看着,自然是女孩子好。但我们在外边酒席上,断不能带着女孩子,便有伤雅道。这些相

---

① 中国社会科学院语言研究所词典编纂室:《现代汉语词典》,商务印书馆2016年版,第163—164页。

公的好处，好在面有女容，身无女体，可以娱目，又可以制心，使人有欢乐而无欲念，这不是两全其美么？"（清·陈森《品花宝鉴》第 11 回）

（2）今天镜空会不着，倒想不着走到这们一个好地方来。姑且回去通知了黄胖姑，过天同他一块来。他在京里久了，人家不敢欺负他。甚么相公、婊子，我都玩过的了，倒要请教请教这尼姑的风味。（清·李宝嘉《官场现形记》第 24 回）

（3）（上海）繁华甲天下，娼妓最烈，淫风亦盛。另有贫儿卖身学戏者，受逼扮为丽妓，以男子之身行妇人之事，专供公子阔佬行乐，时称之谓"相公"。（清·潭溪渔隐《新贪欢报》第 1 回）

（4）如此议论京城的红相公及相公业的兴旺："这个少年是京城里头数一数二的红相公。什么叫红相公呢？就是那戏班子里头唱戏的戏子。这少年便是四喜班里头唱花旦的佩芳。京城里头的风气，一班王公大臣专逛相公，不逛妓女。这些相公也和上海的倌人一样，可以写条子叫他的局，可以在他堂子里头摆酒。无论再是什么王侯大老，别人轻易见都见不到的，只要见了这些相公，就说也有，笑也有，好像是自己的同胞兄弟一般，成日成夜的都在相公堂子里混搅。那窑子里头简直没有一个人去的，就是难得有一两个爱逛窑子的人，大家都说他下流脾气，不是个上等人干的事情。"（民国·张春帆《九尾龟》第 117 回）

"相公"怎么会用来指"男娼"呢？作为礼仪之邦，中国自古以来就喜欢用"抬高"的方式称呼别人，直至当代仍旧如此，如"王副书记"往往被称为"王书记"，"彭副经理"往往被称为"彭经理"，"周副教授"往往被称为"周教授"。这样，就难免导致部分称谓词所称对象的实际地位明显呈下降趋势。比如"相公"，最初是对"宰相"的敬称。三国时王粲《从军诗》之一："相公征关右，赫怒震天威。"李善注："曹操为丞相，故曰相公也。"① 南宋初吴曾《能改斋漫录·事始二》："丞相称相公，自魏已然矣。"宰相乃人臣之顶峰，如果把职位比"宰相"低的官员称为"相公"，自然能达到抬高别人的目的。这样，到了宋代，"相公"就被降格为官吏的敬称。《道山清话》："陈莹中云：'岭南之人见逐容，不问官高卑皆呼为相公，想是见相公常来也。'"元代，"相公"进一步降格为对读书人的敬称。《玉壶春》第2折："相公，你不思进取功名，只要上花台做子弟。"甚至妇女称呼丈夫也用"相公"。《举案齐眉》第4折："梁鸿云：'夫人请穿上者。'正旦云：'相公，我不敢穿。'"清代，"相公"再度降格，成为对一般男子的敬称。孔尚任《桃花扇·听稗》："他是江湖名士，称他柳相公才是。"至迟在晚清，"相公"再次降格，开始用来称呼戏院中饰小旦的男演员。《儿女英雄传》第32回："他们当着这班人，敢则不敢提'小旦'两个字，都称相公。"旧时，演员被称为"戏子"，地位很低，俊美的男演员往往沦为有财有势的男人的玩物，《绮楼重梦》第39回"他父亲是做戏旦的，自然用着后窍"即很好的注脚。这样，用"相公"戏称"男娼"就

---

① （南朝梁）萧统编，（唐）李善注：《昭明文选》，吉林人民出版社1998年版，第522页。

是顺理成章之事了。看来，用"相公"戏称"男娼"，可能是该称谓词逐步降格的产物。

除了婉称"男妓"，在晚清的部分白话小说中，"相公"还指称妓女，例如：

（5）他又不会手口，把个哑巴带上船去更是没趣。小弟闻得天凝门外藏经院进玉楼新来了一个相公，名叫月香，色技兼优。我们何不将他喊到船上瞻仰瞻仰。（清·邗上蒙人《风月梦》第4回）

（6）袁猷向着翠云说道："闻得你们这里有位月相公，何不请来谈谈？"翠云便喊那大脚妇人道："张奶奶，将月相公喊来。"那大脚妇人喊了一声："月相公，这边房里有客，过来走走。"少停一刻，只见一个男装女子，右手揭起门帘走进房来。（同上书，第5回）

（7）只听房外有人喊道："文相公来了，请这边房里坐吧。"门帘一启，进来了个女妓，年纪约有二十七八岁，磨刀砖的脸，许多雀儿斑，搽了一脸白粉，把脸都腻青了。（同上书，第6回）

（8）三子看见他们来了，敢怒不敢言，赶忙笑嘻嘻的招呼，请在双林房里坐下，献了茶，喊老妈装水烟。把家中几个相公总喊到房里，请叫众位干老子，请问众人尊姓。众人又问各相公芳名已毕，三子拿了一只琵琶递在凤林手内道："凤相公拣好小曲唱一个奉敬众位干老子。"（同上书，第12回）

按，"相公"《风月梦》中用例甚夥，这里不尽举。例（5）

说相公月香"色技兼优"，例（6）说"月相公"是"一个男装女子"，例（7）说"文相公"是个"搽了一脸白粉"的"女妓"，例（8）有"问各相公芳名"之语，可见"相公"均是指妓女，常着男装。

"相公"既指"男娼"，又指"妓女"，看似与语言的明晰性原则相矛盾，实则不然。正如张幼军所言，汉语"一词兼有正反两义"的情况并不罕见，如"面"兼有"面向""背向"相反两义，"去"兼有"藏""弃"相反两义，汉译佛经"无方"兼有"毫无办法""办法多得很"相反两义，皆其证。[①] 与"相公"类似的例子也存在，如晚清民国时期，"条子"就可以兼指"妓女"与"男娼"，例如：

（9）盛希侨道："你说是速妮儿不是？几天才不在街上寻饭吃。依我说，一个钱罢。老秤，你手里也没个好鹌鹑。左右你都清白罢。谭贤弟，你也休再上他的当。到明日我接个好名妓，敬贤弟一敬，黄昏要催妆诗，另日赠缠头诗，也得一首美人诗。看看何如？"把绍闻肩儿一拍："贤弟，再休要混这土条子，丢了身份。"（清·李绿园《歧路灯》第 56 回）

（10）妓女一到，座上的客人都象饿狼看见了锦鸡，几十双绿莹莹的眼睛，一齐对三个姑娘射出贪婪的、淫邪的光。康小妹吓得浑身战栗，顿时觉得身入虎穴，紧张得将身子挨紧了凤仙和仙鹤。原来，三个买条子的，都是从前常到春熙院的嫖客。（康素珍记述《青楼恨》，黑龙江人民出版社 1988

---

① 张幼军：《反训与辩证法》，《古汉语研究》2002 年第 1 期。

年版，第138页）

（11）试想一下，如果她是一个人人都能叫的"条子"，状元郎来了还会把她看在眼里？她可不是来花船上混口饭吃的"清倌"，而是个有野心的"条子"。（李冬君《孽海自由花》，湖南教育出版社2006年版，第36页）

（12）贾大少爷叫黄胖姑荐个条子，黄胖姑想了一回，忽然想到韩家潭喜春堂有个相公名叫奎官。他虽不叫这相公的条子，然而见面总请安，说："老爷有什么朋友，求你老赏荐赏荐！"因此常常记在心上，当时就把这人荐与贾大少爷。（清·李宝嘉《官场现形记》第24回）

（13）不多一会，跑堂的把门帘一掀，走了进来，低着头回了一声道："老爷们条子到了。"众人留心观看，倒是钱太史的相好头一个来。这小子长得雪白粉嫩，见了人叫爷请安，在席的人倒有一大半不认得他。问起名字，王老爷代说："他是庄儿的徒弟，今年六月才来的。头一个条子就是我们这位钱运翁破的例。你们没瞧见，运翁新近送他八张泥金炕屏，都是楷书，足足写了两天工夫，另外还有一副对子，都是他一手报效的。送去之后，齐巧第二天徐尚书在他家请客。他写的八张屏挂在屋里，不晓得被那位王爷瞧见了，很赏识。"（清·李宝嘉《官场现形记》第24回）

（14）忽地跟兔一掀帘子，冲着李继善说："老爷的条子到！"众人回头一看，只见琴侬穿着倭刀马褂，款步而来，但是身躯肥胖，一只眼睛又是萝卜花。（清·欧阳巨源《负曝闲谈》第29回）

按，上述 5 例中，前 3 例中的"条子"指妓女，后 3 例中加下划线的"条子"指男娼。张幼军认为，所谓的"一词兼有正反两义"，不过是围绕某个词义中心，向正反两端偏离而引申。①"条子""相公"两词，都是围绕"供人淫乐、玩弄"这个核心，分别偏离引申出"男娼""妓女"两义。

从语用角度分析，人们都有猎奇、求雅心理。如果同一个意思有新、旧两种表达方式，人民更喜欢使用新方式，而对于一些不光彩、不吉利、不雅观的事情，则比较喜欢用避讳语委婉表述。笔者以为，"相公"要比"男娼""妓女"新颖、文雅，故用"相公"称呼"男娼""妓女"的说法产生后，当在一定范围内流行过一段时间，但用褒义色彩的"相公"称呼"男娼""妓女"，有亵渎"相公"之嫌，很难得到社会的普遍认可，故这种用法似乎在"五四运动"前后就被淘汰了。

《汉语大词典》"相公"条列有七个义项，收"男娼"义②却未收"妓女"义，《辞源》，杨应芹、诸伟奇主编《古今称谓辞典》，林尹、高明主编《中文大辞典》，许少峰编《近代汉语大词典》等大小辞书"相公"条也未收"妓女"义，似不妥，当补。

二　王姑

成书于咸丰年间（1851—1861）的清代白话长篇神怪史话小说《赵太祖三下南唐被困寿州城》又名《侠义奇女传》《第一侠义奇女传》，现存较早版本有北京大学图书馆藏咸丰八年（1858）

①　张幼军：《反训与辩证法》，《古汉语研究》2002 年第 1 期。
②　罗竹风主编：《汉语大词典》卷 7，汉语大词典出版社 1991 年版，第 1138 页。

紫贵堂藏版本、咸丰十年（1860）丹桂堂刊本等。① 该书使用了多次"王姑""皇姑"，例如：

（1）高王爷将南唐不肯臣服，书下反出强逆之词，触怒圣上，今要御驾亲征，命着本藩为督师主帅，讲了一遍。王姑听了，即曰："君命所使，固不得推诿，但王爷方得数载卸下马上辛劳，今又要涉险沙场，妾心颇不乐也。"（第3回）

（2）东平王微笑曰："为臣本当忠劳王事，为子本当尽孝双亲，是人生立品之大节，岂以劳逸为辞？况本藩叨蒙汝兄恩宠以极人臣，一家显贵，谁能可及，正报不尽主恩也，岂敢少言推诿？但母亲耄耋之年，儿子年少，全赖王姑代劳，小心敬奉，严训孩儿，不可使他安逸，首重不许出外游荡，三五成群，欺压招栽，有失清白高门。"王姑领从。（同上）

（3）此天，高王爷祭过家庙祖宗，然后与王姑饯别，婶母子侄送行，有许多天性离别之言，不必细表。王姑复进朝，往内宫送别皇兄宋太祖，也无交代。（同上）

（4）单说赵王姑一闻郑印言及丈夫被南唐活捉，不料高王反投顺唐主，复向太祖倒戈，令他惊骇不已，又不由人不气忿，并要在王兄署君谢罪。二王爷曰："高驸马平日忠肝义胆，人所共知，御妹何须过虑？料必别有原由不可着急。今同领兵去，自得分明了。"王姑只长叹一声，辞别王兄，回归王府。（第8回）

（5）住语陶夫人回王府预备领兵挂帅，母子又有一番言

---

① 张兵主编：《五百种明清小说博览》，上海辞书出版社2005年版，第1384页。

谈，皆说及王姑赵美容恼恨高王爷一刻变心改节之奇也。且不表再言赵王姑辞朝回府，坐下，春山愁锁，闷闷不乐。（第9回）

（6）住说宋太祖，在宫中与诸皇后妃子饯别长言。却说平王高怀德受了太祖拜授统兵招讨大元帅，是日退朝，回归王府，进内堂，有皇姑赵美容迎接王爷。（第3回）

（7）宋太祖曰："若非此女到来助力，妹丈焉得今日君臣父子弟兄夫妇满门完聚，此皆甥妇之功力，有裨于国，又有恩德于汝父子夫妻也。况朕因他功德两全，赐之为婚，并非御甥自主，何以错咎之？且与皇姑一同议配，妹丈无多追治矣。"当时王姑将被妖道飞刀所伤，得刘媳妇灵丹解救，是此女素有恩于我们，况且法力高强，可为邦家之助，一一告之。（第22回）

除《第一侠义奇女传》外，《赵太祖三下南唐》一书也有不少"王姑"用例，这里不赘述。从例（2）东平王称宋太祖为"王姑之汝兄"，例（3）说"王姑复进朝，往内宫送别皇兄宋太祖"可知，"王姑"指"皇帝的妹妹"，例（1）、例（4）、例（5）亦可为证。

"王姑"的"皇帝的妹妹"义盖从"皇姑"而来。早在唐宋，"皇姑"便可指"皇帝的姑母"。请看下面的例子：

（8）皇姑为大长公主，正一品；姊妹为长公主，女为公主，皆视一品；皇太子女为郡主，从一品；亲王女为县主，从二品。（北宋·欧阳修、宋祁《新唐书·百官志一》）

(9)［正旦扮皇姑领杂当上］［正旦诗云］朝登黄金殿，暮宿宰臣家。饥餐御厨饭，渴饮翰林茶。老身长国姑是也。今因我女婿杨六郎，不合擅离信地，私下禁关，带领了焦赞到京，杀坏了谢金吾一十七口家属。王枢密在圣人前朦胧奏过，建起法场，他亲为监斩官，眼见两个孩儿没那活的人也。老身不免领着手下几个亲随，劫法场走一遭去也呵。（元杂剧《谢金吾》第3折）

按，例（8）"皇姑""姊妹""女""皇太子女""亲王女"依次言之，"皇姑"指"皇帝的姑母"已至明。《谢金吾》第4折云："（正旦同杨景、焦赞上，云）这厮每好无礼也呵。（唱）【双调新水令】我须是真宗皇帝老姑姑，这贼呵谁根前你来我去，将皇亲厮毁谤，将大将厮亏图。我和你直叩青蒲，拣着那爱处做。"例（9）说"正旦扮皇姑领杂当上"，第4折"正旦"说"我须是真宗皇帝老姑姑"，也表明例（9）中的"皇姑"指"皇帝的姑母"。

至迟在清代，"皇姑"又指"皇帝的姐妹"。例如：

(10)皇姑闻言，大惊道："一向未曾出堂，谁知弄出灭门大祸，哀家如在梦中，这事怎了得！"遂急入佛堂禀上陈氏太君道："婆婆不好了！公爷造出灭门大祸了！"陈氏正在念佛，闻言大惊问："何出此言？"皇姑便把小僮所述之言，从头说出。说罢泣道："公爷造此大逆，教媳妇有何面目见皇兄？待他回来，婆婆还须劝戒他才好。"（清·无名氏《绣球缘》第20回）

(11)"你……你是皇……皇姑？"十三皇子惶恐地问。

哎呀！差点忘了这个小笨蛋。"我说十三幺呀！你皇帝老子没
教你做人的道理吗？连自个儿手足都下得了手，真不是
'人'人呀！""皇姑，我叫升巽，你不要老是叫我十三幺。"
怎么会是她？"我高兴，你有意见吗？"不长进的兔崽子，被
容贵妃宠坏了。"我……我不敢，皇姑。"十三皇子嗫嚅地低
下头，十分畏惧这位年纪比他小的皇姑。（寄秋《洛阳花嫁/
小气财神/爱哭神医》，远方出版社 2010 年版，第 139 页）

按，例（10）中的"皇姑"自言"有何面目见皇兄"，例
（11）下文说皇上的娘"执意要收她为义女"，可证这 2 例中的
"皇姑"确指"皇帝的姐妹"。

据《广韵》，"王"为云母阳韵，"皇"为匣母唐韵，两者音
近，可以互通，如上述例（1）—（5）写作"王姑"而例（6）写
作"皇姑"，例（7）前文写作"皇姑"后文写作"王姑"皆可
证，"王考"意即"皇考"可为旁证。所以，在书面语中，皇帝
的姑母或姐妹既可称"皇姑"，也可称"王姑"。

"皇姑"还指皇帝的女儿。在不少民间故事中，"皇姑"保留
了此类用法。例如：

（12）二位皇姑谢了皇父，下金銮宝殿，入了皇姑府第。
（清·佚名《双灯记》第 10 回）

（13）从前有一个皇姑。清明那天出去打秋千，被妖精捉
去了，许多日子听不到个信。后来皇帝出了一张告示，说是
谁找着皇姑，就叫皇姑给谁做个媳妇。谁愿意去找，先把告
示撕了，再到皇帝那里报告一声。（刘淑贞《皇姑》，王统照

《山东民间故事》，上海儿童书局 1937 年版，第 65 页）

（14）刘义听毕，方知是<u>皇姑</u>遇难，慌忙挣脱手，匆匆施礼道："公主，时间紧迫，待小人斩了妖蟒，便救你出洞。"（吴学圃《斩蟒救皇姑》，霍献文、王振兴《仙台山》，西安地图出版社 1992 年版，第 45 页）

"王姑"亦可指皇帝的女儿。例如：

（15）马俊到来，命四处人马，今齐对敌。<u>王姑</u>、驸马保护大营，未敢擅离。［道光廿八戊申年（1847）经纶堂刊本《大汉三合明珠宝剑全传》第 35 回］

与"皇姑"不同的是，除了指皇帝的女儿外，"王姑"还可指诸侯王的女儿。例如：

（16）平南王之女，<u>王姑</u>尚束英生得有蔽月羞花之貌，沉鱼落雁之容，与沈永祥夫妻同庚，二人恩情如鱼似水。（清·佚名《三春梦》第 2 回）

（17）哀家尚束英，平南王尚可喜之女，沐皇恩，赐封为<u>王姑</u>，嫁与续顺公沈永祥。（潮剧剧本《王姑案》第二幕）

从历时角度看，充当称谓词，"姑"的用法主要有二：一为父辈女性，如古今均称父之姊妹为"姑"，古代妇女称夫之父母为"翁姑"或"舅姑"，男子称妻之母为"外姑"。《尔雅·释亲》："妇称夫之父曰舅，称夫之母曰姑。"①《诗·邶风·泉水》：

---

① 叶青注：《尔雅》，大连出版社 1998 年版，第 116 页。

"问我诸姑，遂及伯姊。"毛传："父之姊妹称姑，先生曰姊。"①
二为平辈女性，如已婚女子称夫之妹曰"小姑"。《为焦仲卿妻
作》："新妇初来时，小姑始扶床；今日被驱遣，小姑如我长。"
与此对应，"皇"指"皇帝"，"皇姑"则指皇帝的姑母或者姐
妹。再以皇帝的直系女性为词义中心发生偏离，"皇姑"上指
"皇帝的姑母"，中指"皇帝的姐妹"，下指"皇帝的女儿"。
"王"通"皇"，故"王姑"也可以上指"皇帝的姑母"，中指
"皇帝的姐妹"，下指"皇帝的女儿"。自汉代以降，"王"一般
指诸侯王。以"皇姑"为母本类推，"王姑"本当上指"诸侯
王的姑母"，中指"诸侯王的姐妹"，下指"诸侯王的女儿"。
但从我们找到的语料看，"王"作诸侯王解，"王姑"仅有"诸
侯王的女儿"义。

　　《汉语大词典》"皇姑"条列三义：一为古代妇女对丈夫已故
母亲的尊称；二为古代妇女对丈夫已故祖母的敬称；三为皇帝的
姑母或姊妹。"王姑"条仅列一义：古称祖父的姐妹。②《汉语大
词典》"皇姑"条第三义概括不全，失"皇帝的女儿"义，"王
姑"条失收"皇帝的姑母、姐妹或女儿"与"诸侯王的女儿"
义，这些义项《辞源》，杨应芹、诸伟奇主编《古今称谓辞典》，
林尹、高明主编《中文大辞典》及许少峰编《近代汉语大词典》
等大小辞书亦未收录。

---

① 王先谦撰，吴格点校：《诗三家义集疏》（上），中华书局 1987 年版，第 194 页。
② 罗竹风主编：《汉语大词典》卷 4，汉语大词典出版社 1989 年版，第 460 页。

第四章

湖南双峰方言词汇研究

　　李如龙指出:"在方言形成和发展的历史过程中,方言词汇逐渐地出现和叠加,不断地演变和替换,有时骤增和扩展,有时萎缩和消亡,它是一个动荡的过程,是一个动荡的系统。对于这样的系统,进行历时的考察和分析是特别重要的。"[①] 每个词都有它自己的历史,每个方言词也都有自己的历史,我们很有必要对方言词进行历时的、纵向的考察和分析,探求其历史层次,考证其语源。双峰方言是老湘语的主要代表方言之一,其语音、词汇、语法等方面都具有鲜明的特色。本章共五节,主要从词汇的角度,揭示双峰方言的存古与创新现象,第一节从《醒世姻缘传》考察湖南双峰方言部分词语的源头,第二到五节则对双峰方言中的部分词语进行考察与分析。

---

① 李如龙:《汉语方言学》,高等教育出版社 2001 年版,第 119 页。

第一节　《醒世姻缘传》词语双峰方言例释

　　《醒世姻缘传》是明清之际较有特色的一部长篇白话小说。该书"成书时间上不早于甲申事件，下不晚于顺治十八年，作者当为经明入清的遗民"①，徐志摩誉其为"五名以内的一部大小说"，"是一个时代（那时代至少有几百年）的社会写生"②。

　　《醒世姻缘传》共 100 回，题"西周生辑著"。西周生为谁，迄今尚无定论，但"凡例"称此书"本传造句涉俚，用字多鄙"，"惟用东方土音从事"，加之书中大量铺叙鲁中风土民情，作者很可能是山东人。童万周则认为，该书除有大量山东方言外，亦尚有河南方言，且至今仍用，如"走滚""鸡猫狗不是""张智"等。③ 而据我们考察，该书中还有不少现今仍然存活的湘方言口语词汇，如："晏"（迟、晚）、"出尖"（出头）、"这向"（这些日子）、"上紧"（加紧，赶快）、"后日"（后天）、"数一数二"（不是第一，就是第二）、"风快"（十分锋利）、"活动"（灵活）、"解手"（大、小便）、"怕惧"（畏惧）、"娘老子"（母亲），等等。换言之，不少湖南双峰方言词语至迟在明末清初的白话作品中就已出现。本节撷取若廿余条，就教于方家。先做以下三点说明。

---

　　①　杨春宇：《〈醒世姻缘传〉的研究序说》，《明清小说研究》2003 年第 2 期。
　　②　徐志摩：《醒世姻缘传序》，《徐志摩全集第 6 卷》，中央编译出版社 2013 年版，第 1395 页。
　　③　童万周：《后记》，《醒世姻缘传》，中州书画社 1982 年版。

第一，若没有注明，本文引用的例句出自以乾隆刻本为底本、童万周校注、中州书画社 1982 年出版的《醒世姻缘传》。在引用例证的过程中，若发现中州书画社刊本可能有标点、排印问题，则参照上海古籍出版社（1981）、齐鲁书社（1980）等不同出版社出版的同一小说酌定，不一一说明。

第二，本节所列词条有的可能为湘方言区和其他方言区所共有，由于篇幅所限，若无必要，这里一般只言及双峰方言的用法。

第三，词语例释的方式为先列举《醒世姻缘传》中的用例，然后结合双峰方言分析词语的含义，再对词语的源流进行简要的阐述。

一 把把（巴巴）

（1）晁夫人一只手拿着他两条腿替他擦<u>把把</u>，他乌楼楼的眝着眼，东一眼西一眼的看人，照着晁夫人的脸合鼻子，碧清的一泡尿雌将上去，笑的一个家不知怎么样的。（第 21 回，第 304 页）

（2）被窝中自己放个屁，熏得还要恶心头疼，撞见一个粪担，还要跑不及的回避，如今自己挑了黄匆匆的一担<u>巴巴</u>，这臭气怎么受得？（第 33 回，第 457 页）

（3）先生之肚又愈疼难忍，觉得那<u>巴巴</u>已钻出屁眼来一般。（第 33 回，第 470 页）

例（1）"把把"与例（2）、例（3）"巴巴"都是指粪便，"把把"与"巴巴"音近义通。双峰方言"把把"泛指脏物。例如：兀只袋子装哩好多把把，脏死哩，嗯莫去别（那个袋子装了很多垃圾，脏死了，你别去碰）。特指大便，多为儿童语。例如：
嗯妈，印要屙把把了，拿张纸耗印（妈妈，我要拉屎了，拿张纸
给我）。

　　按，"把把"指"粪便"至迟元代已见。例如，《魏徵改诏》
第1折："看那弟子孩儿每怎么拉把把。"《岳飞精忠》楔子："得
了胜的着他帅府里就挂元帅印，输了的都罚去史家衙衙吃把把。"
"巴巴"亦至迟元代已见。陈以仁《存孝打虎》第3折："我若杀
不过，我便走了，看你怎生刺巴巴?""刺巴巴"即拉屎。《汉语
大词典》"巴巴"条"粪便"义以《抗日歌谣》为孤证①，过晚。
《汉语大词典订补》已补《存孝打虎》为书证②，甚是。

二　帮阔

　　再说他那村外就是他的一个小庄，庄前一道古堤，堤下
一溪活水。他把那边又帮阔了丈许，上面盖了五间茅屋，沿
堤都种了桃柳，不上二十年，那桃柳都合抱了。（第23回，
第330页）

湖南双峰等地说"帮宽"，指在原有的基础上加宽。例如：
个条田塍间子太狭哩，一不好行，要帮宽滴唧哒要得（这田埂太
窄了，一点也不好走，要加宽一些才行）。"帮"乃"增加"之
意。"帮宽"与《醒世姻缘传》中的"帮阔"含义一致。

　　按，"帮阔"至迟宋代已见。叶适《水心即事六首兼谢吴民
表宣义（其二）》："填高帮阔为深费，柱小檐低可厚非。"淳祐

①　罗竹风主编：《汉语大词典》卷4，汉语大词典出版社1989年版，第73页。
②　汉语大词典编纂处：《汉语大词典订补》，上海辞书出版社2010年版，第424页。

《临安志》卷10："淳祐九年春，霖雨，水溢堤上，资尹申请重行修筑。自北山至南山六百六十九丈，帮阔六丈五尺；曲院小新路一百九十七丈，帮阔三丈五尺，并增高一尺五寸，夹岸总添用松榰一万三千三百三十三条，贴青石皮五千八十斤。""帮宽"至迟清代已见。《清实录·康熙朝实录·康熙五十七年冬十月甲子》："江都县崇家湾等处堤工，屡经水势涨发冲刷，请下埽帮宽以利漕运。"《清实录·乾隆朝实录》卷1119："现既将西坝帮宽，仍用软镶。"《扬州画舫录》卷17："宽有筑宽帮宽，高有筑高帮高。"《清实录·嘉庆朝实录》卷343："郡城形如釜底，大堤加高而不能帮宽。"

三 抱

　　两个媳妇自己上了碾，碾得那米极其精细，单与翁婆食用。稻池有鱼。每年圈里也养三四个猪，冬里做了腌腊。自己腌的鸭蛋，抱的鸡雏。两个老人家虽是贫生夫妇，竟是文王手下食肉的耆民。（第52回，第725页）

上例"抱"表"孵"义。元杂剧有时也用"抱"表"孵"义。普通话部分声母为 [f] 的字，双峰方言念 [p]、[pʰ] 或 [b]，如"浮"读 [br²⁴]，"伏"读 [pʰʊ²⁴]，故"孵小鸡""孵小鸭"双峰方言一般说"抱鸡崽唧""抱鸭崽唧"，这与《醒世姻缘传》殊无二致。

按，"抱"表"孵"义，最初可能仅在东北通行，后来逐渐扩散。《方言》第八："北燕朝鲜洌水之间，谓伏鸡曰抱其卵。"章炳麟《新方言》卷10："今自江而北谓鸡伏卵曰抱，江南或转如捕。"①《五侯宴》第 4 折："王员外将此鸭蛋与雌鸡伏抱，数日个个抱成鸭子。"明李时珍《本草纲目·禽二·鸡》："抱出卵壳，俗名混沌池、凤凰蜕。用抱出者，取其蜕脱之义也。""抱"或作"菢"。《众经音义》卷 5："今江北谓伏卵为菢，江南曰伛。"《广韵·号韵》："菢，鸟伏卵也。博报切。"韩愈《荐士》："鹤翎不天生，变化在啄菢。"

　　除了"抱"与"菢"，"伏"也有"孵（卵）"之意。《广韵·宥韵》扶富切："伏，鸟菢子。"《正字通·人部》："伏，禽覆卵也。"《庄子·庚桑楚》："辞尽矣，奔蜂不能化藿蠋，越鸡不能伏鹄卵，鲁鸡固能矣！"《汉书·五行志中》："元帝初元中，丞相府史家雌鸡伏子，渐化为雄，冠距鸣将。"《字类辨证》："伏，……又扶富切，读若浮，去声。禽覆卵也。"② 古无轻唇音，"伏"与"抱""菢"音近义通。

四　屄

　　(1) 素姐说："那么，你妈替姓龙的舔屄舔腚！"狄希陈说："你达替俺那奴才舔腚！你妈替俺那奴才老婆舔屄！"（第 48 回，第 671 页）

　　(2) 脱不了小老婆长着个屄，没的那大老婆另长的是屌？开口就是小老婆长小老婆短的哩！（第 63 回，第 869 页）

　　(3) 素姐不听便罢，听了越发狠打起来，手里打着丫头，口里骂着道："贼多嘴的淫妇！贼瞎眼的淫妇！你挽起那眼上的

---

① 上海人民出版社编：《章太炎全集》（七），上海人民出版社 2014 年版，第 141 页

② 朱起凤：《字类辨正》，中国文化服务社 1936 年版，第 7 页。

屄毛仔细看看，我的丫头是偷嘴的？贼多管闲事的淫妇！贼扯臭屄淡的淫妇！我打打丫头你也管着？"（第 48 回，第 671 页）

（4）小冬子要不早娶了巧妮子去，只怕卖了妹子嫖了也是不可知的！你夺了他去呀怎么？日子树叶儿似的多哩，只别撞在我手里！我可不还零碎使针路他哩，我可一下子是一下子的；我没见天下饿杀了多少寡妇老婆，我还不守他娘那屄寡哩！（第 52 回，第 722 页）

（5）这不是陈大爷举荐了赵杏川来，这大哥的命都还叫他耽误杀了哩！送给他去也只是"驴撩子上画墨线，没处显这道黑"，只怕惹的他还屄声嗓气的哩！（第 67 回，第 931 页）

"屄"指雌性动物的生殖器，特指女阴，常引申为詈词。例（1）、例（2）中的"屄"特指女阴，例（3）中的"屄毛"与"扯臭屄淡"、例（4）中的"屄寡"、例（5）中的"屄声嗓气"都是詈骂语。双峰方言也用"屄"指雌性动物的生殖器，特指女阴，常引申为詈词。例如：嗯俚娘只屄啊，一直要到候唧，还不快滴回去煮饭，印要耗嗯扮餐木实咯！（你妈的屄，一直玩到现在，还不快点回去做饭，我就要给你揍一顿狠的）。

按，"屄"本指女性外生殖器。《字汇·尸部》："屄，女人阴户。"《正字通·尸部》："屄，布非切，女子阴。"至迟元代已有文献用例。关汉卿《蝴蝶梦》第 3 折："（带云）张千，（唱）等我毹你奶奶歪屄！"《姑妄言》第 6 回："妇人阴物一名曰牝，通称曰屄。"《醒世姻缘传》第 19 回："脱不了是个人，上头一个嘴，下头一个屄，胸膛上两个奶头。"《野叟曝言》第 68 回："离了屄、卵两件，是总不算的！"词义泛化，有时也指雌性动物的外生殖器。《笑林广记·善对》："有游湖者，见岸上有儿马厥物伸出，因同行中一友善对，乃出对曰：'游湖客偶睹马屌。'友即回对曰：'过江人惯夤牛屄。'""屄"还可用作詈骂秽词。《金瓶梅》第 75 回："没的扯那屄淡！有一个汉子做主儿罢了。你是我婆婆？你管着我？我把拦他，我拿绳子拴着他腿儿不成？"《醒世姻缘传》第 52 回："我没见天下饿杀了多少寡妇老婆，我还不守他娘屄寡哩！"《红楼梦》第 60 回："你没有屄本事，我也替你羞。"《辞源》（第三版）未收"屄"条，《汉语大词典》已收，但仅列"女性外生殖器"义，义域偏窄，且未列书证。①《汉语大词典订补》未对义项、释语进行补订，仅补例（4）为孤证②。王锳增补《醒世姻缘传》第 52 回、《红楼梦》第 59 回为书证③，亦迟。《近代汉语大词典》"屄"条列有两义，一为"女性生殖器，阴户"，引《红楼梦》《绿野仙踪》为书证④，义域偏窄，书证偏晚；一为"骂人秽词"，引《红楼梦》《醒世姻缘传》为书证，稍晚。

　　"屄"有的文献写作"毴"。明朝徐霖《绣襦记·教歌》："你开口就是毴养的，闭口就是毴养的！我是毴养的，难道你是屁股里撒出来的？"《白雪遗音·卷一·逛庙》："他不依，磨快了刚刀把毴割吊，饭碗也砸了。"《沪谚外编·隐语》："蚌壳上刻花——雕毴。"⑤ 薛理勇指出，旧沪语常以河蚌隐指女子生殖器，"雕毴"

①　罗竹风主编：《汉语大词典》卷 4，汉语大词典出版社 1989 年版，第 27 页。
②　汉语大词典编纂处：《汉语大词典订补》，上海辞书出版社 2010 年版，第 419 页。
③　王锳：《〈汉语大词典〉商补》，黄山书社 2006 年版，第 103 页。
④　许少峰编：《近代汉语大词典》，中华书局 2008 年版，第 84 页。
⑤　胡祖德：《沪谚·沪谚外编》，上海古籍出版社 1989 年版，第 149 页。

即"刁屄",多用于骂小气而又阴刁的女子。① 王鲁彦《阿长贼骨头》第3章:"'滚开!屄东西!'阿才睁着凶恶的两眼,骂了起来,提起酒杯就往阿梅的身上摔了过去,泼得阿梅的缎袄上都是酒。"彭鹏飞《离奇的重逢》第6回:"这里是日屄滩,人说日屄滩,日屄滩,不日屄的有船翻。"上述各例"屄"均指女阴。《汉字标准字典》:"屄,女性生殖器。"② 与"屄"相似,"屄"也可用作詈骂秽词,如《金台全传》第25回:"屄你的娘,倘或没有人来买,岂非赔饭入工夫么?"又第38回:"牛妻道:'路倒尸,囚屄啊叫得的?'"《辞源》未收"屄"条③,"屄"条《汉语大词典》引《白雪遗音》为孤证④,偏晚。

五　不好

(1)还是禹明吾开口说道:"咱昨日在围场上,你一跳八丈的,如何就这们<u>不好</u>的快?想是脱衣裳冻着了。"(第2回,第31页)

(2)(珍哥)又走到后边计氏门边道:"姓计的,我害<u>不好</u>,多谢你去看我!我今日怎的也起来了,我如今特来谢你哩!"(第2回,第34页)

(3)晁大舍道:"家中奶奶<u>不好</u>,今日起不成身,害得出这二月去,另择吉日起身哩。他若肯等,叫他等着;他若不肯等候,将那定钱交下,叫他另去揽脚。咱到临时另雇。"

① 薛理勇:《上海闲话》,上海社会科学院出版社2000年版,第308页。
② 许嘉璐主编:《汉字标准字典》,辽宁大学出版社2001年版,第382页。
③ 何九盈、王宁、董琨主编:《辞源》(第三版),商务印书馆2015年版。
④ 罗竹风主编:《汉语大词典》卷6,汉语大词典出版社1990年版,第1012页。

（第5回，第64页）

（4）后来为那写书说分上的事，按院火绷绷的待要拿问；家父又正害身上<u>不好</u>，顾不的，只得舍了家父往河南逃避。（第41回，第580页）

（5）童奶奶道："我变了几两银子，待来还老公；又寻了几个佛手柑与老公进鲜。俺家里一行好好的，拿倒地就害<u>不好</u>，自己来不的。我怕几两银子极极的花费了，两个果子淹淹了，我说：'等不的你好，我自家送去罢。'待叫这孩子来，怕他年小不妥当。"（第71回，第973页）

上述5例"不好"指"生病，（身体）不舒服"。在双峰方言中，"不好"也常做"生病，身体不舒服"的委婉语。例如：三妹唧不好，去读不得书，怕要耗老师请个假哒要得呀（三女儿身体不舒服，不能上学，给老师请个假才好吧）？《醒世姻缘传》与双峰方言中的"不好"一词如出一辙。

按，"不好"作"生病，（身体）不舒服"解最迟唐代已见。刘肃《大唐新语·友悌》："（高宗）敕诸长史曰：'朕四体不好，百司奏事可共元常平章以闻。'其委任如此。"元明仍然沿用。吴昌龄《张天师》楔子："张千云：'有个相公染病，请你看一看。'净云：'你那病人不好几日了？'张千云：'不好七日了。'"《金瓶梅》第17回："不好了一场，险不送了性命。"《汉语大词典》"不好"条"不舒服，指生病"义首引吴昌龄《张天师》第二折为书证①，似偏晚。

---

①　罗竹风主编：《汉语大词典》卷1，上海辞书出版社1986年版，第411页。

六 吃

（1）（苏锦衣）又分付了一个承值拿了许多花炮，陪伴晁书<u>吃</u>酒。（第5回，第71页）

（2）两个勉强<u>吃</u>了几杯酒，千万央了差人许他两个在一床上睡了。（第13回，第190页）

（3）那个半老女人道："那位溺尿的相公照着闺女溺尿罢了，还敢回来看人？请进来<u>吃</u>茶。"（第37回，第520页）

（4）狄希陈<u>吃</u>过茶，丫头接了茶盅进去。（第50回，第696页）

普通话说"喝（饮）茶""喝（饮）酒"，《醒世姻缘传》则通常说"吃茶""吃酒"，上述4例均其证。据我们初步统计，《醒世姻缘传》"吃茶"用例不下8次、"吃酒"用例不下15次，"喝茶""喝酒""饮茶"之类说法反而不多。双峰方言也通常说"吃茶""吃酒"，少说"喝（饮）茶""喝（饮）酒"。例如：吃杯茶哒啰，急么子咯嘞，还闷早嘞（喝杯茶吧，急什么呢，还很早呢）。

按，"吃"表"喝，饮"义至迟唐代已见。张鷟《朝野佥载》卷一："天后时，谣言曰：'张公吃酒李公醉。'张公者，斥易之兄弟也；李公者，言李氏大盛也。"《敦煌变文·八相变文》："目连见阿娘吃饭成猛火，吃水成猛炎，拍胸臆，悲啼号哭。"《入唐求法巡礼行记》卷二："主人从来发心，长设斋饭，供养师僧，不限多少。入宅不久，便供饭食，妇人出来，慰客数遍，斋了吃茶。"显然，《醒世姻缘传》、双峰方言与上述用法一脉相承。需注意的是，在双峰方言中，"吃酒"还可以专指"喝喜酒"。例如："印俚叔唧只屋圆垛，印俚姐姐吃酒去哩（我叔叔的新房子上梁，我姐姐喝上梁酒了）。"又，"有个邻舍今日结婚，印俚娘吃酒去哩（有位邻居今天结婚，我母亲喝喜酒去了）。"又，"印俚外公今日子满八十，印俚下要去吃酒（我外公今天80岁生日，我们都要去喝寿酒）。"此类用法《醒世姻缘传》似无用例。

七　打呼噜

（1）那猫吃得饱饱的，闭着眼，朝着那本经睡着打呼噜。（第6回，第84页）

（2）你细听来，他却不是打呼噜，他是念佛，一句句念道"观自在菩萨不住。"（第6回，第84页）

（3）周龙皋不知真醉假醉，靠在椅背上打呼噜。（第72回，第995页）

上述3例"打呼噜"意为"打鼾"，即熟睡时发出粗重的呼吸声，"呼噜"模拟打鼾声。在双峰方言中，"打呼噜"也是"打鼾"的意思。例如：他困眼闭总是打呼噜，声音闷大（他睡觉总是打鼾，鼾声还挺大）。

按，从"打呼噜"首见于《醒世姻缘传》，其后多见，如《施公案》第116回："施公暗瞧天保离炕，心下着忙，身已无主，却也轻轻的起身，慢慢的走到炕后面蹲着，口中仍不住了打呼噜。"《康熙侠义传》第168回："那只羊一喘气，好像人打呼噜似的。"《雍正剑侠图》第58回："他唯恐雷烟在外头没走，便假装打开呼噜了。他一边打呼噜，一边揭开被子把衣服穿好了。"

《三侠剑》第 1 回:"工夫不见甚大,即听西暗间贾明打呼噜,说睡语:'小子,为什么抢人家小媳妇? 我抽你大嘴巴子!'"《汉语大词典》已收"打呼噜",引峻青《海啸》为孤证①,过晚。

八 打抢

(1) 姜副使又把当日晁知州死后,族人怎样<u>打抢</u>,徐县公经过怎样问断,亲自叫老娘婆验看,叫人报喜起名,前后细说了一遍。(第 47 回,第 650 页)

(2) 你这一生好<u>打抢</u>人家的绝产,卖人家的老婆,那会子,你老婆不是叫人提溜着卖了,就是叫人抢绝产唬的走了,他还敢抬你哩!(第 53 回,第 738 页)

(3) 刘振白吆喝道:"了不的! 那里这们红头发野人,敢在京城里撒野! 亏你是兵马司皂隶,还不知道法度! 有理的事,你讲;要讲不来,放着衙门你告,那里放着你<u>打抢</u>! 我的儿子是这铺的总甲,没在家里;要是儿子在时,拿你吊在铺里。察院恼的是你<u>打抢</u>,你还不住了手哩!"(第 80 回,第 1102 页)

(4) 只见七八个穿青衣的公差,走近前来站住,看那些人嚷骂了一阵,说道:"果真如此,刑厅吴爷叫来请相公们去,有话合吴爷去讲,不要在此<u>打抢</u>!"(第 99 回,第 1370 页)

上述 4 例"打抢"指"抢夺,抢掠","打"为前缀。在近代汉语中,这样的词语并不少,如"打睡""打扫""打理""打

---

① 罗竹风主编:《汉语大词典》卷 6,汉语大词典出版社 1990 年版,第 316 页。

探"等。在双峰方言中，"打抢"也是"抢夺，抢掠"的意思。例如：他俚四五只溜子在邵东兀边短路打抢，耗滴警察抓起哩（他们四五个溜子在邵东那边拦路抢劫，被警察抓住了）。

按，"打抢"明代已很常见。《明实录·神宗实录》卷127："先是陕西宜君县回民田守岩等与乾州民赵进忠等游食三水县，因而打抢乡民，劫杀过客，官兵袭至，遂擒进忠。"余自强《治谱·卷四·审讼勿夜·听讼二》："又如赵甲告钱乙田土事，又诬之打抢，事虚，即并其田土，不问，可乎？"祁彪佳《甲乙日历（上）》："（甲申岁九月二十三日）又审常熟打抢一起，将奸人痛责之。"《醒世恒言》卷34："虽然告他白日打抢，总是人命为重，只怕抵当不过。"《型世言》第2回："因屋坍压死，你图赖他，阖家去将他打抢。"《东度记》第90回："虽说我出家人没处使费，却也不甘与众人挟骗打抢。"《包公案·卷九·鹿随獐》："山凹有一人家姓张，兄弟二人，名禄三、禄四，假以砍柴为名，素行打抢，遇有孤客，便起歹意。"《梼杌闲评》第4回："黑夜打抢，与强盗何异？"皆其证。《汉语大词典》《近代汉语大词典》①均收"打抢"，但首证都是《红楼梦》，偏晚。《汉语大词典订补》增补明顾起元《客座赘语·莠民》为书证②，甚是。

九　翻盖

（1）典史带了工房逐一估计，要从新垒房翻盖，乘机先与珍哥盖了间半大大的向阳房子：一整间，拆断了做住房；

---

① 罗竹风主编：《汉语大词典》卷6，汉语大词典出版社1990年版，第328页；许少峰编：《近代汉语大词典》，中华书局2008年版，第360页。
② 汉语大词典编纂处：《汉语大词典订补》，上海辞书出版社2010年版，第681页。

半间，开了前后门，做过道乘凉。（第 14 回，第 203 页）

（2）若武城县里有那正印官常到监里走过两遭，凡是看在眼里，谁敢把那不必修理的女监从新翻盖？谁敢把平白空地盖屋筑墙？谁敢把外面无罪的人任意出入？（第 14 回，第 204 页）

（3）（狄希陈）又将原旧祖房拆了，尽行翻盖，也要算计将那马棚后面石槽底下那埋的五千两银子掘他出来。（第 100 回，第 1387 页）

双峰方言"翻盖"指"拆掉旧房子，再选用原有的材料，在原有的房基上重新把房子盖起来"。用此义去理解上述 3 例，均文从字顺。看来，双峰方言中的"翻盖"与《醒世姻缘传》一脉相承。

按，"翻盖"最迟宋代已经使用，刘克庄（1187—1269）就曾撰写《昭慈圣献皇后上宫等处翻盖修整奏告表文》《昭慈圣献皇后下宫等处翻盖修整奏告迁神御表文》《成恭皇后恭淑皇后上宫翻盖殿宇龟头奏告表文》① 等。《汉语大词典》已收"翻盖"条，释为"翻造"，引《西游记》为孤证②，过晚。"翻造"条《汉语大词典》列有三义：其一为"指改建建筑物"，其二为"改作"，其三为"翻印"。"翻盖"仅与"翻造"第一义义近，用"翻造"释"翻盖"不确。

---

① 曾枣庄、刘琳主编：《全宋文》（第 332 册），上海辞书出版社、安徽教育出版社 2006 年版，第 333、334、337 页。
② 罗竹风主编：《汉语大词典》卷 9，汉语大词典出版社 1992 年版，第 690 页。

十　浑深

（1）我们这两家姑娘可是不怕人相，也难说比那月里红鹅，<u>浑深</u>满临清唱的没有这么个容颜，只是不好叫大官人自己看的。（第 18 回，第 255 页）

（2）我破着活不成，俺那汉子<u>浑深</u>也不饶过你，叫你两个打人命官司。（第 19 回，第 275 页）

（3）素姐到此也便不敢怎么，只说得几声："你去，你去！<u>浑深</u>你的妗子管不得你一生，你将来还落在我手里！"（第 61 回，第 836 页）

（4）素姐道："你去对爹说，你说下来了，我有好到你；你要说不下这事来，你<u>浑深</u>也过不出好日子来。"（第 68 回，第 940 页）

上述 4 例中的"浑深"是副词，意为"反正，横竖"，强调在任何情况下都不改变结论或结果。双峰方言也使用该词，义同《醒世姻缘传》。例如：听卬么咯劝滴咯，他浑深要去（任凭我怎么劝说，他横竖要去）。

按，表"反正，横竖"义的"浑深"首见于《醒世姻缘传》，其他白话作品也偶有用例，如《九尾龟》第 52 回："县大老爷又道：'你既然不肯供招，本县一天到晚的公事甚多，哪有工夫问你？浑深你是臬宪解来的人，且待本县去禀复了朱大人再来问你。'"有时亦作"浑身"，如《醒世姻缘传》第 32 回："抗着咱那谷，不希罕使他的！看我饿杀不！留着咱秋里阴枣麸，也浑身丢不了。晁淳，晁凤，咱留着慢慢的算帐，再看本事！"又第 36

回："破着我再替你当四五年家，你浑身也历练的好了，交付给你，也叫我闲二年，自在自在。"《汉语大词典》"浑身"条①未及"反正，横竖"义。

十一　搅用

（1）（丁利国）从豆腐筐内取出二百多钱递与他："你且到家买几升米做饭吃了，待我先回去与你收拾一所书房，招几个学生，一年包你十二两束脩。再要不够你搅用，我再贴补你的。"（第 27 回，第 378 页）

（2）（狄希陈）即忙收拾行李，叫狄周往骡店里顾觅长骡，托丈母将寄姐合珍珠并一切带不了的衣服俱照管回去，留下了几十两银子与寄姐搅用，别的余银交寄姐收贮，等选官时好用。（第 76 回，第 1041 页）

（3）狄希陈把地土租了与人，叫人纳租与素姐搅用；托了丧间欠人账目无钱可还，要粜稻子变钱。（第 76 回，第 1046 页）

（4）郭氏将晁无晏的衣裳，单夹的叠起放在箱中，棉衣拆了絮套一同收起；粮食留够吃的，其余的都粜了银钱，贬在腰里；锡器化成锭块，桌椅木器之类只说家中没的搅用，都变卖了钱来收起；还说家无食用，把乡间的地每亩一两银，典了五十亩与人，将银扣在手内。（第 53 回，第 739 页）

例（1）—例（3）"搅用"是动词，指"使用，开支日常生活

---

①　罗竹风主编：《汉语大词典》卷 5，汉语大词典出版社 1990 年版，第 1520 页。

费用"。例（4）"搅用"与下文的"食用"一样，活用为名词，充当"没的"的宾语，指"用来开支日常生活费用的银钱"。双峰方言"搅用"通常用作名词，指"日常生活费用"。例如：卬俚屋里只有四个人，一个月咯搅用也要六七百块钱（我们家只有四口人，一个月的日常花费也要六七百元）。在清代，也可做动词，指"开支日常生活费用"。清曾国藩《谕纪泽（同治八年二月初一夜）》："回家有两不便处：一则湘中与保定两处搅用，无骨肉团聚之乐；二则尔专管家务，恐慌学业，纪鸿亦不免南北奔驰。"①

按，《元明清文学方言俗语辞典》释"搅用"为"日常生活的费用"，引例（2）为书证②，书证与词义不合。民初《清稗类钞·诙谐类·塾师寄妇诗》："每日堆花要半斤，灯油烟酒并开荤。算来搅用非轻恕，一百铜钱缺数文。"该例"搅用"也是用来指开支日常生活费用的银钱。《红楼梦》《新新外史》等清代或民国小说曾使用"嚼用"一词，指吃、穿等日常生活费用。《红楼梦》第 10 回："你这二年在那里念书，家里也省好大的嚼用呢。"同上："若是站不住，家里不但不能请先生，反倒在他身上添出许多嚼用来呢。"《〈红楼梦〉辞典》："【嚼用】即吃的、用的东西。"③ 近是。《新新外史》第 3 回："彦樱子见问，不觉脸上一红，迟迟梗梗的答道：'除去我的嚼用，大约家里剩了不足五百

---

① 1811 年（嘉庆十六年），曾国藩出生于湖南长沙府湘乡县荷叶塘白杨坪（今湖南省娄底市双峰县荷叶镇大坪村）的一个普通耕读家庭。该例引自《曾国藩全集》（修订版）第 21 册，岳麓书社 2011 年版，第 506 页。

② 岳国钧主编：《元明清文学方言俗语辞典》，贵州人民出版社 1998 年版，第 1397 页。

③ 杨天戈：《说"兀"》，《中国语文》1980 年第 5 期。

块钱，连妹妹的十分之一还不足呢。'"《清末民初历史演义》第24 回："幸亏大成的岳家金姓是汉城著名的财主，不时送过银钱来，供他婆媳母子的嚼用。"现代汉语方言也有用"嚼用"者，如南京方言："嚼用：日常开销。"① 慈溪方言："嚼用：生活费用。"②"嚼用"与"搅用"音近义通。"搅用"条《汉语大词典》未收，《汉语大词典订补》已补，但仅列动词义："花费，开销"，引例（1）、例（3）为书证③；"嚼用"条《汉语大词典》已收，仅引《红楼梦》为孤证④。

十二　绝户

（1）晁书道："倒也不是为你们。奶奶说：他干这样刻毒短命的事，那有长命在世的理？不如趁有他的时节，好叫他发送到正穴里面去，省得死在他后边，叫人当绝户看承。这奶奶还不晓得把你们的银子衣裳都挤了个罄净。你那银子共是多少？"（第 16 回，第 233 页）

（2）晁夫人道："这几件衣服能使了几个钱，只这些人引开了头儿就收救不住，脱不了我这个老婆子叫他们就把我拆吃了！打哩天爷可怜见，（春莺）那肚子里的是个小厮，也不可知，怎么料得我就是绝户！我就做了绝户，我也只喂狼不喂狗！"（第 20 回，第 286 页）

---

① 孙华先：《〈南京字汇〉中的〈官话类编〉词汇》，世界图书出版公司 2013 年版，第 159 页。
② 孙俊、孙永苗、孙挺编著：《慈溪方言》，新华出版社 2014 年版，第 78 页。
③ 汉语大词典编纂处：《汉语大词典订补》，上海辞书出版社 2010 年版，第 748 页。
④ 罗竹风主编：《汉语大词典》卷 3，汉语大词典出版社 1989 年版，第 355 页。

据第 12 回"晁源有个胞妹",第 20 回"别说他有闺女"等语可知,晁夫人有一个女儿。晁夫人在有女儿的情况下,却担心自己的儿子晁源死了,"叫人当绝户看承",可见例(1)中的"绝户"当指没有男性直系后代的人家。再看例(2),只有春莺生下个小厮(男孩),晁夫人才不会成为众人所说的"绝户";反之,若生个女孩,则成了"绝户"。由此看来,"绝户"当指没有男性直系后代的人家。双峰方言"绝户(绝代)"也指没有男性直系后代的人家。例如:米四屋里三代嗻只有根独苗,要是他不生个崽,就绝搞户哩(米四家三代单传,如果他不能生个儿子,就绝后了)。

按,称"没有男性直系后代的人家"为"绝户"至迟宋元已见。北宋张奎《乞严禁骚扰役人奏(庆历五年二月二十一日)》:"今一都人户之税租皆欲取办,有所谓逃户之产、绝户之产、诡名挟户之产。"《宋史·食货志下一》:"索盗赃则不偿失主,检财产则不及卑幼;亡僧绝户,不俟核实而入官;逃产废田,不与消除而抑纳;他如此类,不可偏举。"高茂卿《两团圆》第 2 折:"你是我亲姐夫,借一具牛,便不肯借与我,倒骂我做绝户。"《汉语大词典》"绝户"列有二义,第二义为"指无后嗣之家",引平步青(1832—1896)《霞外捃屑·里事·鲁谦庵通政》为首证①,过晚。《汉语大词典》释义亦似不确,女儿也是"后嗣",但据《两团圆》《醒世姻缘传》与双峰方言,只有女儿没有儿子者也算"绝户"。

---

① 罗竹风主编:《汉语大词典》卷 9,汉语大词典出版社 1992 年版,第 834 页。

十三　快性

（1）童奶奶道："这手段要好，是不消说第一件了，可也还要快性，又要干净。要空做的中吃，半日做不出一样子来，诓的客们冷板凳上坐着，这也是做哩？再要不蹓里蹓躓的，这也叫是做哩？"（第55回，第761页）

（2）你这们涎不痴的，别说狄大嫂是个快性人，受不的这们顿碌，就是我也受不的。（第64回，第85页）

例（1）"快性"指动作迅疾，例（2）指急性子。双峰方言"快性（子）"也有两种用法。例如：快性滴唧做，天噷快黑哩（快点儿做，天都快黑了）。此例指动作迅疾。又如：她是个快性子人，讲做就做，点哆不会拖（她是个性子急躁的人，说做就做，一点都不会拖拉）。此例指急性子。

按，"快性"最迟南北朝已见。南朝梁何逊《答高博士》："为宴得快性，安闲聊鼓腹。"唐卢仝《扬子津》："鹏腾鳌倒且快性，地坼天开总是闲。"此2例犹"快意"。元代马致远《任风子》第3折："兄弟，咱宰一个牲口儿，与他个快性者！"《跻春台·卷三·比目鱼》："大老爷能容我，天老爷不能容我，还望大老爷免我刑杖，与我一个快性，到阴间一下受刑，也就沾恩了。"此2例犹"迅疾"。宋洪迈《夷坚支志·癸·连少连书生》："东里萧家有小娘子，姿色绝艳，如神仙中人。慕秀才容仪，请于父母，愿为夫妇，使我来达意。其家快性，才说便要成，幸勿迟缓。"《水浒传》第24回："奴家平生快性，看不得这般三答不回头，回答和身转的人。"此2例指急性子。顾学颉、王学奇释"快

性"为"犹言爽利、痛快"①。近是。《元曲百科大辞典》释为
"指杀人，杀生一下子致命"，书证为《赵李让肥》第 3 折："太
仆，小生来了也。与个快性，杀杀杀。"② 似有随文释义之嫌。揣
摩文意，该例"快性"也当指"迅疾"。《汉语大词典》"快性"
条③"迅疾"义引马致远《任风子》第 2 折为首证，甚好；"快
意"义引何逊《答高博士》为孤证，不妥；"急性子"义引《水
浒传》第 24 回为孤证，偏晚。

十四 茅厮

那些婆娘晓得要去拿他，扯着家人媳妇叫嫂子的，拉着丫
头叫姐姐的，钻灶突的，躲在桌子底下的，妆做仆妇做饭的，
端着个马桶往茅厮里跑的，躺在炕上吊了鬏髻盖了被妆害病
的，再也不自己想那些个丫头养娘被他打的打了，踩的踩了，
那一个是喜欢你的，肯与你遮盖？（第 20 回，第 291 页）

双峰方言一般把"厕所"说成"茅厮"，"上厕所"则说"到
茅厮里去"。上例"茅厮"前有"马桶"照应，亦当指"厕所"。

按，"茅厮"指"厕所"至迟宋代已见。《大随南堂元静禅师
语录》："有一老宿垂语云：'十字街头起一间茅厮，只是不许人
屙。'僧举以叩师。"④ 武汉臣《散家财天赐老生儿》第 3 折："你

---

① 顾学颉、王学奇：《元曲释词（二）》，中国社会科学出版社 1984 年版，第
291 页。

② 卜键主编：《元曲百科大辞典》，学苑出版社 1992 年版，第 84 页。

③ 罗竹风主编：《汉语大词典》卷 7，汉语大词典出版社 1991 年版，第 437 页。

④ 林世田点校：《禅宗经典精华》卷 15，《历代禅师语录（后集）》，宗教文化出
版社 1999 年版，第 1039 页。

这傻厮，这是开茅厮门的。"秦简夫《东堂老》楔子："你偏不知我的性儿，上茅厮去也骑马哩。"明清沿用。孙梅赐《琴心记》第 17 出："嗏，茅厮里面裹出快活粪。"《型世言》第 10 回："船中内眷都捉队儿上岸，上茅厮中方便。"《红楼梦》第 94 回："大家头宗要脱关系，二宗听见重赏，不顾命的混找了一遍，甚至于茅厮里都找到。""茅厮"也作"毛厮"。《西游记》第 67 回："八戒道：'是那家淘毛厮哩，臭气难闻！'"《姑妄言》第 3 回："我才到毛厮上去倒净桶，不妨每常在我们家的那个竹相公在哪里溺尿，撞了一个满怀。"《缀白裘·卷二·请师》："（付）勒，这道符贴在毛厮上。（旦）嗳！毛厮上嘿也要贴符？（付）你那里晓得，妖怪也要登东的哟？他见了我这符，就不敢登东，胀也胀死了他哩。"《跨天虹》卷 5 第 2 则："静空接口道：'就是我方才毛厮里出恭的时节。'"四川方言似也作"毛厮"。如《乞丐皇帝》："昨夜晚王出宫惹场大祸，偷红苕把王的背篼撵落。主人家带起人四面逮我，将寡人追至在毛厮角角。"脚注"毛厮"释语为"四川方言，即厕所。"①《汉语大词典》收"茅厕""毛司"，未收"茅厮""毛厮"。

十五 女人家

（1）晁大舍道："你一个<u>女人家</u>，怎好插在男人队里？且大家骑马，你坐了轿，如何跟得上？"（第 1 回，第 19 页）

（2）一个<u>女人家</u>屈枉他别的好受，这养汉是什么事，不叫人着急?!（第 10 回，第 143 页）

---

① 邹忠新、司空册：《金钱板传统书帽选》，四川人民出版社 1984 年版，第 104 页。

（3）一个<u>女人家</u>有什么胆气，小的到他门上澎几句闲话，他怕族人知道，自然给小的百十两银子，买告小的。（第47回，第660页）

（4）你承头的不公道，开口就讲什么偏，我虽是<u>女人家</u>，知不道什么，一象这个"偏"字是个不好的字儿。（第22回，第319页）

（5）这是你终身之事，又没了你爹爹，你兄弟又小，我终是个女人家，拿不定主意，说不的要你自己几分主张。（第75回，第1036页）

上述5例中的"女人家"均指女人，含贬义，"家"为后缀。在双峰方言中，"女人家"用法与《醒世姻缘传》相类似。例如：赚钱养家是滴男人家咯道路，洗衣做饭是滴女人家咯道路（赚钱养家是男人的事，洗衣做饭是女人的事）。｜印是只女人家，不大晓得讲话，讲错哩嗯俚莫见怪（我是个妇女，不太会说话，说错了你们别见怪）。

按，"女人家"指成年女子，特指已婚者，《汉语大词典》未录此条。该词至迟宋元已见。《快嘴李翠莲记》："员外见说，大怒曰：'女人家须要温柔稳重，说话安详，方是做媳妇的道理。那曾见这样长舌妇人！'"[①]《萧淑兰》第1折："（张世英云）女人家不遵父母之命，不从媒妁之言，廉耻不拘，与外人交言，是何礼也！"《不伏老》第3折："众人到遣人家去安下，要他男子汉

---

① 《宝文堂书目》（明代嘉靖年间晁瑮编的藏书目录）著录的宋元话本名录中有《快嘴李翠莲记》，胡士莹《话本小说概论》（中华书局1980年版）将其定为宋人小说话本。

闸草喂马，女人家补衲袄鞴鞋。"《白兔记》第 10 出："（净）我是男子汉，不晓得。你是女人家，晓得许多事体。"明清亦不乏其例。《封神演义》第 18 回："马氏笑曰：'子牙，你说的是失时话。现成官你没福做，到去空拳只手去别处寻……如今多少大小官员，都是随时而已。'子牙曰：'你女人家不知远大。天数有定，迟早有期，各自有主。你与我同到西岐，自有下落。一日时来，富贵自是不浅。'"《西洋记》第 46 回："老爷沉思了半会，说道：终不然都是个女人家？'夜不收道：'小的也不认得是女人不是女人，只见他：汗湿红妆花带露，云堆绿鬓柳拖烟。恍如天上飞琼侣，疑是蟾宫谪降仙。'"《二刻拍案惊奇》卷 3："白氏女人家性子，只护着自家人，况且京师中人不知外方头路，不喜欢攀扯外方亲戚，一心要把这丹桂许与侄儿去。"《官场现形记》第 29 回："大众又赶上前去一看，谁知竟是一条女人家结的汗巾，大约亦是同相好换错的。"双峰方言"女人家"还用来指称"妻子"，盖从前述意义引申而来。例如：卬要嗯俚只女人家来，结果嗯个只男人家来哩，嗯俚只女人家呢（我要你老婆来，结果你这个男人来了，你老婆呢）？作此义解的"女人家"《醒世姻缘传》及其余明清白话文献似乎不见用例。

十六　屁眼

（1）他听见了，瓜儿多，子儿少；又道是怎么合人擦肩膀，怎么合人溜眼睛；又是怎么着被人拟屁眼，怎么被人剥鞋。（第 2 回，第 26 页）

（2）先生之肚又愈疼难忍，觉得那巴巴已钻出屁眼来一

般，叫人去推那厕门，他也妆起肚疼，不肯拔了闩关，且把那肩头抗得那门樊唅也撞不进去。（第33回，第470页）

上述2例"屁眼"指"肛门"。双峰方言也有类似用法。例如：天妹唧屁眼里下是屎，一冇刮干净（天妹唧肛门里全是屎，根本没有擦干净）。

按，表"肛门"义的"屁眼"至迟元代已见。《救孝子》第2折："（令史喝云：）噤声！老弟子说词因，两片嘴必溜不剌泻马屁眼也似的。俺这令史有七脚八手？你慢慢的说！"《渔樵记》第2折："（旦儿云）娘子、娘子，倒做着屁眼底下穰子！夫人、夫人，在磨眼儿里。"《鸳鸯被》第2折："刘员外云：'把我口当他的屁眼。'道姑云：'我昨夜晚间，我去人家点照去了。我着徒弟等着，你怎么不曾来？'"《西游记》第21出："（行者）我原有心来，屁眼宽阿掉了也。（贫婆云）这胡孙无理。"《汉语大词典》已收"屁眼"条，引《水浒传》为首证[1]，略晚；《汉语大词典订补》增补杨暹《西游记》第9出为书证[2]，甚是。

十七　强梁

（1）计氏虽然平素恃娇挟宠，欺压丈夫，其外也无甚大恶。晁大舍只因自己富贵了，便渐渐强梁厌薄起来。（第4回，第49页）

（2）季春江看在眼里，心里想到："这样一个女人，怎在山中住得？亏不尽汉子强梁，所以没人欺侮。只怕大官人

---

① 罗竹风主编：《汉语大词典》卷4，汉语大词典出版社1989年版，第12页。
② 汉语大词典编纂处：《汉语大词典订补》，上海辞书出版社2010年版，第416页。

看见，生出事来。但既已招得来家，怎好叫他又去？"没奈何叫他住了。（第 19 回，第 266 页）

（3）那明水村的居民，淳庞质朴，赤心不漓，闷闷淳淳，富贵的不晓得欺那贫贱，<u>强梁</u>的不肯暴那孤寒，却都象些无用的愚民一般。（第 24 回，第 339 页）

例（1）"强梁"指"强横凶暴"，例（2）例（3）指"勇武有力"。双峰方言"强梁"通常是"强横"之意。例如：三伢唧比二伢唧强梁得闷多（老三比老二强横得多）。

按，"强梁"一词先秦已见。《墨子·鲁问》："譬有人于此，其子强梁不材，故其父笞之，其邻家之父举木而击之。"此例"强梁"指强横凶暴。《老子》第 42 章："强梁者不得其死。"此例"强梁"指勇武有力，魏源云："焦氏竑曰：……木绝水曰梁，负栋曰梁，皆取其力之强。《金人铭》曰：'强梁者不得其死！'盖古有是语，而老子取之，故曰'我亦教之'也。"①

十八 日头

（1）这们毒<u>日头</u>，你两个没得晒么？（第 9 回，第 124 页）

（2）略略的饭不象意，打一声号，哄的散去，不曾<u>日头</u>下山，大家歇手住工。（第 31 回，第 441 页）

（3）头年里还看见<u>日头</u>是红的，今年连<u>日头</u>也看不见了，行动都由人领着。（第 49 回，第 686 页）

（4）风餐雨宿，走了二十八个<u>日头</u>，正月十四，进了顺

---

① （清）魏源：《老子本义》（下篇），《魏源全集》（第 2 册），岳麓书社 2004 年版，第 697 页。

城门，在河槽边一个小庵内住了，安顿了行李。（第 5 回，第 67 页）

（5）客人散了酒席，一个帖子送到武城县，二十个大板，一面大枷枷在十字街上，足足地枷了二十个<u>日头</u>，从此才把他这坐席的旧规坏了。（第 51 回，第 704 页）

（6）你只除了今生再不作恶，切忌了杀生害命，若前世的冤家，已是与你打发尽了，你可从此回去，算计往后过好<u>日头</u>的道理。（第 100 回，第 1387 页）

双峰方言"日头"有两种意思，一是指太阳，如："下界 5 点钟哩，还日头晒死哩（下午 5 点钟了，太阳还很晒人）"。例（1）例（2）例（3）"日头"用法同此。二是指白天，多指晴天，如："滴谷晒搞两只日头哩，应该糟搞哩（这些稻谷晒了两个晴天，应该很干燥了）"。例（4）例（5）例（6）"日头"用法同此。

按，"日头"指"太阳"，最迟唐代已见。张鹭《朝野金载》卷 4："暗去也没雨，明来也没云。日头赫赤赤，地上丝氲氲。"吕洞宾《长短句》："醉后吟哦动鬼神，任意日头向西落。"寒山《以我栖迟处》："午时庵内坐，始觉日头曒。""太阳"义引申，即得"晴天"义，泛指"日子（天）"，宋元时期已有该义。曾敏行《独醒杂志》卷 7："兀尤果自将兵至，遣数骑直来索战，谓城上人曰：'你只活得一个日头！'"《新编五代史平话·梁史平话卷上》："虞舜征伐三苗，在两阶田地里舞着干羽，过了七十个日头，有苗归服。"《董西厢》卷 1："没一个日头儿心放闲，没一个时辰儿不挂念，没一个夜儿不梦见。"《快嘴李翠莲记》："猛听得外面人说话，不由我不心中怕；今朝是个好日头，只管嘟噜嘟噜说什么。"《货郎旦》第 2 折："你途路上驱驰，我村疃里淹留。畅道你父亲此地身亡，你是必牢记着这日头。大厮八做个周年，分甚么前和后。那时节遥望着西楼，与你爷烧一陌儿纸，看一卷儿经，奠一杯儿酒。"以上诸例"日头"皆指"日子"。

十九　堂客

（1）适值一个孔举人，原是晁家的亲戚，家里有了丧事。晁家既然计氏没了，便没有堂客去吊孝，也自罢休。（第 11 回，第 151 页）

（2）到了四月二十四日，开了丧，凡系亲朋来都来吊丧，各家亲朋堂客也尽都出来吊丧。（第 18 回，第 261 页）

（3）后来，两家越发通家得紧，里边堂客也都时常往来，狄希陈也常跟了狄员外到薛教授铺中玩耍，也往他后边去。（第 25 回，第 361 页）

（4）那日皎月色，又有满路花灯，晁夫人着实挽留，那些堂客们都坐到二更天气方才大家散席。（第 21 回，第 308 页）

例（1）例（2）"堂客"特指妻子，例（3）例（4）泛指妇女。前 3 例表单数，"堂客"后面不加"们"；例（4）表复数，"堂客"后面加"们"。与《醒世姻缘传》相似，双峰方言常用"堂客"指称"妻子"，"娶妻"一般说"讨堂客"，如："我俚堂客上街买东西去哩（我老婆上街买东西去了）。"用"堂客们"泛指妇女，如："兀滴堂客们七嘴八舌的，把只会搞得一团糟（那些妇女们七嘴八舌，把会议弄得一团糟）。｜兀的堂客们看上去闷细，其实有 40 多岁哩（那个妇女看起来很年轻，其实有 40 多岁了）。"

按，"堂客"本指堂上客人。《元钟墓志》（611 年刻）："堂客不空，桂罇恒满。"清代钱锡宝《宦海钟》第 11 回："媚香望他娘说道：'今天这么大雨，再有堂客我可不去了，娘想法子回报罢。'他娘笑道：'阿囡好好的陪着任大人罢，有堂客，我替你回报，本来你才好，深更半夜的，我也舍不得叫你出去。'"特指女客。《金瓶梅》第 48 回："官客祭毕，堂客才祭。"第 74 回："西门庆吩咐打发饭与众人吃，吩咐李铭三个在前边唱，左顺后边答应堂客。"第 79 回："李娇儿与玉楼陪侍堂客；潘金莲管理库房，收祭桌；孙雪娥率领家人媳妇，在厨下打发各项人茶饭。""堂客"泛化，可指妇女。《金瓶梅》第 63 回："一面吩咐后边堂客躲开，掀起帐子，领韩先生和花大舅众人到根前。"《姑妄言》第 16 回："众堂客 有更衣者，洗手者，匀脸者，点唇者，这都是奶奶的正务。"《扬州画舫录》卷 11："画舫有堂客、官客之分，堂客为妇女之称。"特指妻子。《儒林外史》第 26 回："我到家叫我家堂客同他一说，管包成就。"第 27 回："我家堂客过去，着实讲了一番。"又可特指暗娼。《歧路灯》第 80 回："当槽的打量一番，便说道：'相公今晚请个客罢？'绍闻道：'我出门的人，请什么客？'当槽笑道：'堂客。现成的有，我先引相公相看，拣中意的请。'原来此店，是个韩秀才开的。这秀才虽名列胶庠，却平生嫖赌，弄到'三光者'地位，此时专借开场诱赌，招致流娼，图房课以为生计。"程瞻庐《唐祝文周四杰传》第 37 回："苏州人侮辱人家的闺眷，骂一声堂客。"

《汉语大词典》"堂客"① 之"堂上客人"义引《元钟墓志》为孤证,"特指暗娼"义引《白雪遗音》为孤证;"女客"义首引《儒林外史》,稍晚。

二十 一大些

（1）晁奶奶问道："那半班里一大些老婆,我不记的是哪一个。"（第7回,第95页）

（2）那书办道："这银子少着一大些哩!我是十七两六钱,还有五两重的一个锞子哩!"（第23回,第337页）

（3）童奶奶后来知道,从新称羊肉,买韭菜,烙了一大些肉合子,叫了他去,管了他一个饱。（第78回,第1080页）

上述3例"一大些"犹言"许多"。双峰方言也常用"一大些"表示"许多"。例如:满饭菜煮得太多哩,还剩得一大些（中餐菜做得太多了,还剩很多没吃完）。

按,除《醒世姻缘传》外,其余清代语料也较为多见"一大些"用例,如蒲松龄《墙头记》第4回:"两个就待动手,旁里一大些人拉着。"《慈悲曲》第4回:"张炳之也没吃不下饭去,临了剩一大些。"《姑妄言》第12回:"他先见水氏赤着身子,一身紧揪揪雪白的肥肉,两个滚圆的大奶头,下身虽用手掩着,觉得鼓蓬蓬的馒头一般,一大些毛,好不动火。"《绿野仙踪》第73回:"（温如玉）乍见连城璧走来,将两个小丸子,先急急向鼻孔中一塞,次将一大些的丸子填入口中。"《红楼梦》第92回:"老

---

① 罗竹风主编:《汉语大词典》卷2,汉语大词典出版社1988年版,第1123页。

太太还没开口，你便说了一大些丧气话!"《汉语大词典》已收该条，引《醒世姻缘传》为首证。

二十一 走草

（1）再有一样歪拉邪货，心里边即与那打圈的猪，走草的狗，起骡的驴一样，口里说着那王道的假言，不管什么丈夫的门风，与他挣一顶"绿头巾"的封赠；又不管甚么儿子的体面，与他荫"忘八羔子"四个字的衔名。（第36回，第501页）

（2）及至周龙皋死后，（程大姐）放松了周九万，不惟不与为仇，反且修起好来，只是合那两哥作对。遇庙烧香，逢寺拜佛，和煽了一群淫妇，就如走草的母狗一般。（第73回，第998页）

例（1）"走草"指的是"（母狗）发情"，例（2）喻指女子不守"妇道"，如发情的母狗一般到处乱走。双峰方言"小公猪"一般说"横猪"，小母猪一般说"草猪"，公狗一般说"龙狗"，母狗一般说"草狗"，"走草"则指（狗、猫等雌性动物）发情，常喻指女子不待在家里，而是热衷于串门、溜街，含强烈的贬义色彩。例如：冗的猫要走草哩，莫恒心关在屋里（那只母猫要发情了，别总是关在家里）。｜冗的堂客们硬喜欢走草啊，吃过满饭就出去搞哩（那个妇女太喜欢串门了，刚吃完中餐就出去了）。这与《醒世姻缘传》中的"走草"一脉相承。

---

① 罗竹风主编：《汉语大词典》卷1，上海辞书出版社1986年版，第6页。

按，《尔雅·释畜》："牝曰騇。"晋·郭璞注："騇，草马名。"① 《魏志·杜畿传》："为河东太守，课民畜牸牛草马。"《晋书·凉武昭王传》："君当位极人臣，李君有国土之分，家有騸草马生白额驹，此其时也。""草"或作"騲"。南朝·梁·顾野王《玉篇》："騲，牝畜之通称。"唐·颜师古《颜氏家训·书证》："良马，天子以驾玉辂，诸侯以充朝聘郊祀，必无騲也。"《广韵·皓韵》："騲，牝马曰騲，采老切。"《蜀语》："牝马曰騲○騲、草通用，《晋书》'草马'。雌狗曰草，雌思雄曰起草。"② 章太炎《新方言》卷10："今北方通谓牝马曰草马，牝驴曰草驴。湖北以言猪，谓牝猪为草猪。"③ 騇、雌、草（騲），一声之转。

"走草"最迟明代已见，泛指动物发情，如明代陈士元《俚言解》卷2《猪走草马起骒》："走草起骒，谓求牡也。"民国二十四年（1935）《云阳县志》卷14《礼俗下·方言》："俗谓牝求牡曰走草。"孙建忠《甜甜的刺莓》八："毕兰大婶走出火塘屋，走到猪栏里看看，新近买的一头架子猪正在吃潲，槽口很好；那头草猪怕莫是走草了。"湖北五峰方言："走草，牛、猪、狗发情求偶。"④ 大约清代起，可特指母狗发情，如清桂馥《札朴·乡里旧闻》："犬求子曰走草。"《巴县志》卷5："今俗呼犬之牝者曰草狗，其牝牡求合曰走草。"⑤ 民国十七年（1928）《长寿县志》卷4《人事部·方言》："狗欲交曰走草。"《留东外史》第3章："她

---

① （晋）郭璞注：《尔雅》，上海古籍出版社2015年，第197页。
② （明）李实：《蜀语》，中华书局1985年版，第12页。
③ 上海人民出版社编：《章太炎全集》（七），上海人民出版社2014年版，第143页。
④ 阮桂君：《五峰方言研究》，华中师范大学出版社2014年版，第122页。
⑤ 向楚主编：《巴县志选注》，重庆出版社1989年版，第327页。

一出来，和狗婆子走草一样，后面总跟着一大堆油头滑脑的东西。"《陕西方言大词典》："走草：母狗发情寻偶。（宁陕、汉阴）"① "走草"或作"掉草"。《毛诗质疑》："马之交曰蹄，群牛之交曰达栏，羊之交曰欢阳，豕之交曰走食，犬之交曰掉草，皆齐语也。"② "掉"与"走"读音相近，"掉草"即"走草"。雌性动物尤其是母狗发情时，喜欢到处乱窜，双峰方言把"走草"用于人，多指喜欢串门、上街的女性，其他方言似很少有此类用法。

引申之，"走草"又可喻指女子与人性交。蒲松龄《禳妒咒》第15回："好人说的上了他道，节妇也说的解了裙，不走草叫他螫了对。"谷俊德《仗鼓红》第10章《打寮竹》："有个放牛的孩子，在草坪里偷偷看到了这一幕，红着脸边跑边喊：'拐哒喽，有人走草啦！''走草'是一个纯真苗语，指男女裸体性交。青山中立马有人回：'走你娘的草！'是谷虎骂人。苗女提着裤子叫骂：'你娘走草啦？'放牛娃向两人投了一块小石头，逃跑了。"③

《汉语大词典》"走草"条④列有两义，首义释语为"谓狗发情"，首引桂馥《札朴》为书证，第二义释语为"泛指动物发情"，失收比喻义。《近代汉语大词典》"走草"条仅列"俗称母狗发情"义，引《醒世姻缘传》为孤证⑤，稍晚。

① 熊贞主编：《陕西方言大词典》，陕西人民出版社2015年版，第547页。
② （清）牟应震：《毛诗质疑》，齐鲁书社1991年版，第313页。
③ 谷俊德：《仗鼓红》，中国文联出版社2015年版，第103页。
④ 罗竹风主编：《汉语大词典》卷9，汉语大词典出版社1992年版，第1071页。
⑤ 许少峰编：《近代汉语大词典》，中华书局2008年版，第2469页。

二十二 结语

搜集语料时，学界往往把作者的出生地或长期生活的地点或其母语形成的地点当作确定某部著作语言面貌的重要参考条件。然而，词的地域性是很难确定的，正如汪维辉所言："词的地域性之所以比时代性更难以论证，是因为词的通行地域随时在变。有些词，前代是通语词，后代降格为方言词，或者相反；有些词，前代和后代都是方言词，但是通行地域有大小，或是从甲方言词变成了乙方言词。"① 上述词语表明：今双峰方言确有不少词语《醒世姻缘传》已见。《醒世姻缘传》的作者很可能是山东人，书中怎么会使用很多以双峰方言为代表的湘方言词语呢？我们认为有以下三种可能。

第一种，作者对当时的湘方言非常熟悉，由于受到湘方言的深刻影响，写作过程中有意无意地使用了一些湘方言词语，而这些词语湘方言迄今仍然存活。

第二种，在《醒世姻缘传》的成书年代，湘方言和作者使用的方言（也许是山东方言）有许多相同的词语，而这些词语湘方言迄今仍在使用。

第三种，曾经有一段时期，与《醒世姻缘传》作者所用方言相同的大批人迁徙湖南，他们所用的方言成为湘方言词语的重要来源之一。

不管属于哪种情况，研究《醒世姻缘传》中的词汇，厘清《醒世姻缘传》所用词汇的复合性质，对汉语历史方言研究、不

---

① 汪维辉：《论词的时代性和地域性》，《语言研究》2006 年第 2 期。

同方言的沟通研究、近代汉语和现代汉语沟通研究，以及借助书中的方言资料考证小说的作者、籍贯、成书过程等，都具有十分重要的意义。早在 20 世纪 30 年代初，胡适就曾劝人用归纳比较法深入研究《醒世姻缘传》中的"方言土语"①，但因研究目的及条件的局限，仅罗列出一些类比的例子。几十年过去了，《醒世姻缘传》"方言土语"的研究已称得上硕果累累。可惜的是，很多语言研究者拘泥于《醒世姻缘传》用的是山东方言这一观点，没有注意到《醒世姻缘传》所用词汇的复合性，在一定程度上影响了更大成就的取得。

第二节　双峰方言中的含"唧"称谓词

双峰县地处湖南中部，鲍厚星、颜森把其方言归属于湘语娄邵片②，鲍厚星、陈晖把其具体到湘语娄邵片湘双小片③。在双峰方言中，有大量含"唧［·tɕi］"的称谓词。笔者出生于双峰县梓门桥镇，并曾经在那里持续生活、学习、工作 30 多年，听得懂并能讲流利、地道的梓门桥话。本节以笔者最熟悉的梓门桥话为主要依据，参照其余乡镇方言，简要论述这一问题。

---

① 胡适：《〈醒世姻缘传〉考证》，《醒世姻缘传》，（上海）亚东图书馆 1933 年版。
② 鲍厚星、颜森：《湖南方言的分区》，《方言》1986 年第 4 期。
③ 鲍厚星、陈晖：《湘语的分区（稿）》，《方言》2005 年第 3 期。

一 带"唧"缀的长辈亲属称谓词

（一）父辈亲属称谓词

双峰方言带"唧"缀的父辈亲属称谓词共有 9 个：娘唧（母亲）、爷唧（父亲）、舅唧（舅舅）、叔唧（叔叔）、姨唧（姨妈）、媎唧（父亲的姐姐）、婶唧（婶婶）、伯［po^{12}］唧（伯母）、舅姆唧（舅妈）。

上述 9 词都是由"词根 + 唧"构成的父辈亲属称谓词，背称、面称皆可，"唧"起成词作用，不可删减。令人奇怪的是，男性父辈亲属称谓词带"唧"缀的仅有 3 个，而女性父辈称谓词带"唧"缀的却有 6 个之多，发展并不平衡。其中，"娘唧""爷唧"两词一般只用于父母去世时其子女的哭述，或者用于长辈对年龄较小的晚辈的戏称。例如：

（1）印只爷唧唉，嗯么咯烂早就挪搞印俚不管哩啰（我的父亲哪，你为什么这么早就扔下我们不管啦）？

（2）嗯个只娘唧啊，莫要水嘞，把只衣衫搞湿哩冷嘞（我的娘啊，别玩水，把衣服弄湿了会很冷的）。

例（1）"爷唧"指父亲，整个句子是子女对过世的父亲的哭诉，表面上是埋怨，实则饱含对父亲过世的悲痛与怀念。例（2）"娘唧"是对一个小女孩的戏称，隐含责备、无可奈何、虽恨犹爱等复杂感情。

"舅唧""叔唧""姨唧""媎唧""婶唧""伯唧""舅姆唧"

这 7 个词的前面还可以添加排行用字或者姓名用字①，即可说"大舅唧、三伯唧、王叔唧、芳姨唧"之类。除"伯唧"面称时还可以说"伯伯［pa¹² · pa］"背称时还可以说"女伯伯"外，"舅唧""叔唧""姨唧""婿唧""婶唧""舅姆唧"这 6 个称谓词都只有这种称谓②。

除了上述称谓词外，其他父辈亲属称谓词有的是重叠式合成词，如"伯伯（伯父）、爹爹［tio⁵⁵ · tio］、嫚嫚（父亲的妹妹）"等；有的是复合式合成词，如"婿爷（父亲的姐夫）、嫚爷（父亲的妹夫）、大爷（母亲的姐夫）、大娘（母亲的姐姐）、家老子（丈夫的父亲，背称）、家娘（丈夫的母亲，背称）、干爷（岳父）、干娘（岳母）"等；还有的是附加式合成词，但词缀并非"唧"，如"姨爷子（母亲的妹夫）、丈年公（岳父，背称）、丈年婆（岳母，背称）、嗯妈（母亲）"等。

（二）曾祖辈与高祖辈亲属称谓词

此类称谓词主要有 2 个：太唧（曾祖父、曾祖母）、太太唧（高祖父、高祖母）。

双峰方言祖父辈亲属称谓词没有带"唧"缀的，如"奶奶、公公（爷爷）、大公公（爷爷的哥哥）、大奶奶（爷爷的嫂子）、细公（爷爷的弟弟）、细奶（爷爷的弟媳）、嫚奶（祖父的妹妹）、姨奶（祖母的妹妹）、外公、外婆、舅公（父母的舅舅）、舅奶（父母的舅妈）"等，要么属于重叠式合成词，要么属于复合式合成词，曾

---

① 能加姓氏的只有"叔唧"，其余 6 词前面一般不能带姓氏，只能加名字。
② 在普通话的影响下，近年已有部分年轻人开始用舅舅、叔叔、阿姨、姑妈、婶娘、伯母、舅妈等词代替上述称谓。

祖辈亲属称谓"太唧"与高祖辈亲属称谓"太太唧"却是带后缀"唧"的附加式合成词。"太唧"前面还可加"外""舅""叔"等词根,"外太唧"指外曾祖父、外曾祖母,"舅太唧"指爷爷、奶奶、外公、外婆的舅舅、舅妈,"叔太唧"指曾祖父的弟弟、弟媳。

二　含"唧"的小称词与昵称词

(一) 小称词

双峰方言带"唧"缀的指人小称词主要有 8 个:毛毛唧、细人唧、细家〔ka²⁵〕唧、伢〔ŋo¹²〕唧、妹唧、伢头细唧、妹头细唧、崽女细唧。其中,"毛毛唧"指婴儿,"唧"缀可以省略;"细人唧""细家唧"泛指小孩,"伢头细唧"指男孩,"妹头细唧"指女孩,"崽女细唧"指子女,"唧"缀都不能省略。对长辈而言,晚辈年龄再大也永远是"细人唧/细家唧/崽女细唧"。所以,"细人唧/细家唧/崽女细唧"不一定未成年。例如:

(3) 兀的几只<u>细人唧</u>下是今年子满十岁 (那几个小孩都是今年满十岁)。

(4) 他只<u>细家唧</u>读小学三年级哩 (他的小孩读小学三年级了)。

(5) 听倒讲她只大<u>细家唧</u>当搞县委书记哩,是真咯啊不是咯哒 (听说她最大的小孩当县委书记了,这是真的吗)?

(6) 兀的老人家滴<u>崽女细唧</u>下大学毕搞业哩 (那位老人的子女都大学毕业了)。

前 2 例"细人唧/细家唧"都未成年,后 2 例"细人唧/崽女细唧"都已成年。

"伢唧"专指儿子，泛指男孩，特指青年夫妇或男女朋友中的男方，如"跟三妹唧订婚兀的伢唧是哪里咯哒？（和老三订婚的那位小伙子是哪里的）""伢唧"前面还可以添加"外甥""外孙""侄脑（侄儿）""学生"等小字辈称谓词。"妹唧"专指女儿，泛指女孩，特指青年夫妇或男女朋友中的女方，前面可添加"外甥女""媳妇""侄女""学生"等小字辈称谓词。"伢唧/妹唧"用于小称时，既可以指未成年人，也可以指成年人，但年纪一般不能太大。例如：

（7）他只大**妹唧**十五岁，细**妹唧**十三岁（他的大女儿十五岁，小女儿十三岁）。

（8）他只大**伢唧**读搞博士哩，细**伢唧**读哩个高中就当兵去哩（他的大儿子读了博士，小儿子读完高中就参军去了）。

（9）中文系大四·一班有十八只**伢唧**，二十二只**妹唧**（中文系大四·一班有十八个男生，二十二个女生）。

（10）她倮只**媳妇妹唧**是个研究生（她的儿媳妇是个研究生）。

例（7）"妹唧"指女儿，例（8）"伢唧"指儿子，例（9）"伢唧"指男孩，"妹唧"指女孩，例（10）"媳妇妹唧"指儿媳妇。例（7）"妹唧"未成年，后3例中的"伢唧""妹唧"都已成年。

带有某种生理缺陷的年少者也可以加"伢唧/妹唧"表小称。例如：

(11) 兀的瞎子伢唧天天到个里讨米（那个瞎眼小男孩天天来这儿乞讨）。

(12) 兀的哑妹唧闷聪明咯（那个哑巴小女孩很聪明）。

除了构成指人小称词外，双峰方言中的"唧"缀还可以构成少量非指人小称词，如"鸟唧（小鸟儿）""树垮唧（小树枝）""下下唧（一会儿）""搣死唧（一丁点儿）""丝丝唧（一丁点儿）""斤把唧"等。

（二）小称后缀"崽唧"

表小称的双音节后缀"崽唧"可以与很多有大小之别的个体名词相结合，构成小称名词。尤其是动物名词与植物名词，几乎都能加"崽唧"表小称。例如：

(13) 人崽唧｜瞎子崽唧｜麻子崽唧｜癞子崽唧｜癫子崽唧｜矮子崽唧｜哑巴崽唧｜蛮牯崽唧（比较野蛮的小男孩）｜猛子崽唧（莽撞的小孩）

(14) 手崽唧｜脚崽唧｜屁股崽唧｜耳朵崽唧｜眼珠崽唧｜舌子崽唧｜鼻头崽唧｜辫子崽唧｜奶婆崽唧（小乳房）

(15) 黄牛崽唧｜猫崽唧｜鸡崽唧｜鱼崽唧｜蛇崽唧｜蛆崽唧｜麻雀子崽唧｜猴子崽唧｜蜈蚣虫崽唧｜麻拐崽唧（小青蛙）

(16) 萝卜崽唧｜莴笋崽唧｜茄子崽唧｜红薯崽唧｜桃子崽唧｜杉树崽唧｜竹子崽唧｜黄瓜崽唧｜辣子崽唧（小辣椒）

(17) 伞崽唧｜碗崽唧｜灯泡崽唧｜桌子崽唧｜门崽唧｜

杯子崽唧｜扣子崽唧｜灰桶崽唧｜刀子崽唧｜铲子崽唧｜锅子崽唧

（18）田崽唧｜塘崽唧｜河崽唧｜拱桥崽唧｜屋崽唧｜商店崽唧｜学堂崽唧（规模较小的学校儿）｜厂子崽唧｜亭子崽唧｜眼婆崽唧（小洞儿、小坑儿）

例（13）是指人名词，例（14）是身体部位名词，例（15）是动物名词，例（16）是植物名词，例（17）是器具名词，例（18）是处所名词。其中，例（13）所列词语除"人崽唧"外都兼有贱称意味，具有［＋不良性格］、［＋不如意标记］或［＋不合一般标准］语义特征，不太受正常人推重。根据上面列举的例子我们也不难看出，能带"崽唧"的词语大都不含修饰性语素，只有小部分带修饰性语素的词语可以带"崽唧"，如"黄牛""杉树""学堂""拱桥"等。

（三）昵称词

在双峰方言中，长辈用晚辈名字中的一个字加"伢［ŋa¹²］唧""妹唧"来称呼晚辈属于昵称。用作昵称时，"伢唧"不一定是男性，"妹唧"不一定是女性，如"勇伢唧"可能是男性，也可能是女性，"林妹唧"亦然。有时，年少者也用"伢唧""妹唧"昵称年龄相差不大的同辈，但"伢唧"只用于男性，且不太常用，而"妹唧"男女皆可，使用比较普遍。例如：

（19）丰伢唧啊，嗯昨下界唧做么子咯去哩哒（阿丰，你昨天下午干什么去了）？

(20) 哥<u>妹</u>唧，嗯么子时候进来咯哦（哥哥，你什么时候进来的）？

(21) 芳唧，嗯晓得卬俚<u>姐妹</u>唧到哪里去哩啊不哒（阿芳，你知不知道我姐姐去哪里了）？

此外，不论男女，双峰人都喜欢选用名字中的一个字加"唧"缀构成昵称，个别地方使用全名加"唧"缀构成昵称。例如：

(22) 武唧｜美唧｜卫唧｜军唧｜文唧｜引唧｜英唧｜花唧

上述各词均表昵称，带有比较强烈的亲切感和熟悉感。这种昵称一般只用于长辈称呼晚辈或者年长者称呼关系密切、年龄不大的同辈。如果要称呼关系密切、年龄较大的同辈或者有礼貌地称呼不是很熟悉的人，需使用敬称，把"唧"缀换成"大"缀。

三 含"唧"的贱称词与戏称词

(一) 贱称词

具有一官半职的人社会地位较高，容易获得敬重，但在双峰方言中，有时会在官职名称后面加"崽唧"以示身份卑微，不值一提，这种称谓是比较典型的贱称。例如：

(23) 村长崽唧｜乡长崽唧｜县长崽唧｜排长崽唧｜团长崽唧｜中尉崽唧｜科长崽唧｜处长崽唧｜组长崽唧｜队长崽

唧｜经理崽唧

（24）皇帝崽唧｜总统崽唧｜总理崽唧｜主席崽唧｜司令崽唧｜元帅崽唧｜丞相崽唧｜部长崽唧｜董事长崽唧｜总经理崽唧｜校长崽唧

例（23）、例（24）都是贱称词，但两者性质并不完全一致：例（23）中的官职名称不是某国、某行业、某部门级别最高的或接近最高的，加"崽唧"一般是谦称自己或贬斥别人职位低，不值得重视；例（24）中的官职名称已是某国、某行业、某部门级别最高的或接近最高的，加"崽唧"往往是说任职者年龄小、资历浅，不值得重视。

前面已经谈到，"伢［ŋa¹²］唧""妹唧"用在名字后边是长辈对晚辈的昵称，因此，要詈骂或表示讨厌、贬斥年龄大、辈分高的人，只需依照性别，在那个人的名字后边添加"伢唧/妹唧"即可。这种用法也属于贱称。例如：

（25）飞伢唧啊，嗯五六十岁哩嘞，把只五六岁咯的细人唧打得血糊沥塌（血淋淋的），还像个人啊不嘛？

（26）秋妹唧啊，嗯欠别个滴钱就不还，又不是冇得钱，要不得嘞。

例（25）中的"飞伢唧"带有詈骂性质，例（26）中的"秋妹唧"带有鄙视意味。

如果把贱称词中的"伢唧/妹唧"换成"崽唧/孙唧"，则显得更为恶毒。例如：

(27) 飞崽唧啊，嗯个只（这个）断子绝孙咯啊，快进土眼哩，还把只五六岁咯细人唧打得血糊沥塌（血淋淋的），嗯还像个人啊不嘛？

(28) 飞孙唧啊，嗯个只（这个）断子绝孙咯啊，快进土眼哩，还把只五六岁咯细人唧打得血糊沥塌血淋淋的，嗯还像个人啊不嘛？

例（27）、例（28）主要意思与例（25）接近，但例（27）、例（28）是直接把对方当作自己的子辈、孙辈，恶称意味更浓，称谓词后边的詈骂语自然也要尖刻很多。

（二）戏称词

戏称是长辈对年龄较小的晚辈的特殊称谓，隐含戏谑、责备、无可奈何、虽恨犹爱等复杂感情。双峰方言最常用的戏称词是"爷崽唧/猪崽唧"，男女均可。例如：

(29) 嗯个只爷崽唧啊，莫挨啊挨哩嘛，快滴唧行嘞（你这个小孩呀，别拖拖拉拉了，快点走吧）。

(30) 嗯俚个滴猪崽唧啊，书就冇去读，在个里做么子咯啊（你们这些"小猪仔"呀，学就没去上，在这里干什么呀）？

除"爷崽唧/猪崽唧"外，"娘崽唧"也是较常用的戏称词，但仅限于女性。例如：

(31) 娘崽唧啊，嗯先来唧到哪里去哩啊？印俚寻得要死嗲冇寻得嗯倒（我的"小娘亲"啊，你刚才到哪儿去啦？我们找了很久都没有找到你）。

表戏称的"爷崽唧""娘崽唧"有时可以简称为"爷唧"或"娘唧"。例如：

（32）嗯个只<u>爷唧</u>，摘搞他个多柑子啊啦（你这家伙啊，摘了他这么多橘子呀）？

（33）嗯个只<u>娘唧</u>，莫耗开水焐哩啦哈（你这姑娘呀，别被滚水烫着啦）！

双峰人还比较喜欢用"堂客们崽唧"戏称"具有成年女子某些特征的小女孩儿"，用"男人家崽唧"戏称"具有成年男子某些特征的小男孩"。例如：

（34）兀的细细妹唧十岁嗲冇得，就像只<u>堂客们崽唧</u>一样，喂猪打狗，样样在行（那个小小女孩十岁都没有，就像个成年女子一样，所有的家务活都能干）。

另外，部分具有［＋消极标记］语义特征的写人形容词与指人名词后加"崽唧/妹唧/伢［ŋo¹²］唧"也可以构成戏称词，表示爱恨交加的复杂感情。"妹唧"一般只用于女孩，"伢唧"一般只用于男孩，"崽唧"则两者皆可。例如：

（35）滞妹唧（反应迟钝的女孩）｜哈妹唧（傻女孩）｜懒妹唧｜轻妹唧（行为、打扮比较新潮的女孩）｜瑕妹唧（蠢女孩）

（36）滞伢唧｜哈伢唧｜懒伢唧｜瑕伢唧｜轻伢唧

（37）癫子崽唧｜瞎子崽唧（视力不太好的小孩儿）｜瑕驼崽唧（有点笨的小孩儿）｜恒子崽唧（经常反复追问同一问题的小孩儿）

上述三组词语用于戏称时，并不说明所指的小孩长期具有某个消极特征，而是指该小孩在某个特定场合表现得不尽如人意，就像临时具有了那个消极特征一样。具体的例子如：

（38）嗯个只<u>蠢伢唧</u>，别个逗起嗯耍，嗯就当搞真哩（你这个小傻瓜，别人逗着你玩，你就信以为真了）。

（39）东西摆在嗯的边上嗲冇看倒，当真是只<u>瞎子崽唧</u>（东西摆在你身边都没有看见，真的像个小瞎子）。

四　结语

在双峰方言中，带"唧"的称谓词十分丰富，既有长辈亲属称谓词，也有小称词、昵称词、贱称词与戏称词。这些称谓词有的由词根附加"唧"缀构成，有的由词根附加词缀"崽唧"构成，还有的由其他方式构成。其中，长辈亲属称谓词均含"唧"缀，主要是父辈亲属称谓词，也有少量曾祖、高祖辈亲属称谓词；昵称词有含"伢［ŋa¹²］唧/妹唧"的，也有带"唧"缀的，小称词既有带"唧"缀的，也有含"伢［ŋo¹²］唧""妹唧"的，还有带后缀"崽唧"的；贱称词一般含"伢［ŋa¹²］唧/妹唧"，也有用"崽唧/孙唧"的，戏称词带有临时性，有含"伢［ŋo¹²］唧""妹唧"的，也有带后缀"崽唧"的。需特别强调的是，双峰方言中的小称、昵称、贱称、戏称都是相对的，并没有绝对的界限。同一个含"唧"的称谓词，由不同的人根据不同的语境去称呼不同的对象，所属称谓类别就有可能不同。

第三节　双峰方言的形容词生动形式

目前，已有不少成果论及汉语及现代汉语方言形容词的生动形式，比较有代表性的有吕叔湘[①]、甄尚灵[②]、潘家懿[③]、章新传[④]、杨绍林[⑤]等。我们发现，双峰方言形容词的生动形式极其丰富，大致可以分为重叠式、加缀式、镶嵌式、四字格四大类，其句法功能也颇有特色，很值得关注。可惜的是，迄今为止还没有成果论及双峰方言中的形容词生动形式。有鉴于此，笔者有针对性地搜集了大量语料，在此基础上对双峰方言形容词生动形式的构成与句法功能进行分析讨论。

一　重叠式

只需使用重叠手段即可构成，无需添加别的成分，包括 AA、BABA、A 起 A 起、AABB（含 AACC）、BBAA、BBA 等类型。

---

① 吕叔湘：《现代汉语八百词》，商务印书馆 1999 年增订版，第 716—736 页。
② 甄尚灵：《遂宁方言形容词的生动形式》，《方言》1984 年第 1 期。
③ 潘家懿：《海丰话形容词的生动形式》，《语文研究》1994 年第 1 期。
④ 章新传：《余江话形容词的生动形式》，《南昌大学学报》（人文社会科学版）2003 年第 4 期。
⑤ 杨绍林：《彭州方言中形容词的生动形式》，《西南民族大学学报》（人文社科版）2005 年第 6 期。

（一）AA

用于描写形体、感觉、颜色或消极品性的单音节形容词一般具有这种生动形式，极少数能修饰行为动词的单音节性质形容词也有这种生动形式。如：

甲组：尖尖｜弯弯｜斜斜｜扯扯（不很方正）｜扁扁｜反反｜碎碎｜皱皱｜长长｜短短｜宽宽｜狭狭｜翘翘(向上翘起的样子)｜驼驼｜烂烂｜密密｜稀稀｜泡泡(虚而松软)｜胖胖｜瘦瘦｜矮矮｜丑丑｜嫩嫩｜薄薄｜厚厚｜残残(不全的)｜细细｜吊吊(衣服显得有点短)｜乱乱

乙组：软软｜硬硬｜干干｜湿湿｜臭臭｜香香｜饱饱｜滑滑｜酸酸｜霉霉｜甜甜｜苦苦｜辣辣｜咸咸｜淡淡｜涩涩｜麻麻（形容麻辣味较重，或像腿臂被压后的那种不舒服的感觉）｜蒙蒙(看不清楚的样子)｜饱饱｜闭闭(不透气的样子)｜旧旧｜腥腥｜热热｜冷冷｜脆脆

丙组：黑黑｜红红｜白白｜绿绿｜灰灰｜黄黄｜青青｜蓝蓝

丁组：懒懒｜蠢蠢｜董董（比较傻）｜怕怕(畏惧的样子)｜痞痞｜轻轻(游手好闲，轻浮)｜憨憨(不性急)｜假假｜木木(反应迟钝的样子)｜萎萎(精神萎靡不振的样子)｜瑕瑕[ɤia²¹³ɤia]（弱智的）｜下下(形容不自重，爱贪小便宜)｜滞滞(有点傻，行为迟缓)｜病病｜死死(不太活跃的样子)｜摸摸(形容动作比较迟缓)｜黏黏[nio⁵⁵nio⁵⁵]（形容小孩很黏人，喜欢缠着大人撒娇)

戊组：好好｜慢慢

甲组 A 都有［+形体］语义特征，乙组 A 都有［+感觉］语义特征，丙组 A 都有［+颜色］语义特征，丁组 A 都有［+消极品性］语义特征，戊组 A 主要修饰行为动词，有副词化倾向。

除戊组外，AA 一般既表程度减弱，又能添加失望、不满、不希望如此等贬义色彩，主要充当谓语、补语、定语，很少充当状语。充当补语，谓语多为变化类动词；充当定语，一般直接修饰名词，不带助词。戊组通常只充当状语，AA 以带助词"唧"为常。例如：

（1）个滴菜的搞<u>甜甜</u>，点嗲不好吃（这些菜带点甜味，一点都不好吃）。

（2）兀的红衣衫洗一下就变的搞<u>白白</u>哩（那件红衣服洗一下就变得有点白了）。

（3）兀的<u>红红</u>把戏是只么子咯咧（那个红红的东西是什么玩意儿)？

（4）嗯<u>好好</u>唧做啰，做完哩卬买只大西瓜耗嗯吃（你好好地做吧，做完了我买一个大西瓜给你吃）。

例（1）"甜甜"充当谓语，暗示"个滴菜"的甜味不是说话者所期待的。例（2）"白白"充当补语，暗示"兀的红衣衫"洗后红颜色变淡了，说话者不喜欢这种变化。例（3）"红红"充当定语，暗示说话者对"兀的把戏"含有轻蔑意味。例（4）"好好"充当状语，带助词"唧"。

能进入甲组、丁组的多数成员可以名物化，指有 A 这个特点的人或事物。这类用法普通话与湘语其余方言很少出现。例如：

（5）兀的<u>尖尖</u>蚕搞一下卬只大手指脑，疼死哩搞疼（那尖状物扎了一下我的大拇指，疼得要命）。

（6）嗯看兀的<u>哈哈</u>哒，在兀里吃烂苹果哎（你看那个傻子，正在那里吃烂苹果）。

例（5）"尖尖"充当主语，指"尖状物"；例（6）"哈哈"充当宾语，意为"傻子"。

（二）A起A起式

部分用于描写非正常状况的单音节形容词具有这种生动形式，"起"系表示持续态的助词，"A起"可以单独使用。例如：

甲组：弯起弯起（弯弯的样子）│皱起皱起│翘起翘起（向上翘起的样子）│驼起驼起│泡起泡起（浮肿或虚而松软的样子）│吊起吊起（衣服显得有点短）│直起直起（直挺挺的样子）│抹起抹起（衣服紧巴巴的样子）

乙组：懒起懒起│轻起轻起（轻浮的样子）│憨起憨起（不性急）│假起假起│木起木起（反应迟钝）│萎起萎起（精神萎靡不振）│滞起滞起（行为迟缓）│病起病起（有病的样子）

甲组A通常具有较强的动作性，单独使用时，往往既可以充当形容词，又可以充当动词，属于兼类词；乙组A都有［＋消极］语义特征，单独使用时通常不能用作动词。

"A起A起"主要充当谓语、状语。充当谓语，"A起A起"后面不加助词；充当状语，"A起A起"后面需带助词"搞"。例如：

(7) 个只鸡恒心病起病起，干脆杀搞算哩哒（这只鸡老像生病的样子，干脆宰了算了）。

(8) 挺直只腰杆子嘛，弯起弯起搞行，容得驼背嘞（挺直腰嘛，弯着腰走路，容易驼背的）。

例（7）"病起病起"充当谓语；例（8）"弯起弯起"充当状语，后面有助词"搞"。

（三）BABA

后一语素表示核心词汇意义、前一语素是对后一语素进行程度或状态上的修饰的双音形容词一般可以进入 BABA。如：

甲组：冈好冈好｜冈差冈差｜冈大冈大｜冈细冈细｜好矮好矮｜好大好大｜好细好细｜好远好远｜好近好近｜好酸好酸｜好苦好苦｜捞松捞松｜捞紧捞紧｜捞空捞空｜捞轻捞轻｜飞快飞快｜飞薄飞薄｜飞热飞热｜飞焐飞焐（很烫）｜飞红飞红｜精瘦精瘦｜精腥精腥｜精涩精涩｜精酸精酸

乙组：贡黄贡黄｜贡绿贡绿①｜芥粗芥粗｜芥涩芥涩｜勔圈勔圈（很圆）｜勔胖勔胖｜勔满勔满｜稀烂稀烂｜稀软稀软

---

① 阳剑认为，"贡黄和贡绿是两种色泽非常鲜明的颜料，为宫廷画师专业品。在双峰方言中，指非常黄，非常绿。"详见《双峰方言之东扯西绊》，湖南地图出版社 2016 年版，第 141 页。

｜稀碎稀碎｜稀泻稀泻｜铁紧铁紧｜拍满拍满｜浇湿浇湿
｜焦干焦干｜喷香喷香｜滂臭滂臭｜梆硬梆硬①｜绷紧绷紧
｜秾软秾软｜清早清早｜清甜清甜｜乌黑乌黑｜冰冷冰冷｜
刮润刮润｜溜滑溜滑｜苦咸苦咸｜棱糟棱糟（很脆）｜棱光
棱光｜笋白笋白｜墨黑墨黑｜箭直箭直｜笔挺笔挺｜荩青
荩青

甲组 BABA 中的 B 都是具有"很"义的表程度的修饰成分，
乙组 BABA 中的 B 均为表状态兼表程度的修饰成分。甲组 BA 大
都是双音节偏正式形容词短语，乙组 BA 大都是双音节形容词。

BABA 主要充当谓语、定语或补语，带有一定夸张意味。充
当定语，BABA 后面必须带"咯"。甲组充当谓语或补语，BABA
后面可以带助词"咯"，也可以不带；乙组充当谓语或补语，
BABA 后面加"咯"，能添加不满、遗憾、讨厌等贬义色彩，加
"唧"则能添加喜爱、赞赏等褒义色彩。例如：

（9）个里有滴飞热飞热咯水唧，哪个洗手面啊不（这里
有些滚烫的水，谁洗脸吗）？

（10）兀的学生掷铅球掷得闷远闷远（咯）（那个学生投
铅球投得很远）。

（11）上个礼拜插倒兀滴油菜子下荩青荩青唧哩（上个
星期移栽的那些油菜苗全部很绿很绿了）。｜兀丘田荩青荩青

① 在双峰方言中，"梆"有"很"义，可以充当前缀，与极少量单音节形容词
连缀构成双音词。"梆硬"至迟清代已经产生。《蒲松龄集·寒森曲》第5回："一群
鬼乱哄哄，夹起来上了绳，浑身夹的挺梆硬。""挺""梆"均言"很"。（清）刘省三
《跻春台》卷3："明山急进房看，见天喜七窍流血，死得梆硬。"

咯，根本扮不得（那丘田里的稻子还很绿，根本不能收割）。

例（9）　"飞热飞热"充当定语，带助词"咯"。例（10）
"好远好远"充当补语，带助词"咯"，也可以不带。例（11）
"菱青菱青"充当谓语：前句带助词"唧"，表示说话者对油菜苗
的长势非常满意；后句带助词"咯"，表示说话者对水稻现状有
点失望。

（四）AABB、BBAA 与 BBA

AABB 中的 AB 有的成词，有的不成词，但以成词的居多。
AB 不成词，两者往往意义相近或相关。例如：

甲组：松松活活（很轻松）｜老老实实｜大大方方｜干
干净净｜恭恭敬敬｜秀秀气气｜规规矩矩｜模模糊糊｜毛毛
糙糙｜斯斯文文｜稳稳当当｜安安稳稳｜白白净净｜吵吵闹
闹｜高高大大｜和和气气｜糊糊涂涂｜简简单单｜结结实实
｜结结巴巴｜客客气气｜宽宽敞敞｜冷冷清清｜凉凉快快｜
懵懵懂懂｜磨磨蹭蹭｜崭崭齐齐｜落落实实诚诚可靠｜舒舒
服服｜孤孤单单｜工工整整｜慌慌张张｜热热和和(很暖和)
｜毛毛和和(很毛糙)｜服服帖帖｜抻抻如如(形容穿着打扮
干净整洁或做事井井有条)｜料料俏俏(形容穿着打扮干净整
洁或做事井井有条)｜轻轻款款(非常清楚，非常清白)

乙组：松松垮垮（很松）｜弯弯扭扭(弯弯曲曲)｜慢慢
细细(不慌不忙)｜颠颠猛猛(行为莽撞，表现失常)｜轻轻摸
摸(动作很轻柔)｜摵摵摸摸(形容做事很慢或很细致)｜戾戾

扯扯(不直，不方正)① ｜密密麻麻｜晕晕糊糊

甲组 AB 成词，乙组 AB 不成词。为了把甲组与乙组区分开来，也有学者把乙组称作 AACC 式②。

AABB 主要充当谓语、定语、状语或补语。充当定语，AABB 必须带助词"咯"；充当其余句法成分，AABB 表褒义，后面往往带助词"唧"，表贬义或中性则带助词"咯"或不带助词。例如：

（12）<u>稳稳当当咯</u>道路哪个不想做呢（稳稳当当的工作谁不想干呢？）

（13）<u>老老实实</u>唧坐倒（老老实实坐着!）

（14）床被晒得<u>热热乎乎</u>唧哩（被子晒得很暖和了）。

（15）她的房里只摆了只铺、一套桌凳，<u>简简单单</u>唧，显得闷宽大。｜她的房里只摆了只铺、一套桌凳，<u>简简单单</u>，显得闷空咯。

例（12）"稳稳当当"充当定语，带助词"咯"。例（13）"老老实实"充当状语，表中性，不带助词。例（14）"热热乎乎"充当补语，含褒义，带助词"唧"。例（15）"简简单单"充当谓语：前句说"她的房间"简单得合理，含赞赏意味，带助词"唧"；后句说她的房间布置得过于简单，含鄙视意，不带助词。

---

① "戾"之本义为"偏曲"。《说文》："戾，曲也，从犬出户下。犬出户下为戾者，身曲戾也。郎计切。"段玉裁注："户之下必有阈，阈高，则犬出必曲身，又或户阖，犬挤出亦必偏曲其身，此说戾字会意本义。"潘岳《西征赋》："信此心也，庶免于戾。如其礼乐，以俟来哲。"身体"偏曲"必"歪"。因此，双峰方言表"歪"义的"［lia²⁴］"本字当为"戾"。

② 卢小群：《湘语语法研究》，中央民族大学出版社 2007 年版，第 89 页。

如果双音节形容词为 BA 式，则有可能构成生动形式 BBAA，其句法功能与 AABB 相同。不过，BA 式形容词只有小部分具有此类生动形式。如：

焦焦干干 ｜ 焦焦湿湿 ｜ 拍拍满满 ｜ 梆梆硬硬 ｜ 铁铁紧紧 ｜ 铁铁稳稳 ｜ 棱棱糟糟 ｜ 棱棱光光 ｜ 墨墨黑黑 ｜ 笋笋白白

与 AABB 相似，要使 BBAA 增加褒义色彩，一般在 BBAA 后面加"唧"，表贬义则不加。例如：

（16）个条裤晒得焦焦干干唧，顶好穿哩（这条裤晒得很干很干，很好穿了）。

（17）她煮倒滴菜下墨墨黑黑，冇哪个敢吃（她煮的菜都黑乎乎的，没人敢吃）。

例（16）"焦焦干干"充当补语，含褒义，带助词"唧"；例（17）"墨墨黑黑"充当谓语，含贬义，不带助词"唧"。

BBAA 有时可以省略第二个 A，构成 BBA 式。例如：

（18）话是讲得梆梆硬，就是不晓得做不做得到。

（19）大字墨墨黑，细字唧不认得。

例（18）"梆梆硬硬"省略成"梆梆硬"，充当状语；例（19）"墨墨黑黑"省略成"墨墨黑"，充当谓语。

二　加缀式

主要通过添加中缀或后缀的方式构成，包括 ABB 里、BA 巴 A、A 里 A 气、A 之 B 之、A 打 AB、A 里 AB、BA 子 A 等类型。

（一）ABB 里

A 为单音节形容词性词根，"里"为后缀，BB 有增加语义程度与形象色彩的作用。从整体看，"ABB 里"通常带贬义色彩，只有少数例外。例如：

> 甲组：嫩冻冻里｜懒洋洋里｜酸溜溜里｜空闹闹里（空荡荡的）｜光杵杵里｜紧绷绷里｜慢悠悠里｜轻飘飘里｜湿淋淋里｜硬梆梆里｜热烧烧里｜苦滴滴里｜翻斗斗里｜皱巴巴里｜直扯扯里｜明摆摆里｜软脓脓里｜阴浸浸里｜干瘪瘪里

> 乙组：凉朽朽里｜辣呵呵里｜亮闪闪里｜香喷喷里

甲组"ABB 里"都带贬义色彩，乙组则带褒义色彩。

单音节的 A 与 BB 的搭配是习惯性的，但有的 BB 可加在不同的 A 后面，有的 A 可加上不同的 BB。例如：

> - 刨刨：慌刨刨里｜乱刨刨里｜急刨刨里｜热刨刨里｜闹刨刨里

> 气 - ：气呼呼里｜气冲冲里｜气挪挪里（很气愤的样子）｜气鼓鼓里｜气哼哼里

极少数单音节动词性词根、部分单音节名词性词根及少数双音节名词性词根也能带 BB 构成"ABB 里"，但这类生动形式中的 BB 并未完全虚化，仍带有一定词汇意义。例如：

> 丙组：笑眯眯里（很高兴的样子）｜笑稆稆里（很高兴的样子）｜闹刨刨里（很闹的样子）｜瞎摸摸里

丁组：水甩甩里（水淋淋）｜风闹闹里(风大貌)｜汗滴滴里(汗水不断貌)｜汗浸浸里(汗多貌)｜花棱棱里(花哨貌)｜灰喷喷里(尘土飞扬貌)｜灰糊糊里(布满灰尘貌)｜雨打打里(雨大貌)｜眼攀攀里｜眼鼓鼓里｜油棱棱里｜油滤滤里(有油不断滴落貌)｜面黑黑里(脸色难堪貌)｜火辣辣里｜皮皱皱里(皮肤皱巴巴的样子)｜光耀耀里｜劲甩甩里(力气很足的样子)｜手颤颤里｜脚软软里｜光灼灼里(光线很强，令眼睛睁不开的样子)

戊组：泥巴糊糊里｜鼻头甩甩里（鼻涕不断往下流的样子）｜神经兮兮里(精神有点不正常的样子)｜口水潺潺里(口水不断往下流的样子)｜牙齿暴暴里(牙齿向外凸出得厉害的样子)｜牙齿锄锄里(牙齿向外凸出得厉害的样子)｜手把子捋[lua²⁴]捋里（衣袖挽得很高，做出拼命的样子）｜蚂蚁子挪挪里(形容蚂蚁很多，到处乱爬)｜耳巴子扇扇里(形容脾气暴躁，动不动就扇耳光)

丙组 A 为单音节动词性词根，丁组 A 为单音节名词性词根，戊组 A 为双音节或多音节名词性词根。

"ABB 里"主要充当谓语、状语、补语或判断动词"（硬）是"、爱憎类心理动词的宾语，后面一般不带助词，但若"ABB 里"表示的是褒义，则往往带"唧"。例如：

（20）个块豆腐嫩冻冻里，点嗲不好煮（这块豆腐太嫩了，不太好用来做）。｜穿条搞兜子裤，杵在个的屋中间，<u>屁股瓣瓣里</u>，像只么子样子（只穿着一条短裤，站在这屋子中间，屁股都露出来了，像个什么样子）。｜个滴菜蚂蚁子挪挪里，吃不得哩，抺搞算哩（这些菜里有很多蚂蚁在爬，不能吃了，扔掉算了）。｜个只当厕凉朽朽里唧，舒服死里搞舒服（这地方凉飕飕的，舒服极了）。

（21）兀的黄狗子<u>直扯扯里</u>困在兀里（那条黄狗直挺挺地躺在那儿）。

（22）她耗她俚娘咒得<u>气鼓鼓里</u>（她被她娘骂得气鼓鼓的）。

（23）嗯条裤硬是<u>紧绷绷里</u>，不大舒服吧？（你这条裤子紧绷绷的，不是很舒适吧）？｜卬不喜欢<u>风闹闹里</u>（我不喜欢风很大，直往人衣服里钻）。

例（20）中的"ABB 里"充当谓语，前 3 句"嫩冻冻里""屁股瓣瓣里""蚂蚁子挪挪里"含贬义，不带助词"唧"；第 4 句"凉朽朽里"含褒义，带助词"唧"。例（21）"直扯扯里"充当状语，例（22）"气鼓鼓里"充当补语，例（23）"紧绷绷里""风闹闹里"充当宾语，都不带助词"唧"。

（二）BA 巴 A

BA 是偏正式复合词，A 是形容词性语素，B 是表程度或状态的修饰性语素，"巴"为中缀，如"烂早巴早""稀烂巴烂"等。一般而言，有生动形式 BABA 的双音形容词都有生动形式"BA 巴 A"，如上述"一、重叠式"中"（三）BABA"中甲、乙两组所有成员中的第三字就都可以换成"巴"。与 BABA 相仿，"BA 巴 A"主要充当谓语、定语或补语，大多带有夸张色彩。除了一般性的表程度或状态的修饰语素外，"BA 巴 A"中的 B 还可以是指示代词。如：

甲组：个高巴高｜个远巴远｜个瘦巴瘦｜个长巴长｜个大巴大｜个贵巴贵｜个深巴深｜个好巴好｜个黑巴黑｜个红巴红｜个厚巴厚

乙组：兀高巴高｜兀远巴远｜兀瘦巴瘦｜兀长巴长｜兀大巴大｜兀贵巴贵｜兀深巴深｜兀好巴好｜兀黑巴黑｜兀红巴红｜兀厚巴厚

甲、乙两组"BA 巴 A"成员中的 B 分别为"个""兀"。"个 A""兀 A"一般不能重叠为"个 A 个 A""兀 A 兀 A"，但如果辅以手势（尤其是幼儿说话），则有时也可以说"个 A 个 A（这么 A 这么 A)"。例如：

(24) 儿子：妈妈啊，卬先来唧看见一条蛇哩（妈妈，我刚才看见一条蛇了）。

妈妈：好大唧哒（有多大呀）？

儿子：个大个大哎（边说边把两手围成大圈状）。

据李启群考察，湖南吉首方言有"屋 A 八 A"式，A 仅限于"高、大、远、长、厚、重"等词，"屋""八"为词缀。① 李启群所言"屋 A 八 A"应该与双峰方言中的"兀 A 巴 A"是同一结构，但把"屋"看作词缀似乎不妥。

---

① 李启群：《吉首方言研究》，民族出版社 2002 年版，第 24 页。

(三) A里A气

具有［+写人］［+消极］［+品质/性格］语义特征的单音节形容词一般能进入"A里A气"式。"里"为中缀，"气"为后缀，A多能与"气"构成附加式合成词。例如：

> 伧里伧气（爱贪小便宜）｜怪里怪气｜蠢里蠢气｜妖里妖气｜假里假气｜呆里呆气｜村里村气｜流里流气｜下里下气｜痞里痞气｜骚里骚气｜轻里轻气｜哈里哈气｜宝里宝气（比较傻）｜土里土气｜滞里滞气｜董里董气｜朽里朽气｜痴里痴气｜丑里丑气｜猛里猛气｜娇里娇气｜猥里猥气｜瑕里瑕气（愚笨的样子）｜黏里黏气（形容小孩很黏人，喜欢缠着大人撒娇，有时也指说话娇里娇气）｜骚里骚气｜邪里邪气｜洋里洋气

"A里A气"通常带有失望、不满、令人生厌等贬义色彩，主要充当谓语、定语、状语、补语。"A里A气"充当谓语，无需借助助词；充当定语，通常带助词"咯"；充当状语，通常带助词"搞"；充当补语，谓语为变化类动词，"A里A气"表结果。例如：

(25) 候唧哒<u>轻里轻气</u>嘞，看嗯长大哩做么子咯嘞（现在一味游手好闲，看你长大了干什么）。

(26) 看倒他兀的<u>滞里滞气</u>咯样子就急人（看着他那反应迟钝、动作笨拙的样子就会让人着急）。

(27) 别个结婚，嗯不要<u>朽里朽气</u>搞讲兀滴不好咯话嘞

（别人结婚，你别不识时务地讲那些不吉利的话啦）。

（28）他还只当得几年官崽唧，就变得假里假气哩（他还只当了几年小官，就变得假惺惺了）。

例（25）"轻里轻气"充当谓语；例（26）"滞里滞气"充当定语，带助词"咯"；例（27）"朽里朽气"充当状语，带助词"搞"；例（28）"假里假气"充当补语，谓语动词为"变"。

"A里A气"一般还可以直接充当评述句的主语及判断动词、有无动词与爱憎类心理动词的宾语。例如：

（29）轻里轻气不好（游手好闲不好）！

（30）他兀的人有点哈里哈气（他那个人有点傻气）。｜兀的伢唧喜欢痞里痞气，耗他俚爷老倌打搞闷多餐数哩（那个男孩喜欢痞里痞气，被他父亲打了好几顿）。

例（29）"轻里轻气"充当主语，谓语表评判；例（30）"A里A气"充当宾语，前句谓语动词为有无动词"有"，后句谓语动词为心理动词"喜欢"。

（四）A之B之、A打AB、A里AB与BA子（搞A）

"A之B之"中的"之"为词缀，起舒缓语气的作用，A、B义同或义近。"A打AB"中的"打"为中缀，起强调作用，AB成词。"A里AB"中的"里"为中缀，AB一般是描写人的言行、外貌、性格等方面消极特征的词语。"BA子（A）"中的A是表示性状或感觉的单音形容词，B表示程度，"子"为词缀。例如：

甲组：威之武之（很威武）｜热之闹之（很热闹）｜均之
匀之（很均匀）｜巴之粘之（粘在一起的样子）

乙组：老打老实｜棱打棱光｜飞打飞跳（蹦蹦跳跳着走，
速度很快）

丙组：懵里懵懂｜毛里毛糙｜慌里慌张｜啰里啰嗦｜古
里古怪｜糊里糊涂｜懒里懒散｜冤里冤枉

丁组：怪热子｜怪冷子｜怪懒子｜怪甜子｜怪痛子①｜滞
干子｜滞苦子｜滞酸子｜滞黑子｜滞咸子｜滞胀子｜滞硬子
｜滞辣子｜干冷子冷｜滞热子（搞热）｜蠢犟子（搞犟）｜哑
胀子（搞胀）

甲组是"A之B之"式，乙组是"A打AB"式，丙组是"A
里AB"式，丁组是"BA子搞A"式。这四种形容词生动形式可
充当谓语、定语、状语或补语。充当谓语，若含褒义，形容词生
动形式后面常带助词"唧"；充当定语，形容词生动形式一般带
助词"咯"；充当状语，形容词生动形式有的不带助词，有的带
助词"搞"。例如：

（31）兀的细人唧<u>老打老实</u>唧（那个小孩很老实）。｜教
室里<u>热之闹之</u>，他俚在做么子咯呢（教室里很热闹，他们在干
什么）？

（32）碰倒个只<u>滞热子</u>咯天气，硬是倒咯八辈子咯霉
（碰到这样热的天气，真是倒了八辈子霉）。｜他是个<u>毛里毛</u>

---

① 据彭兰玉调查，衡阳方言也有这类用法，详见彭兰玉：《衡阳方言语法研究》，
中国社会科学出版社2005年版，第230页。不同的是，衡阳方言双音形容词前也可加
"怪"，如"怪便宜、怪自私"等，而双峰方言没有此类用法。

糙咯人（他是个很毛糙的人）。

（33）他<u>飞打飞跳</u>行搞哩（他蹦蹦跳跳着快速离开了）。｜<u>均之匀之</u>搞分，嗯还有意见啊啦（均均匀匀地分，你还有意见吗）？

（34）滴菜煮得<u>苦咸子咸</u>，哪里吃得呢（菜煮得太咸，哪能吃呢）？｜兀的老人家六十好几哩，行路行得<u>威之武之</u>，硬是打得老虫死咯样（那位老人六十好几了，走路走得还很威武，像是打得死老虎一样）。

例（31）"老打老实""热之闹之"充当谓语；前句"老打老实"含褒义，带助词"唧"。例（32）"滞热子热""毛里毛糙"充当定语，带助词"咯"。例（33）"飞打飞跳""均之匀之"充当状语，前者不带助词，后者带助词"搞"。例（34）"苦咸子咸""威之武之"充当补语。

三 镶嵌式

主要通过嵌入助词或别的成分的方式构成，包括"A啊（搞）A""A死/绝/侩里搞A"等类型。

（一）A啊A

A为具有［＋写人］［＋消极］［＋品质/性格］语义特征的单音节形容词，"啊"为助词，表停顿，其后一般可以加"搞"构成"A啊搞A"式，词汇意义、句法功能不变。如：

俫啊俫｜假啊假｜懒啊懒｜轻啊轻｜朽啊朽｜哈啊哈｜
呆啊呆｜滞啊滞｜憨啊憨｜蠢啊蠢｜痞啊痞｜痴啊痴｜死啊
死（半死不活的样子）｜摆啊摆（着装招摇的样子）｜大啊大
（趾高气扬，看不起别人）｜骚啊骚（形容女性举止轻浮）｜瑕
啊瑕（行为、举止显得幼稚可笑）｜黏［nio³］啊黏（形容小
孩很黏人，喜欢缠着大人撒娇）

与"A里A气"相似，"A啊（搞）A"通常带有贬义色彩，
主要充当谓语、定语、状语、补语，也可充当评述句的主语及判
断动词、有无动词与爱憎类心理动词的宾语。"A啊（搞）A"充
当谓语，无须借助助词；充当定语，通常带助词"咯"；充当状
语，通常带助词"搞"；充当补语，谓语为变化类动词，"A啊
（搞）A"表结果。例如：

（35）他细时咖唧懒啊（搞）懒，长大哩变化蛮大（他
小时候懒懒的，长大后变化很大）。

（36）她兀的骚啊（搞）骚咯样子，哪只伢唧会当真喜
欢嘞（她那轻浮的样子，哪个男青年会真的喜欢呢）？

（37）不要朽啊朽搞讲兀滴不好咯话，容得得失人（别
不识时务地讲那些不好的话，容易得罪人）。

（38）拖搞场大病，他变得滞啊（搞）滞哩（生过一场
大病，他变得反应有些迟钝了）。

（39）在别个命后大啊大要不得（在别人面前趾高气扬不
行）！

（40）他有点俫啊（搞）俫，一不逗人欢喜（他有点贪

小便宜，一点都不受欢迎）。｜兀的妹唧还只有四岁人，就喜
欢<u>摆啊（搞）摆哩</u>（那个女孩还只有四岁，就喜欢炫耀衣着
打扮了）。

例（35）"懒啊（搞）懒"充当谓语。例（36）"骚啊（搞）
骚"充当定语，带助词"咯"。例（37）"朽啊朽"充当状语，带
助词"搞"。例（38）"滞啊（搞）滞"充当补语。例（39）"大
啊大"充当主语。例（40）"倯啊（搞）倯""摆啊（搞）摆"
分别充当有无动词"有"、心理动词"喜欢"的宾语。

（二）A 死/绝/倯里搞 A 式

大部分单音节形容词与部分双音节形容词可以通过进入"A
死里搞 A""A 绝里搞 A""A 倯里搞 A"来加强语义，"里"
"搞"都是类词缀，"搞 A"有时省略。"绝""死""倯"意思相
近，但从主观感觉看，三者所表示的语义程度呈递减状态，"绝"
约相当于普通话里的"极"，"死"约相当于普通话里的"非常"，
"倯"约相当于普通话里的"挺"。如：

甲组：胖绝里搞胖｜瘦绝里搞瘦｜滞绝里搞滞｜蠢绝里
搞蠢｜重绝里搞重｜远绝里搞远｜滗邋（肮脏）绝里搞滗邋
｜便宜绝里搞便宜｜欢喜（高兴）绝里搞欢喜｜好吃（"好"
读上声，"好吃"指味道好；"好"读去声，"好吃"指贪吃）
绝里搞好吃

乙组：尖（吝啬）死里搞尖｜贵死里搞贵｜好死里搞好
｜差死里搞差｜热死里搞热｜冷死里搞冷｜滂臭（很臭）死

里搞滂臭｜大方死里搞大方｜热闹死里搞热闹｜好笑死里搞好笑

丙组：乖伀里搞乖｜丑伀里搞丑｜村（粗俗）伀里搞村｜紧（贫穷，缺钱花）伀里搞紧｜烂伀里搞烂｜闹伀里搞闹｜老实伀里搞老实｜聪明伀里搞聪明｜呆板伀里搞呆板｜好看伀里搞好看

甲组"A 绝里搞 A"中的 A 均可进入乙组、丙组，乙组"A 死里搞 A"中的 A 均可进入甲组、丙组，丙组"A 伀里搞 A"中的 A 均可进入甲组、乙组，但甲、乙、丙组语义轻重成趋减状态。

"A 死/绝/伀里搞 A"主要用于描写人或事物的性状，一般作谓语，也可以作定语，其感情色彩主要由 A 决定。充当定语，"A 死/绝/伀里搞 A"通常带助词"咯"。例如：

（41）他俚屋里紧死里搞紧（他家里很缺钱花）。｜兀的细细妹唧矫活伀里搞矫活（那个小女孩挺灵活）。

（42）兀的尖绝里搞尖咯堂客们总算行搞哩（那个很吝啬的妇女总算走了）。｜嗯兀的好吃绝里搞好吃咯崽啊，太胖哩，要他少吃滴零食咧（你那个极其贪吃的儿子呀，太胖了，要他少吃些零食才行呀）。

例（41）"紧死哩搞紧""矫活伀里搞矫活"都是充当谓语；例（42）"尖绝里搞尖""好吃绝里搞好吃"充当定语，带助词"咯"。

四　四字格

类似于固定短语，成员不是很多，主要包括 ABCD、XAYA、AXAY 等类型。

（一）ABCD

大致可以分为两类：一类是主要由 A 表意，BCD 补充说明 A 的程度，整个词语大致相当于普通话中的"A 得很"或双峰方言中的"A 死里搞 A"，甲组皆其证；一类是 AB、CD 联合表意，A 与 C、B 与 D 往往意义相近、相反或相关，乙组皆其证。

甲组：乱七八糟｜乱沥雾懂（很乱的样子）｜懒头拾颈（慵懒的样子）｜慢条斯理（慢吞吞的样子）｜黏里拐气（形容小孩很黏人，喜欢缠着大人撒娇，有时也指说话娇里娇气）｜轻头摸脑（动作很轻的样子）｜花猫里嘴（嘴巴很"花"，善于甜言蜜语）｜烂衣落索（衣衫褴褛）｜粗声大气（讲话时声音很大，形容人很粗鲁）｜

乙组：九经八卦（形容很多，很复杂）｜打脚拍手（形容速度很快）｜横捺直撇（不按规则貌）｜依时按候（形容很准时或很有规律）｜翻眼剥皮（形容小孩跟父母顶嘴的样子）｜油抹水光（形容表面非常光滑）｜村言邋语（说话粗鲁、粗痞）｜喉干气扯（形容嗓子很干，上气不接下气的样子）｜红桃花色（形容人的气色、肤色好）｜口大舌张（形容好讲大话）｜如是四贴（形容非常细致，一切工作都按高标准做好了）｜塘干水净（本指很长时间不下雨，到处都干枯了，喻指钱财枯竭）｜天光半夜（形容工作时间长、强度大，很辛苦）｜眼光脚健

（本指眼睛看得见，腿脚健康，泛指身体健康）

ABCD 主要用来充当谓语、定语、状语或补语。充当定语，ABCD 必须带助词"咯"；充当补语，一般不带助词。充当谓语或状语，若 ABCD 含贬义，通常带助词"咯"；ABCD 表中性，后面不带助词；ABCD 含褒义，必须带助词"啯"。例如：

（43）个的<u>懒头拾颈</u>咯细人啯是哪个咯崽呢（这个慵懒的小孩是谁的儿子）？｜兀的<u>口大舌张</u>咯后生家是哪个啊（那个好讲大话的后生是谁啊）？

（44）她噼里啪啦讲搞一大些，卬听得<u>乱沥雾懂</u>（她噼里啪啦讲了一大堆话，我听得糊里糊涂）。｜她一路打飞脚，跑嗲<u>喉干气扯</u>，话得讲不出哩（她一路飞奔，跑得上气不接下气，话都讲不出了）。

（45）她快二十岁哩，讲话还<u>黏里拐气</u>，卬听到就想呕（她快二十岁了，讲话还娇里娇气的，我听着就作呕）。｜他屋里已经<u>塘干水净</u>，一分钱嗲揽不出哩（他家已经竭尽所能，一分钱都拿不出来了）。

（46）二妹啯困落觉哩，嗯<u>轻头摸脑</u>行进去嘞（老二已经睡着了，你轻轻地走进去吧）。｜王老耄八十六七哩，还<u>眼光脚健</u>啯（王老娘八十六七了，身体还非常硬朗）。

例（43）"懒头拾颈""口大舌张"都是充当定语，带助词"咯"。例（44）"乱沥雾懂""喉干气扯"都是充当补语。例（45）"黏里拐气""塘干水净"充当谓语。例（46）"轻头摸脑""眼光脚健"充当状语，前句"轻头摸脑"后不加"啯"，是比较中性的表述，后句"眼光脚健"后加"唧"，含褒扬意味。

此外，ABCD 还偶尔充当主语或宾语。充当主语，ABCD 一般处于评述对象地位；充当宾语，谓语一般是有无动词或爱憎类心理动词。例如：

（47）横捺直撇不行，要讲规矩！｜慢条斯理好！

（48）兀的伢唧有点花猫里嘴（那个男孩比较善于讲甜言蜜语）。｜他只崽喜欢翻眼剥皮（他儿子喜欢跟父母顶嘴）。

（二）XAYA

大体可以分为两小类，比较常见的有：

甲组：蛇服鼠服（很顺从）｜搣烂嚼烂（很烂）｜油光伶光（很光亮）｜猫跳鬼跳（形容人好动或不沉稳）｜熊做虎做（形容说话语气、神态很凶）

乙组：气呼辣呼（气喘吁吁）｜弯公扭公（弯弯曲曲）｜痰喷水喷（唾沫四溅，形容讲话情绪高昂）｜弹起抛起（好动，做事不踏实）｜乱做乱舞（形容办事很急很乱）｜好当不当（形容可为偏不为，不可为偏为）

甲组成员的语义重心是 A，X、Y 起加强语义或形象、感情色彩的作用，乙组成员的 X、Y 是意思相同、相反或相关的词根，X 是相同语素。

XAYA 一般充当谓语、定语、状语或补语。充当谓语，若含褒义，形容词生动形式常带助词"唧"；充当定语，一般带助词"咯"；充当状语，通常带助词"搞"。例如：

（49）个只牛<u>蛇服鼠服</u>唧，一好用不过（这头牛很听话，非常好用）。｜兀条路<u>弯公扭公</u>，一不好开车子（那条路弯弯曲曲，一点都不好行驶汽车）。

（50）兀的总是<u>猫跳鬼跳</u>咯细人唧是哪个呢，嗯认得啊不哒（那个总跳个不停的小孩是谁，你认识吗）？

（51）个只题目印<u>撼烂嚼烂</u>搞讲，嗯还有听懂啊（这道题我这么详细地讲，你还没听懂吗）？

（52）他滴头发梳得<u>油光伶光</u>（他的头发梳得很光亮）。

例（49）"蛇服鼠服""弯公扭公"充当谓语，前者含褒义，带助词"唧"；后者含贬义，不带助词。例（50）"猫跳鬼跳"充当定语，带助词"咯"；例（51）"撼烂嚼烂"充当状语，带助词"搞"；例（52）"油光伶光"充当补语。

（三）AXAY

大体分为两小类：一类 A 由谓词性词根充当，这一类比较多；另一类 A 由名词性词根充当，这一类比较少。比较常用的有：

甲组：死血死脸（极无廉耻）｜偷山偷里（偷偷摸摸）｜摆五摆六（讲排场，爱炫耀，过分追求穿着打扮）①｜扮面扮嘴（板着脸、嘟着嘴的样子）｜木头木脑（头脑不灵活）｜木

---

① "摆五摆六"当代文献也不乏用例，如昌言《紫血褐土》："'德生厚'里这几天由着朱月娟摆五摆六，冯雅仙不过是个伴儿。"元辰《网络文学之我见》："不论我们的智力多么发达，神群也只能在事先设计好的范围里让步，让步到与之部分等同和接近，永远不会完全由人来摆五摆六。"冯祖培讲述、冯绪旋采录《一难张瞪眼》："传说，文三猴子在张瞪眼家做工，那张瞪眼是由文三猴子摆五摆六。"上述 3 例中的"摆五摆六"意为"安排，操纵，支配"，这与双峰方言的用法不同。

手木脚(手脚不麻利)｜癫头癫脑(形容人言行异常或不庄重)｜昏头昏脑(头脑迷糊)｜毛手毛脚(形容做事粗糙)｜原封原净(原封未动)｜冇声冇气(不声不响)｜大胚大块(身材魁梧)｜如是如贴(形容非常细致，一切工作都已按高标准做好)｜细声细气(讲话时声音很小，形容人很文静)｜原幅原样(几乎和原来一样)

乙组：符到符灵（很灵验）｜四方四正(四四方方)｜四方四印(形容物体很成形，没有发生变化)

甲组中的 A 是动词或形容词，X 和 Y 多为意思相近、相关的名词；乙组中的 A 是名词或数词，X 与 Y 多为意思相近、相关的谓词。

AXAY 主要充当谓语、定语或状语，部分词语可充当判断动词、有无动词或爱憎类心理动词的宾语。充当定语，AXAY 一般带助词"咯"；充当状语，一般带助词"搞"。例如：

（53）盆子肚里滴湘原封原净，只猪点得冇吃(盆子里的那些湘原封未动，这头猪一点都没吃)。

（54）嗯跟兀的死血死脸咯人有得么子讲手嘞(你和那个极无廉耻的人有什么好谈的呢)。

（55）嗯俚娘扮面扮嘴搞讲，明显发搞火哩，嗯快滴莫犟嘴哩(你母亲板着脸、嘟着嘴说话，明显生气了，你别犟嘴了)。

（56）芳妹唧喜欢摆五摆六（芳姑娘很喜欢讲究穿着打扮)。｜兀的办法也不是符到符灵（那个办法也不是总灵验)。

例（53）"原封原净"充当谓语；例（54）"死血死脸"充当定语，带助词"咯"；例（55）"扮面扮嘴"充当状语，带助词"搞"；例（56）"摆五摆六""符到符灵"充当宾语。

五　小结

吕叔湘①、卢小群②讨论分析了普通话与湘语形容词的生动形式。可惜的是，卢氏谈及湘语形容词生动形式的时候，并没有把双峰方言纳入考察范围。将上面的分析讨论与吕叔湘、卢小群的研究成果互相比照不难发现，双峰方言中的形容词生动形式及其用法有的是普通话也有的，有的是普通话没有但湘语其他方言也有的，有的则似为双峰方言所独有，现总结如下：

首先，普通话形容词的生动形式只有7种，湘语其余方言中有10多种，双峰方言中则有近20种。虽然普通话中有 ABC 式，双峰方言与湘语其余方言都没有，但从总体看，湘语形容词的生动形式要比普通话丰富得多，湘语其余方言具有的形容词生动形式双峰方言都有，而"A 啊 A"式、"A 打 AB"式、"A 死/绝/伀里搞 A"式、"A 糊沥溻"式等生动形式普通话、湘语其他方言似乎都没有，可能为双峰方言（或许还有其周边方言）所独有。看来，双峰方言中的形容词生动形式要比湘语其余方言丰富得多。

其次，就句法功能看，双峰方言中的形容词生动形式与普通

---

① 吕叔湘：《现代汉语八百词》，商务印书馆 1999 年增订版，第 716—736 页。
② 卢小群：《湘语语法研究》，中央民族大学出版社 2007 年版，第 87—104 页。卢著用的术语是"形容词的重叠形式"，但从行文看，卢氏所说的形容词的重叠形式其实就是本文所说的形容词的生动形式，故这里直接用"形容词的生动形式"这一术语。

话、湘语其余方言相似，主要充当谓语、定语、状语或补语，有的可以充当主语、宾语，但三者之间也有不少区别。下面是最主要的三条：

第一条，在普通话中，AA充当谓语、定语，一般带"的"，湘语其余方言中的AA充当谓语、定语，一般加上富有本地特色的后缀，而双峰方言中的AA充当谓语、定语，可以不带助词与后缀。

第二条，根据句法功能的不同，普通话形容词生动形式后面所用助词或标记有"的""地"两个，湘语其余方言主要有"咯""的"两个，而双峰方言则主要有"咯""搞""唧"三个，"搞"是状语标记，"咯"既是定语标记，也可用在做谓语、状语或补语的形容词生动形式后面，"唧"也主要用在做谓语、状语或补语的形容词生动形式后面。

第三条，在普通话与湘语其余方言里，充当谓语、状语或补语时，形容词生动形式后面所用助词或标记是固定的，不会随形容词生动形式感情色彩的变化而变化，而在双峰方言里，形容词生动形式含贬义倾向于用"咯"，含褒义则倾向于用"唧"。

双峰方言中的形容词生动形式具有浓厚的地方色彩。进一步研究双峰及其周边方言中的形容词生动形式与成因，对于我们全面了解湘语乃至整个汉语中的形容词生动形式，都具有重要的类型学意义。

第四节　双峰方言表远指的"兀"

　　伍云姬认为，湖南双峰方言中的近指代词是 $[ku^{41}]$，远指代词是 $[ŋ^{25}]$①；而据卢小群描写，双峰方言中的近指代词是"咯"，念 $[ku^{31}]$，远指代词是"喏"，念 $[lʊ^{3}3]$。② 无疑，伍、卢两人的描写都代表了双峰县局部地区指示代词的使用情况，但据笔者调查，该县梓门桥镇、永丰镇、蛇形山镇、杏子铺镇、洪山殿镇、沙塘乡等乡镇有不少人把近指代词说作 $[ku^{31}]$，远指代词说作 $[u^{3}3]$。

　　在双峰县用 $[u^{3}3]$ 作远指代词的地方，近指代词皆音 $[ku^{31}]$，"个"一般读 $[ku^{24}]$，与 $[ku^{31}]$ 音近，且"个"在不少现代汉语方言中都可以充当远指代词，故这里沿用"个"作为双峰方言近指代词的代表字；"兀"皆音 $[u^{3}3]$，而且"'兀'在现代汉语方言中一般是远指代词"③，完全可以用"兀"作为远指代词的代表字。盛银花指出，无论从历时还是共时的角度分析，指示代词近指、远指的对立一般与语音有一定的关系，有的是声调相同，有的是声母相同，有的是韵母相近或韵母主元音相同。④ 显然，双峰方言"个""兀"的对立也与此相符。

　　本节重点描写远指代词"兀"在双峰县相关地域的使用情

---

① 伍云姬主编：《湖南方言的代词》，湖南师范大学出版社 2000 年版，第 10—23 页。
② 卢小群：《湘南土话代词研究》，中国社会科学出版社 2004 年版，第 206 页。
③ 汪化云：《也说"兀"》，《语文研究》2007 年第 4 期。
④ 盛银花：《安陆方言的指示代词》，《汉语学报》2007 年第 4 期。

况，并对其来源稍作分析，供方家参考。至于近指代词"个"，因其用法与远指代词"兀"完全对应，故略而不及。为方便起见，下面我们把双峰县用"兀"表远指的地方所用的语言径称为双峰方言。

一 "兀"为词根语素

作为词根语素，"兀"既可以后加词缀构成附加式合成词，也可以与别的词根语素结合成复合式合成词。

（一）附加式合成词

1. 兀的

"兀的"意思与普通话里的"那"相当，主要用在名词（时间名词除外）、数量词或双音方位词前面，"的"音 ［·tə］。从句法功能看，"兀的"只能充当定语。例如：

（1）兀的前头就有一只店子，嗯可以到兀里吃点东西（那前面就有一家店，你可以到那里吃点东西）。

（2）嗯看他兀的样子，硬似要跟别个打架一样（你看他那模样，很像要和别人打架似的）。

（3）他把滴钱砸在兀的人的脑壳高头就行搞哩（他把一些钱砸在那人的脑袋上面就走了）。

（4）兀的半个月，她一直陪她俚女困眼闭（那半个月，她一直陪女儿睡觉）。

（5）兀的两次卬有事，就请搞假哩（那两次我有事，就请假了）。

2. 兀咯

"兀咯" 用来代替比较远的人和事物, 等于普通话里的 "那" 或 "那些", 但主要充当主语, 偶尔充当宾语, 不能充当定语, "咯" 音 [·kə]。例如:

(6) 个咯是四妹唧她俚叔唧, 兀咯是三伢唧他俚舅唧 (这是四妹子的叔叔, 那是三伢子的舅舅)。

(7) 兀咯下是卬俚①学堂里咯学生 (那些全是我们学校的学生)。

(8) 兀咯冇要紧咧, 卬去说一下就行哩 (那不要紧, 我去说一下就行了)。

(9) 买兀咯做么子咯咧 (买那干什么呢)?

3. 兀得

"兀得" 大致相当于 "那, 那么", 但意义较虚, 只起连接作用, 有顺承意味, 一般要有上文。"得" 音 [tia³3], 或弱化为 [tie³3]。例如:

(10) 嗯就要行哩啊啦? 兀得辛苦嗯啰嚯 (你就要走啦? 那辛苦你啦)!

(11) 嗯还有闷重要咯事啊? 兀得嗯就莫去算哩嘛 (你还有很重要的事吗? 那你就别去算了)。

---

① "俚" 音 [·li∕·le], 用法与普通话中的 "们" 相对应, 常附加在人称代词 "卬 [aŋ²¹]" "嗯 [n²¹]" "他∕她 [tho⁵⁵]" 的后面, 表示复数。

4. 兀咖唧

"兀咖唧"约相当于普通话里的"那样，那么"，主要用来修饰动词或者形容词。修饰形容词，通常在"咖唧"后面加"搞"。例如：

（12）不能<u>兀咖唧</u>做，要个咖唧做，用心看倒啰嚯（不能那样做，要这样做，认真看着）！

（13）一定要<u>兀咖唧</u>打扮呀？丑死哩搞丑（一定要那样打扮吗？难看死了）。

（14）他俚爷老倌兀只手膊子总是<u>兀咖唧</u>搞痛，冇得点滴办法唧（他父亲那只胳膊总是那样疼，没有一点办法）。

（15）她听课<u>兀咖唧</u>搞用心，成绩自然好（她听课那么认真，成绩当然会好）。

当"兀咖唧"修饰动词时，动词在某些具体语境中可以省略。例如：

（16）下是滴朋友三四，<u>兀咖唧</u>（做）不大好吧［都是一些朋友，那样（做）不太好吧］？

（二）复合式合成词

1. 兀边/头

"兀边/头"的意义与句法功能都大致相当于普通话里的"那边/那头"，例如：

（17）卬跟卬俚堂客困在个边屋里，卬俚崽困在兀边屋里（我和我老婆睡在这边屋子里，我的儿子睡在那边屋子里）。

（18）问一下嗯哒，兀边兀个细人唧是哪个咯崽啊（请问你一下，那边那个小孩是谁的儿子）？

（19）把嗯咯放在个头，把他咯放在兀头，免得搞错哩（把你的放在这头，把他的放在那头，以免弄错了）。

2. 兀里/乃 ［nã²¹］

"兀里/那"的意义与句法功能都大致相当于普通话中的"那里，那个地方"。例如：

（20）卬先问一下，兀里好耍啊不哒（我先问一下，那里好玩不好玩）？

（21）个里搞一下，兀里搞一下，就是搞不好（这里弄一下，那里弄一下，就是弄不好）。

（22）兀乃杀搞好多咯人，夜里冇哪个敢去（那个地方杀了很多的人，晚上没有谁敢去）。

（23）他在兀乃倚搞好久，不晓得在想么子咯（他在那里站了很久，不知道在想什么）。

二 "兀"单独成词

除了充当词根语素外，"兀"还可以单独成词，用来修饰体词或者谓词。

（一）修饰体词

"兀的"与"兀"都可以修饰体词，但两者所处的句法环境并不相同，大致呈互补分布状态。

1. 兀 + 表时名词

在普通话中，只有"年""天""阵""晚""时""会儿"等少数表时名词能直接受远指代词"那"的修饰。在双峰方言里，能直接受远指代词"兀"修饰的表时名词要稍多一些，主要有"年（子）""天/日""阵（唧）""世"（辈）、"下唧"（一会儿）、"夜唧/夜里"（晚上）、"上界［ka²⁴］（唧）"（上午）、"下［ɣo³³］界（唧）"（下午）、"满饭"（中午）等。例如：

（24）他俚娘死兀年，连倒几个月冇落点滴雨唧（他母亲死的那年，连续几个月没下一点雨）。

（25）候唧嗯只咯笑嘞，到兀下唧要嗯哭嗲①哭不得（现在你只管笑，到那时要你连哭都哭不得）。

（26）兀下界嗯俚到哪里去哩啊？下冇来上班（那天下午你们到哪里去了？都没有来上班）。

（27）卬兀世嗲记得兀满饭，三猛子把我揿到地下打搞餐狠咯（我永远都记得那天中午，三猛子把我按在地上狠狠地打了一顿）。

"年""阵""世""旬""下唧"等词也可以在前面加数词

---

① "嗲"念［·tia］或［·tie］，有强调作用，用法与普通话中轻读的"都"相同，两者可能是同一个字。

"一"再进入该框架。例如：

（28）她在长沙读书<u>兀一年</u>就瘦搞好几斤，人也出条搞蛮
多哩（她在长沙读书那一年就瘦了好几斤，人也苗条了很多）。

（29）<u>兀一旬</u>他有得点滴精神唧，就像拖搞病哩一样
（那一旬他没有一点精神，就像生病了一样）。

（30）放心喽，嗯俚只看嘞，他总会有背时咯<u>兀一天</u>喽
（放心吧，你们瞧着，他总会有倒霉的那一天的）。

2. 兀 + 物量词 + 名词

在普通话里，"那"可以用在名词前，如可以说"那人""那
牛""那孩子"等。而在双峰方言里，要指示比较远的人或事物，
除了使用"兀的"外，通常需要借助物量词，不能直接说"兀
人""兀牛""兀孩子"等。例如：

（31）嗯拿倒<u>兀份菜</u>去吃吧（你拿着那份菜去吃吧）。*嗯
拿倒兀菜去吃吧。

（32）<u>兀杯茶</u>是印咯，不是嗯咯（那杯茶是我的，不是
你的）。*兀茶是印咯，不是嗯咯。

（33）<u>兀个人</u>的左手膊子缺搞哩（那个人的左臂断了）。*
兀人的左手膊子缺搞哩。

（34）他把滴钱放在<u>兀双鞋子</u>肚里（他把<u>一些</u>钱放在那
双鞋子里）。*他把滴钱放在兀鞋子肚里。

（35）他不记得<u>兀尺布</u>放到哪里去哩（他不记得那一尺
布放到哪里去了）。*他不记得兀布放到哪里去哩。

（36）嗯晓得<u>兀滴人</u>是从哪里来咯啊不哒（你知不知道

那些人是从哪里来的)？

（37）听倒别个讲<u>兀滴矿泉水</u>不是自己咯，兀的细人唧急得哭起来哩（听别人说那些矿泉水不自己的，那个小孩急得哭了起来）。

其中，例（36）中的"兀滴"大约相当于普通话中的"那些"。物量词"滴"与湘语多数方言中的"滴"的基本用法相似，念[ti²⁴]，表示量不确定的复数，相当于普通话中的"些"。[①]"滴"前还可加"（一）点"，"兀（一）点滴"约相当于普通话中的"那一点儿"，"名词"常带"唧"，强调数量比较少。例如：

（38）<u>兀（一）点滴水唧</u>还要留到明日吃（那一点儿水还要留到明日吃）。

（39）只剩<u>兀（一）点滴白纸唧</u>哩，要想办法拿点来才行（只剩那一点儿白纸了，要想办法弄点来才行）。

在某些语境中，"兀＋物量词＋名词"中的名词可以省略，甚至在物量词前添加数词"一"。例如：

（40）嗯喜欢哪条围巾哒？——<u>兀条</u>（你喜欢哪条围巾？——那条）。

（41）嗯觉得兀的四只妹唧里头哪只妹唧最好看哒？——<u>兀一个</u>（你觉得那四个姑娘里头哪个最漂亮？——那一个）。

在受"兀"限制的"物量词＋名词"结构中，如个名词数量为

---

① 罗昕如：《湘语"滴"的多功能用法》，《汉语学报》2007 年第 3 期。

"一"，除了强调数量外，"一"字通常省略；如个物量词前要插入不是"一"的数词，则只能用"兀的"不能用"兀"。试比较：

(42) a. *兀几个人好得裙连裤，裤连裆，好死哩搞好。

(42) b. 兀的几个人裙连裤，裤连裆，好死哩搞好（那几个人什么东西都可以共享，关系好极了）。

3. 兀 + 动量词

"兀"可以直接用在动量词前，也可以先接数词"一"再带动量词。例如：

(43) 印兀次跟嗯就是在个里吃咯饭（我那次跟你就是在这里吃的饭）。

(44) 兀一趟嗯就迟到搞哩（那一趟你就迟到了）。

在双峰方言里，如个动量词前面的数词不是"一"，则只能用"兀的"不能用"兀"。例如：

(45) *兀两次印有事，就请搞假哩。|兀的两次印有事，就请搞假哩（那两次我有事，就请假了）。

(二)"兀"修饰谓词

1. 兀 + 形容词/动词

"兀"单独修饰形容词或者动词，都大致相当于普通话中的"那么"，充当状语，但修饰动词必须与"个"对举，修饰形容词则没有这样的限制。例如：

（46）四嫂啊，嗯晓得啊不哒，卬俚三伢唧个次数学考试打哩九十九分（四嫂，你知道吗，我家三儿子这次数学考试得了九十九分）。——卬晓得唎，三伢唧咯成绩<u>兀</u>好，肯定考得大学起（我知道，你家老三的成绩那么好，肯定能考上大学）。

（47）哦？<u>兀</u>的妹唧<u>兀</u>恶啊啦（哦？那个女孩子那么凶啊）？

（48）他<u>兀</u>高大，两百斤嗲不会显得胖（他那么高大，两百斤都不会显得胖）。

（49）卬个做<u>兀</u>做，硬是做不好［我这么做那么做（做了很久），硬是做不好］。

（50）他个哄<u>兀</u>哄，总算把<u>兀</u>的细人唧哄笑哩（他这么逗弄那么逗弄，总算把那个小孩逗笑了）。

2.　兀＋一＋动词/形容词

"兀＋一"约相当于普通话中的"那么，那个"，充当状语。"兀＋一"放在动词前，主要用来加强语气；放在形容词前，主要用于表示夸张。例如：

（51）嗯<u>兀一喊</u>，齐家大肆下晓得哩（你那么一喊，大家都知道了）。

（52）王老娘她俚老倌死搞哩，她<u>兀一哭</u>啊，把卬滴眼泪嗲哭搞出来哩（王大娘的老公死了，她那么一哭，把我都感动得流泪了）。

（53）兀只细人唧<u>兀一瘦</u>呀，么子咯嗲不想吃，太难带哩（那个小孩那个瘦呀，什么东西都不愿吃，太难照料了）。

（54）他的房里<u>兀一乱</u>呀，卬一看倒就火（他的房间那个乱呀，我一看到就想发火）。

（55）听倒讲他俚娘回来哩，他兀一欢喜呀（听说他的妈妈回来了，他那个高兴劲哪）。

三 "兀"的来源

在近代汉语中，"兀的"是一个使用频率很高的词语，"的"有时也作"底"或"得"。吕叔湘认为，"兀的"是近指代词，宋元时代的"阿底"和"兀底（的）"就是晋宋时代的"阿堵"，"堵"是"者（这）"的异体，后来"者"字变为"底"，就写成"阿底"，更后又写成"兀底"。[①] 按，在中古"兀"为疑母没韵入声字，"阿"为影母歌韵平声字，二者语音差异甚大，通转的可能性很少。而且，"阿堵""兀底"整体意思相同，"堵""底"辗转相通，这并不意味着"阿堵""兀底"就一定是同一个词的异写形式。看来，诚如蒋绍愚、曹广顺所言，"阿堵"见于南方文献，"兀底"则见于北方文献，它们的关系还有待进一步的研究。[②] 有鉴于此，汪化云提出了一种新观点，认为"阿堵"是附加式代词，而"兀的"是复合远指代词，二者并非同一词语。[③] 我们比较赞成此说。在近代汉语里，"兀的"主要充当主语、定语，有时意义虚化为只起连接的作用。例如：

---

① 吕叔湘：《近代汉语指代词》，学林出版社 1985 年版，第 240—241 页。
② 蒋绍愚、曹广顺：《近代汉语语法史研究综述》，商务印书馆 2005 年版，第52 页。
③ 汪化云：《也说"兀"》，《语文研究》2007 年第 4 期。

（56）鹊相庞儿谁有？<u>兀</u>的便笔描不就。（宋·张镃《夜游宫·美人》）

（57）<u>兀</u>的不是我丈夫李顺？怎生死了来？（元·郑庭玉《后庭花》第 4 折）

（58）离了蒲东早三十里也，<u>兀</u>的前面是草桥，店里宿一宵，明日赶早行。（元·王实甫《西厢记》第 4 本）

（59）觑了他<u>兀</u>的模样，这般身分。（元·关汉卿《调风月》第 1 折）

（60）说话的，<u>兀</u>的说这才学则甚？（《醒世恒言》第 40 卷）

（61）你把这美前程结果了他，<u>兀</u>的不下场头撇开了我？（清·张坚《梦中缘（传奇）·醋诗》）

上述句子中，例（56）、例（57）"兀的"充当主语，例（58）、例（59）充当定语，例（60）、例（61）"兀的"起连接作用。汪化云论证指出，宋元时期大量出现的"兀"一般不单独用于称代而常出现在组合中，"兀的"中的"的"应该看作代词后缀。① "的"既然是后缀，就有可能脱落。实际上，这种脱落近代汉语阶段就已出现。脱落词缀后，"兀"不仅能够单用，而且还分别与"谁""那"等复合为疑问代词"兀谁"、远指代词"兀那"。例如：

（62）若这样损人利己干那没天理的事业，不要讲今生无子，<u>兀</u>该罚你五七十世做个孤老。（明·方汝浩《禅真后史》第 44 回）

---

① 汪化云：《也说"兀"》，《语文研究》2007 年第 4 期。

（63）玉嫩香柔，只为你玉嫩香柔，天长地久，害得俺天长地久，兀似有实丕丕一块儿咽不下喉。（明·施绍莘《〔二犯江儿水〕旅怀》）

（64）兀那弹琵琶的是那位娘娘？圣驾到来，急忙迎接者！（元·马致远《汉宫秋》第一折）

（65）则兀那龟儿卦无定准、枉央及，喜蛛儿难凭信，灵鹊儿不诚实，灯花儿何太喜。（元·郑光祖《倩女离魂》第3回）

（66）却教孩儿嫁兀谁？（《京本通俗小说·西山一窟鬼》）

（67）若论张协，家住四川成都府，兀谁不识此人？兀谁不敬重此人？（《张协状元》第1出）

例（62）、例（63）"兀"单独做主语，例（64）、例（65）"兀那"做定语，例（66）"兀谁"做宾语，例（67）"兀谁"做主语。

综上，双峰方言中的"兀的""兀咯""兀得"与近代汉语中的"兀的"有明显的源流关系。在双峰方言里，近代汉语中的"兀的"被保留下来，例（1）与例（58）、例（2）与例（59）中的"兀的"语法环境就非常相似。不过，双峰方言中的"兀的"句法功已经大大减弱，只能充当定语了，而近代汉语"兀的"充当主语的功能被"兀咯"分担，例（6）、例（7）、例（8）等句语法环境就与例（56）、例（57）相仿，起连接作用的功能则被"兀得"分担，例（10）、例（11）的语法环境就与例（60）、例（61）相似，三者呈互补分布状态。在双峰方言里，"咯""得"与"的"都可以充当结构助词，用"咯"的句子如例（18）、例（19）等，用"得"的句子如例（37）等，

用"的"的句子如例（3）、例（33）等；从语音看，"的"音
[·tə]，"咯"音[·kə]，"得"音[tia³3/tie³3]，"咯"与
"的"叠韵，"得"与"的"双声，"咯""得"与"的"关系也
很密切。"兀的"中的"的"脱落后，在双峰方言里变得非常能
产，能分别与"噶唧""里""边""那""头"等词缀、词根结
合成词，或者直接与动词、数量词、形容词、表示名词等结合成
短语，从而形成了完整系统的远指用法。

　　从汉语方言地理角度看，用"兀"作为远指代词最集中的
地方还是山西、陕西及甘肃东部地区，这极有可能是受到了阿
尔泰语系突厥语言的影响，用汉语中发音相似的字"兀"来对
译的表示远指的代词，因为这一地区是历史上汉民族和突厥语
言诸民族频繁接触的前沿。① 而且，使用"兀"作远指代词的近
代汉语作品也几乎都是由西北一带的文人创作的。双峰和西北
地区相隔遥远，貌似没有语言接触的可能。从目前的研究看，
双峰周边县市乃至湖南省全境其余地方都未见用"兀"表远指
的现象。那么，表远指的"兀"是怎样流入双峰的呢？这可能
与历史移民有关。

　　周振鹤、游汝杰曾经指出："西晋末年永嘉丧乱以后，大批北
方人民迁往南方，这是我国历史上第一次移民大浪潮。东晋及南
朝政府在大江南北侨置许多州郡，以安置北方流民。刘宋政权在
今湖北湖南交界处侨置了南义阳和南河东二郡。南义阳郡以今安
乡县西南为中心（见《大清一统志》），居民自义阳郡（今河南信
阳一带）迁来。南河东郡置于今湖北公安、松滋和湖南华容、安

_____

① 张维佳、张洪燕：《远指代词兀与突厥语》，《民族语文》2007 年第 3 期。

乡、澧县（见《大清一统志》），以河东（今山西西南部）人为主""至唐代中期安史之乱以后，襄邓百姓，两京衣冠，尽投江湘，从江陵到常德一带挤满了北方移民。"① 公元 1125 年，金灭辽，两年后再灭北宋；1206 年，成吉思汗铁木真统一漠北建立蒙古帝国，先后攻灭西辽、西夏、花剌子模、东夏、金等国。这两次大的战乱都主要发生在北方，也势必导致大量流民往南方迁移。总之，从两晋一直到宋元时期，每有改朝换代或声势浩大的叛乱，都是从北方开始的，从而导致大量北方流民南下，同时带来的还有他们的方言。

在上述大背景下，自然也有部分甘肃、陕西、山西流民直接或间接进入双峰县境，如据阳剑调查，现居双峰县梓门桥镇、杏子铺镇、永丰镇、沙塘乡的青兰彭氏是由甘肃陇西迁徙、繁衍而来；现居永丰镇的永丰杜氏，现居三塘铺镇、甘棠镇的上湘杜氏，都是由陕西西安迁徙、繁衍而来；现居锁石镇金紫峰村的金兰易氏五甲派、现居花门镇幸福村的八甲易氏，现居花门镇仁山、青和村的邵陵太平佘氏双峰支，现居杏子铺镇、梓门桥镇的两湘关氏，现居杏子铺镇白沙村的下马石温氏双峰支等都是由山西迁徙、繁衍而来。② 受大量山西、陕西及甘肃流民所讲方言的影响，双峰方言部分地区用"兀"充当远指代词也就不难理解了。

---

① 周振鹤、游汝杰：《湖南省方言区画及其历史背景》，《方言》1985 年第 4 期。
② 阳剑主编：《双峰方言之东扯西绊》，湖南地图出版社 2016 年版，第 197—234 页。

第五节 双峰方言中的"N 糊沥拉"

双峰县永丰镇、双峰镇、杏子铺镇、蛇形山镇、洪山殿镇、沙塘乡等乡镇的汉语方言中有一类"N 糊沥拉"式词语（有时说作"N 糊沥濑"）在 50 岁以上的人群中使用较为普遍。本节以语言事实为基础，对双峰方言"N 糊沥拉"的结构、句法功能进行初步描写，并对其来源进行初步解释。本节中的双峰方言语料全由笔者调查所得，其他语料来自北大语料库与百度搜索，但经过了反复核查。

一 "N 糊沥拉"结构分析

从语义看，双峰方言"N 糊沥拉"表示程度很高的一种性质，前面不能加程度副词、否定副词等修饰语，大致相当于"到处是N"，但"N 糊沥拉"表述更为生动形象。其中，"N"是名词性自由语素，"糊"是动词性自由语素，"沥拉"是词缀。

（一）关于"N"

进入"N 糊沥拉"中的"N"需是使用频率较高的单音节或双音节自由语素（组），不能是多音节，通常具有［＋无界］［＋可黏附/可涂抹］语义特征，主要可以分为三类。

第一类，液体名词，如"血""油""漆""汗""尿""汁（脓）""口水""眼泪""鼻头（鼻涕）"等。

第二类，含水分较多的稠糊物，如"泥""泥巴""牙膏""墨（一般指墨汁）""屎""鸡屎""鸭屎""眼屎""粪""潲""饭""粥"等。

第三类，可以溶于水的粉状物，如"水泥""粉（一般指面粉之类）""盐""灰""膏（主要指碾成粉状的熟石膏）"等。

除了上述三类词，"毛""头发"等少量毛状物虽然"有界"，不可涂抹，但可黏附，也可以进入"N糊沥拉"结构。

（二）关于"糊"

自汉魏以来，"糊"就有"涂抹、黏附"义，一般充当谓语。例如：

（1）（顾恺之）曾以一橱书寄桓玄，皆其绝者，深所珍惜，悉糊题其前。（《世说新语·巧艺》刘孝标注引《续晋阳秋》）

（2）制磁石以御冲，糊颓壤以飞文。（鲍照《芜城赋》）

（3）开窗不糊纸，种竹不依行。（白居易《竹窗》）

（4）文章糊了盛钱囤，门庭改做迷魂阵。（张可久《醉太平·无题》）

在现代汉语中，"糊"仍有"涂抹、黏附"义。《现代汉语词典》："糊¹：动 用黏性物把纸、布等粘起来或粘在别的器物上。"①在双峰方言里，"糊"也有"黏附、涂抹"之意，可单独做谓语，例如：

---

① 中国社会科学院语言研究所词典编纂室：《现代汉语词典》，商务印书馆 2016 年版，第 551 页。

（5）卬倮嫂嫂在兀里<u>糊</u>壁头（我嫂子在那里用纸糊墙壁）。

（6）妹妹把滴鼻头<u>糊</u>在门框子高头（妹妹把鼻涕抹在门框上）。

进入"N糊沥拉"结构后，"糊"仍隐含"粘附、涂抹"之意。

（三）关于"沥拉"

"沥拉"是词缀，读轻声，主要起加重语义的作用。若N是液体名词，"沥拉"处于半虚化状态，隐含有"流滴"义；若N为不能"流滴"的名词，"沥拉"完全虚化。从语音看，"沥拉"可能来源于"淋漉"。该词至迟汉魏时期就已开始使用，形容液状物流滴的样子。例如：

（7）仁爱纷纭德优渥兮，滂霈群生泽<u>淋漉</u>兮。（汉·崔骃《歌汉·北巡颂》）

（8）甘露<u>淋漉</u>以霄坠，嘉穗婀娜而盈箱。（晋·葛洪《抱朴子·外篇·君道》）

（9）帝愈怒，裸后，乱挝挞之，号天不已。盛以绢囊，流血<u>淋漉</u>。（唐·李百药《北齐书·文宣李后传》）

（10）早是我遭丧失火，更那堪背井离乡，穿林过涧，雨骤风狂，头直上打的<u>淋淋漉漉</u>浑身湿，脚底下踹着滑滑擦擦滥泥浆。（元杂剧《风雨像生货郎旦》）

例（7）"淋漉"喻指（皇帝的）恩泽像下大雨一样普惠群生，其余3例"淋漉"分别形容甘露、流血与骤雨往下滴的样子。

"淋漉"亦作"淋漓""淋沥"或"漓拉"等。其中,"漓拉"条《汉语大词典》没有收录。下面是几个具体的例子:

(11)岌嶪兮倾欹,飞泉兮激沫,散漫兮<u>淋漓</u>。(南朝·梁·范缜《拟〈招隐士〉》)

(12)明日,所画狮子口中臆前有血<u>淋漓</u>,及于户外皆点焉。(宋·李昉《太平广记》卷210引隋·佚名《八朝穷怪录》)

(13)雨师止其<u>淋沥</u>,云将卷其蔚荟。(隋·卢思道《祭巢湖文》)

(14)(吕崇粹)于家忽见数个小儿脚胫,自膝下自踝已上,流血<u>淋沥</u>,如新截来。旬日,粹遇疾而卒。(宋·李昉《太平广记》卷210引唐·窦维鋈《广古今五行记》)

(15)素姐只接过手来看了一看,他就焦黄了个脸,通没了人色,从裤裆里<u>漓漓拉拉</u>的流尿,打的那牙巴骨瓜搭瓜搭的怪响。(清·西周生《醒世姻缘传》第64回)

"淋漉""淋漓""淋沥""漓拉"与"沥拉"皆音近相通。至于它们的虚化,则要归根到"血糊淋拉"之类格式的产生了,下文将有详述,这里不赘。

二 "N糊沥拉"的句法功能

双峰方言所有"N糊沥拉"式词语可以充当谓语、定语、状语或补语,充当谓语时不能带宾语,一般不充当主语或宾语。张国宪认为,状态形容词的语义内涵可以描绘为"性质+程度量值",主要充当状语、谓语,但不能受程度副词及否定副词"不"

"没"等的修饰，此外还可充当定语、补语。[①] 按此观点，"N 糊沥拉"当是比较典型的状态形容词。

（一）充当谓语

"N 糊沥拉"既可以单独充当谓语，也可以在前面加"硬是"表强调。例如：

（16）兀滴肉毛糊沥拉，冇哪个敢吃（那些肉毛平平的，没有谁敢吃）。

（17）他打飞脚回来咯，滴头发嗲汗糊沥拉哩（他跑着回来的，头发都汗淋淋了）。

（18）个只衣衫硬是头发糊沥拉（这件衣服沾满了头发）。

（二）充当定语

"N 糊沥拉"可以充当定语，但其后必须加定语标记"咯"。例如：

（19）兀只鸡屎糊沥拉咯桌子嗲耗别个搬起行搞哩（那张沾满鸡屎的桌子都被别人搬走了）。

（20）是哪个把个只泥糊沥拉咯碗放在个里咧？（是谁把这个泥糊糊的碗放在这儿）？

（21）兀条鼻头糊沥拉咯手巾就是他咯（这条糊满鼻涕的毛巾就是他的）。

---

① 张国宪：《状态形容词的界定和语法特征描述》，《语言科学》2007 年第 1 期。

（三）充当状语

"N 糊沥拉"可以充当状语，但其后必须加状语标记"搞"。例如：

(22) 灰糊沥拉搞吃，点嗲不讲卫生（吃的东西沾满了灰，也不弄干净，就这么吃，一点都不讲卫生）。

(23) 尿糊沥拉搞困，也不怕只细人唧感冒（小孩子把尿撒在身上，不做任何处理，就让他睡觉了，也不担心他会感冒）。

（四）充当补语

充当补语，"N 糊沥拉"通常放在"得"字后面。例如：

(24) 他块面下耗兀滴溜子打得血糊沥拉（他的脸都被那些流氓打得血淋淋的）。

(25) 个只桌子耗他俚息搞得墨糊沥拉，硬要干净洗搞哒要得哩（这张桌子被他儿子弄得到处是墨汁，一定要干干净净洗了才行）。

一般情况下，"N 糊沥拉"语义所指向的事物在意念上是有定的、已知的人或事物，前面一般会带上指示代词、人称代词等修饰语。如例（16）、例（19）、例（21）"毛糊沥拉""鸡屎糊沥拉""鼻头糊沥拉"语义所指向的"肉""桌子""手巾"前面都有远指代词"兀"，例（18）、例（20）、例（25）"头发糊沥拉"

"泥糊沥拉""墨糊沥拉"语义所指向的"衣衫""碗""桌子"前面有近指代词"个";例(22)、例(23)"灰糊沥拉""尿糊沥拉"语义所指向的是隐现的说话者、听话者都知道的"吃的东西""只细人唧",例(14)、例(21)"汗糊沥拉"语义所指向的"头发""血糊沥拉"语义所指向的"面"是属于"他"的。

三　"N 糊沥拉"的来源

如前文所述,"糊"很早就有"粘附、涂抹"义,而"淋漉"则主要用来形容液状物流滴的样子。由于重力的作用,粘附在别的东西上面的液状物超过一定标准的时候,必然会向下流滴。换言之,从发展的眼光看,"糊"与"淋漉"具有顺承关系,有连在一起使用的可能,这为"N 糊沥拉"结构奠定了基本的"物质基础"。事实上,"血糊淋剌"一词至迟元代就已在汉语中使用,形容鲜血不停流滴的样子,充当状语或谓语。《现代汉语新词新语新义词典》把"血糊淋剌""血糊溜烂"都当作现代汉语新词新语收录①,似不妥。就笔者所见语料而言,"血糊淋剌"至迟元代就已产生。如:

(26)那船上死尸,是一个老的,又是一个小孩儿,又是一个女人,又是三个男子汉,总共六个尸首。那头都不在颈上,<u>血糊淋剌</u>的将船板染的一片红,明明是杀死的。(元·佚名《冯玉兰》第 3 折)

(27)俺那白头妈妈,年纪高大。见他每带系乌犀,衣着

---

①　诸丞亮、刘淑贤、田淑娟编著:《现代汉语新词新语新义词典》,中国工人出版社 1990 年版,第 288 页。

白襕，帽里乌纱，怎生地使手法，待席罢敲他一下，倒喧的俺老虔婆<u>血糊淋剌</u>。（元·马致远《青衫泪》第4折）

从历史语料看，"血糊淋剌"亦作"血胡淋剌""血忽淋剌"①"血糊淋拉""血糊零拉""血唬零喇"等。如：

(28) 王小二说：我不知道。天那，把王小二只管打，打的王小二浑身<u>血胡淋剌</u>的。（元·孙仲章《勘头巾》第2折）

(29) 他、他、他，打的来如砍瓜，似劈柴，棒子着处，<u>血忽淋剌</u>，肉绽皮开。（元·佚名《争报恩》第2折）

(30) 待席罢敲他一下，倒喧的俺老虔婆<u>血糊淋剌</u>。（元·马致远《青衫泪》第四折）

(31) 哄他人口似蜜，害贤良只当要，把一个杨德祖立断在辕门下，磕可可<u>血唬零喇</u>。（明·徐渭《四声猿·狂鼓史渔阳三弄》）

(32) 一个血胞子，还不知养得大养不大。就算着养大了，将来撂得<u>血糊零拉</u>的，还是我的大累。（清·曹去晶《姑妄言》第4回）

(33) 仔细一看，确是庄头上庙里的关老爷，手内提了那把大刀，刀上<u>血糊淋拉</u>的，地上躺着两半截人。（清·西周生《醒世姻缘传》第28回）

上述各例"血胡淋剌""血忽淋剌""血糊淋剌"②"血糊淋

---

① 向熹：《简明汉语史》（上），商务印书馆2010年版，第661页。
② 前面3词皆元曲已见，龙潜庵编著《宋元语言词典》收后面2词，未收"血胡淋剌"，详见上海辞书出版社1985年版，第336页。

拉""血糊零拉""血唬零喇"中的"胡""忽""唬"都与"糊"音同或音近,"淋剌""淋拉""零拉""零喇"都与前面所说的"淋漉""淋漓""淋沥"等音同或音近,当系同一语素的不同书写形式。在现代汉语中,仍然存在使用"血糊淋剌"的现象,但词的写法更加多样,其句法功能变得与双峰方言中的"N糊沥拉"一样全面。例如:

(34)听老辈人说,侯氏分娩那天,段大户到狱中去领那男孩,他把<u>血糊流拉</u>的小孩托在手里——他故意不洗,一路走,一路叫,看,女孩,女孩!(戴厚英《流泪的淮河》)

(35)商人付款后,墙上的青灰落下来,他一看此楼是一副蜂窝煤的嘴脸,就对自己抠响了驳壳枪,最后<u>血糊淋拉</u>地跳进北海。(王小波《黑铁时代》)

(36)丢下<u>血糊沥拉</u>的酒瓶子,卓力点上一支烟,沉着的说:"走!"(骁骑校《橙红年代》)

(37)三妮扑上去一看,于智奎只剩下一口气了,浑身<u>血糊溜拉</u>,胳膊上和腿上还捆着几道铁丝,两边的肉肿起来,把铁丝都埋在里边看不见了。(陈万增《血和泪的路程》)

(38)那大个子"嘿"了一声,抡圆手里的铁锨,便将那日本监王拦腰扫起,好像狂风卷落叶,一下把他扫下山涧,连声都没哼出来,就摔得<u>血糊溜烂</u>。(苗培时《深仇记》)

(39)她的二哥刘玉成,却在旁边揪着自己的脑袋往老松树上撞,谁也拉不住,脑袋撞得<u>血糊流烂</u>。(蒋子龙《农民帝国》)

例（34）写作"血糊流拉"，充当定语；例（35）写作"血糊淋拉"，充当状语；例（36）写作"血糊沥拉"，充当定语；例（37）写作"血糊溜拉"，充当谓语；例（38）写作"血糊溜烂"，充当补语；例（39）写作"血糊流烂"，充当补语。显然，"流拉""淋拉""沥拉""溜烂""溜拉""流烂"均音近相通。林山森认为，"血糊溜烂"中的"溜"是"很，非常"的意思①，似不妥。我们认为，进入"血糊淋剌"之类四字格后，后面两个字已经整体半虚化，不能分开解释。姜亮夫在疏证"血糊霖拉"时曾经指出："昭人状血出之多也。此以血霖霖指出血，言剌则语尾助声字，而糊则谓血肉模糊也。增糊剌以完成其四字词之形式者也，故三字式则曰血霖霖。"②此说亦通。

综上，湖南双峰方言中的"血糊沥拉"与元曲中的"血糊淋剌"意思相同，"沥拉"与"淋剌""淋拉"等音近相通，也是一脉相承的关系。"油""汗""尿""口水"等词与"血"相似，都是液态，都可以"流滴"与"粘附"，在类推规律的影响下，它们很自然地进入了"N糊沥拉"结构。当N是液体名词时，"沥拉"还具有"流滴"义，没有完全虚化。"泥""灰""毛"等物不能"流滴"，但可"粘附"，随着时间的推移，它们也开始进入"N糊沥拉"结构。这样，通过语义泛化，"沥拉"不再具有"流滴"义，完全虚化为表加重语义作用的词缀。

---

① 林山森编著：《汉语多音字多音词词典》，中国大百科全书出版社2010年版，第188页。

② 姜亮夫：《姜亮夫全集（第16册）·昭通方言疏证》，云南人民出版社2002年版，第160页。

四 余论

《汉语大词典》已收"血忽淋剌""血胡淋剌""血唬零喇""血糊流拉""血糊淋剌"① 等条，但未收"血糊淋拉""血糊零拉""血糊沥拉""血糊溜烂""血糊溜拉""血糊流烂"等条，《汉语大词典订补》增补"血糊淋拉"条②，《现代汉语新词新语新义词典》收"血糊淋剌""血糊溜烂"等条③，《维西汉语方言词典》收"血糊沥拉"条④。如上所述，后六词亦有文献用例，特别是"血糊零拉"，至迟《姑妄言》已有例，《汉语大词典》不收，似不妥。

从"五四"以前语料看，除了"血"，似乎没有其他语素进入过"N 糊淋剌"类结构，那么，双峰方言中表示液体、含水分较多的稠糊物等名词大概何时开始进入"N 糊沥拉"格式？从共时角度看，除了双峰方言，湖南乃至全国其他地方的汉语方言有没有如此丰富的"N 糊沥拉"式词语？这些都有待我们做进一步的调查、分析与探讨。我们还注意到，在双峰方言中，老一辈倾向于使用"N 糊沥拉"，年青人则倾向于使用"到处是N"。这说明，"N 糊沥拉"的用频在日益减少，有可能萎缩乃至消失。这也印证了汪国胜的观点：要进一步加强对方言语法现

---

① 罗竹风主编：《汉语大词典》卷 8，汉语大词典出版社 1991 年版，第 1342、1343、1345、1348 页。

② 汉语大词典编纂处：《汉语大词典订补》，上海辞书出版社 2010 年版，第 1031 页。

③ 诸丞亮、刘淑贤、田淑娟编著：《现代汉语新词新语新义词典》，中国工人出版社 1990 年版，第 288 页。

④ 吴成虎编著：《维西汉语方言词典》，上海辞书出版社 2007 年版，第 234 页。

象的深入调查，否则，就有可能使我们失去一批宝贵的语言资料。①

第六节　双峰方言中的几个形容词前缀

张小克曾经指出，长沙方言中存在大量"BA 的"式形容词，其中"B"表示程度加深，相当于副词"很"，并认为"B"是前缀。② 在双峰方言中，也存在不少类似的形容词。不同的是，双峰方言中的"BA"后边一般带"咯"，偶尔不带，根据具体语境决定。在双峰方言里，能产性较强的形容词前缀③主要有"经 -""精 -""喷 -""稀 -""飞 -""勠 -"等，下面一一加以说明。

一　经 [tɕien⁵⁵] -

"经 -"附加在单音节及物动词前边构成双音节形容词，表示"经得起"或"可以长久使用"等意思，常用的词语主要有"经用、经穿、经烧、经煮、经晒、经吃、经冻、经饿、经嚼、经泡、经搓、经放、经翻、经留、经踩、经打、经敲、经捶、经坐、经盖"等。"经 -"类形容词可以受程度副词、否定副词的修饰。例如：

---

① 汪国胜：《大冶方言的有定成分"a"》，《语言研究》2012 年第 2 期。
② 张小克：《长沙方言的"bA 的"式形容词》，《方言》2004 年第 3 期。
③ 严格说来，"BA"式形容词里的"B"只能算准前缀，因为它的位置虽然很固定，但同时具有比较实在的词汇意义。

（1）个只衣衫闷<u>经穿</u>，买倒四五年哩，还跟只新咯一样（这件衣服很耐穿，买回来四五年了，还像新的一样）。

（2）兀的鼓点嗲不<u>经打</u>，冇到一年就烂搞哩（那面鼓一点都经不起敲，没到一年就坏了）。

例（1）"经穿"前面有程度副词"闷（很）"，例（2）"经打"前面有否定副词"不"。

"经—"式词语在传统纸质文本中也不罕见，下举6个"经打"明清用例为证：

（3）武二道："我问他，如何不说，我所以打他。原来不<u>经打</u>，就死了。"（《金瓶梅》第9回）

（4）这样不<u>经打</u>的，把尸骸抛在城脚下喂狗便了。（李玉《清忠谱》第11折）

（5）昌义之笑道："原来魏将这样不<u>经打</u>！"（天花藏主人《梁武帝演义》第7回）

（6）谁知甚不<u>经打</u>，打的不多几下，口里就不住的爷爷奶奶央及不了。（清·西周生《醒世姻缘传》第95回）

（7）左右把烟枪拿下，提起毛头板方打一下，就做几块，禀曰："启大人，这枪不<u>经打</u>，一板就烂了。"（清·刘省三《跻春台·卷3·审烟枪》）

（8）那蔡公子乃酒色之徒，娇生惯养，如何<u>经打</u>？（徐永华《乾隆下江南》第11回）

双峰方言还有"经事"一词，表示"耐用，保留、使用的时间长"。例如：个种碗一不经事，轻头摸脑唧撞一下就烂搞哩

（这种碗很不结实，轻轻地撞一下就会坏）。│有个细人唧在屋里，滴糖点得不经事（有小孩在家，糖果一点都不耐吃）。该词的构造方式是"经+名"，双峰方言属于此类结构的似乎只有"经事"一词。

按，"经事"通常指"月经"，例多，不赘。此义《汉语大词典》"经事"条①未列。还可指"经历世事"，至迟唐代就已使用。刘禹锡《酬乐天咏老见示》："经事还谙事，阅人如阅川。"柳宗元《三赠刘员外》："信书成自误，经事渐知非。"此义《汉语大词典》"经事"条未列，但与《汉语大词典》所列第二义"治理世务"关系密切。《元明清文学方言俗语词典》："经事：顶用。《宦海》第 17 回：'况那外堂工夫又是些伤筋动骨的勾当，几个不经事的。不上半个月就得吐血咳嗽的病，并且死了好几个。'"②此义亦与双峰方言略有不同。《汉语大词典》"经事"条第三义："顶事，耐用。"此与双峰方言几近。

《现代汉语词典》第 5 版收"经¹""经²"两条，"经¹"列 9 个义项，"经²"列 2 个义项③；《现代汉语词典》第 6 版把"经¹""经²"并为一条，列 12 个义项，其中第 11 义释语为"动 禁(jīn)受：—不起│—得起考验。"④《现代汉语词典》第 7 版⑤沿

① 罗竹风主编：《汉语大词典》卷 9，汉语大词典出版社 1992 年版，第 862 页。
② 岳国钧主编：《元明清文学方言俗语辞典》，贵州人民出版社 1998 年版，第 1017 页。
③ 中国社会科学院语言研究所词典编纂室：《现代汉语词典》（第 5 版），商务印书馆 2005 年版，第 717 页。
④ 中国社会科学院语言研究所词典编纂室：《现代汉语词典》（第 6 版），商务印书馆 2012 年版，第 681 页。
⑤ 中国社会科学院语言研究所词典编纂室：《现代汉语词典》（第 7 版），商务印书馆 2016 年版，第 684—685 页。

用第 6 版的说法。我们认为，"经"充当形容词前缀的用法与《现代汉语词典》第 6—7 版所列第 11 义关系密切但又有区别，下次修订《现代汉语词典》当增补该用法，释义大致可写成"〈方〉前缀。用在某些及物动词前面构成形容词，表示'经得起'或'可以长久使用'等意思。"同时，应酌情考虑收录"经打"之类使用频率较高的派生词。

二　精［tɕien⁵⁵］–

"精"在少量形容词中充当前缀，表示程度深，双峰方言比较常用的词语有"精涩（很涩）"、精酸、精细、精碎、精光、精瘦、精打光"等，通常不说"精薄""精短""精浅"，更不说"精粗""精甜""精胖""精厚""精长""精深"之类。也就是是，在双峰方言中，"精–"只能附加在极少量有标记的空间类形容词与"嗅味"类形容词前边，具有很强的封闭性。从组合功能看，双峰方言"精–"式词语有两大特点：其一，一般不受副词修饰，即很少说："不精酸、不精碎、闷精光、闷精瘦"之类；其二，有部分词能进入"BA 里 A"模式，如"精涩巴涩、精酸巴酸、精瘦巴瘦"等。下面重点阐述"精光、精瘦、精打光"三词。

精光：净尽，一无所有。例如：三碗菜下耗他吃得精光咯（三碗菜都被他吃得干干净净）。

按，"精光"至迟汉代已见，本指"光辉"，如司马相如《长门赋》："众鸡鸣而愁予兮，起视月之精光。"至迟在宋代，"精光"又引申出"光洁"义。《朱子语类》卷126："只是佛氏磨擦得这心极精细，如一块物事，剥了一重皮，又剥一重皮，至剥到极尽无可剥处，所以磨弄得这心精光，它便认做性，殊不知此正圣人之所谓心。"《醒世恒言》卷39："李婉儿伸手去摸他头上，乃是一个精光葫芦。"该义《现代汉语词典》①《实用汉语形容词词典》②《现代汉语形容词辞典》③"精光"条皆已列。"精光"之"光亮洁净"义通过引申，又产生了"净尽，一点都不剩"义。明邓志谟《咒枣记》第6回："把那些猴子猴孙一鞭一个，打得个风送残云，一扫精光。"明汤显祖《牡丹亭》第55出《圆驾》："若说秦夫人的受用，一到了阴司，挦去了凤冠霞帔，赤体精光。"《初刻拍案惊奇》卷35："恰好周秀才家里看家当直的，因家主出外未归，正缺少盘缠，又晚间睡着，被贼偷得精光。"《二刻拍案惊奇》卷8："小子只为苦口劝着世人休要赌博，却想起一个人来，没事闲游，撞在光棍手里，不知不觉弄去一赌，赌得精光。"《西洋记》第65回："把西边地上的草，烧一个精光。"《型世言》第17回："到鸡鸣山，鞑兵追来，遣成国公朱勇断后，被他赶到鹞儿岭，杀个精光。"《鼓掌绝尘》第34回："未了，嗖嗖的把一头头发，剪得精光。"皆其证。"精光"条《汉语大词典》未及"光洁"义，已列"净尽；一无所有"义，引《西游记》《阿Q正传》为书证。④

①　中国社会科学院语言研究所词典编纂室：《现代汉语词典》第7版，商务印书馆2016年版，第689页。
②　安汝磐编著：《实用汉语形容词典》，中国标准出版社1990年版，第348页。
③　陶然、萧良主编：《现代汉语形容词辞典》，中国国际广播出版社1995年版，第115页。
④　罗竹风主编：《汉语大词典》卷9，汉语大词典出版社1992年版，第217页。

精瘦：很瘦。例如：兀的人精瘦精瘦咯（那个人很瘦很瘦）。｜滴精瘦咯鸡是土鸡，还要好吃滴（那些很瘦的鸡是土鸡，还要好吃一些）。

按，该词至迟清初已见。《姑妄言》第 23 回："易于仁自从收了焦面鬼大娘来家之后，虽喜他善淫，但面目既已可憎，此物又寡骨精瘦，毫无可取。"李渔《无声戏》第 9 回："忽然有个通房，焦黄精瘦，生起病来，茶不要，饭不贪，只想酸甜的东西吃，达卿知道是害喜了。"《儿女英雄传》第 5 回："只见左边的那座角门哗拉一响，早走出两个和尚来：一个是个高身量，生得浑身精瘦，约有三十来岁；一个是个秃子，将就材料当了和尚，也有二十多岁。"《雍正剑侠图》第 46 回："眼前八仙桌角站着个人，海川一见这人，瞧着有点儿眼熟，个不高，精瘦儿，一身土黄布的衣服，腰里煞着绒绳，搬尖洒鞋，白袜子高腰。"《续小五义》第 108 回："那个精瘦小孩儿，会胜那两个大身量的，这三个人，又不是那人的对手。"现代汉语也不乏用例。张欣《今生有约》："火锅城商业铺面的房东，是一个精瘦的秃顶老头，整天游游荡荡，不是在股市当口水佬，就是找人当街当巷杀棋，招一堆衣衫不整的看客，每每掏出的是万宝路烟盒，抽的是红双喜香烟。"李滋民《模仿天才》："厂长吴天成，五十上下，个儿不高，精瘦精瘦的，毫无山东大汉的气宇，但他双眼射出的光，让人见了不寒而栗。"《现代汉语词典》、安汝磐编著《实用汉语形容词词典》及陶然、萧良主编《现代汉语形容词辞典》等辞书未收"精瘦"条，《汉语大词典》已收，引鲁迅《二心集·丧家的资本家的乏走狗》、杨沫《青春之歌》

为书证①，偏晚。

精打光：精光。例如：昨日买倒兀滴桃子耗他俚吃得精打光哩（昨天购买的那些桃子被他们吃得一点都不剩了）。

按，"精打光"中的"打"只起衬音作用，无义。该词至迟明末清初已见，如《女仙外史》第73回："（曼尼）就在离位呼口气，四面喷去，化作烈焰滔天，火龙火马，电掣雷飞，不消刹那之顷，烧得个精打光。"《醒世姻缘传》第92回："一个老婆婆，有衣有物的时节，还要打骂凌辱；如今弄得精打光的，岂还有好气相待不成？"《金台全传》第2回："小鸡母鸡多被妖怪吃得精打光了。"现代汉语更不乏其例，如何士光《乡场上》："就收那么几颗，不够鸦雀啄的，除了这样粮，又除那样粮，到头来还不是和我冯幺爸一样精打光？"徐静静《风骚初探二则·异性朋友不怕多》："有两次高中学生聚餐，第一次男女分坐，桌上的菜吃得精打光，一个个毫不客气；第二次男女混坐，桌上的菜结果还绰绰有余，一个个斯文极了。"《现代汉语词典》、安汝磐编著《实用汉语形容词词典》及陶然、萧良主编《现代汉语形容词辞典》等辞书未收"精打光"条，《汉语大词典》已收，引《太平天国歌谣·女大帅李陈娘》、茅盾《虹》为书证②，偏晚。《汉语大词典订补》增补《官场现形记》为书证③，仍稍晚。

"精打光"或作"精大光"，至迟清代已有用例。程蕙英《新编凤双飞》第42回："又闻得，张建昌，提兵将次到南阳。

---

① 罗竹风主编：《汉语大词典》卷9，汉语大词典出版社1992年版，第227页。
② 同上书，第217页。
③ 汉语大词典编纂处：《汉语大词典订补》，上海辞书出版社2010年版，第1049页。

无名之将何须惧，管取杀得他来精大光。自有军师施法力，叫他认认我小刘王。"《冷眼观》第 24 回："眼见着壶中酒，盘中菜，都要被他们吃得精大光了，不觉心中一急，把一口馋涎往下咽去，顷刻贯三焦，下大肠，化出了一股浊气来。"其后沿用，如《鬼子搜山来扫荡》："天气刚刚蒙蒙亮，鬼子搜山来扫荡；见人就杀抢东西，房子烧得精大光。"① 展波《继续打蝗虫》："蝗虫是个大魔王，咬坏麦子吃小秧，麦和稻，救命粮，碰到它，精大光，哎呀唷！一年生计没指望。"② 巴波《王参议员》："那晓得狗头一上任，他就倒霉，连天老爷都跟他为难。前年那一场倒霉的大雨，眼鼓鼓的把梦淋得精大光。"③ 凤仪《郑板桥卖画·寄奇书张岳遭暗算 买龙缸寡妇喜得救》："书刻出来了，夜里失了一把天火，把个刻字坊烧得精大光。"④《汉语大词典》未收"精大光"。

《现代汉语词典》"精"条都列有 10 个义项，其中第十个义项释语为"〈方〉副词，用在某些形容词前面，表示'十分'、'非常'：—瘦｜雨把衣服淋得—湿。"⑤《汉语大词典》"精"条⑥也列有副词义，释为"甚，极"，第二个例证中有"精薄"之语，但同时分列"精光""精瘦""精打光"等条。按照双峰方言，把

---

① 袁同兴辑：《晋察冀根据地抗日民歌选》，上海文化出版社 1956 年版，第 92 页。
② 民国三十四年（1945）农历六月廿七日《人民报》。
③ 该文最初发表于 1947 年，引自《中国新文学大系（1937—1949）第 5 集·短篇小说卷 3》，上海文艺出版社 1990 年版，第 521 页。
④ 中国文联出版公司编：《话本小说 第 1 辑》，中国文联出版公司 1984 年版，第113 页。
⑤ 中国社会科学院语言研究所词典编纂室：《现代汉语词典》第 7 版，商务印书馆 2016 年版，第 688 页。
⑥ 罗竹风主编：《汉语大词典》卷 3，汉语大词典出版社 1989 年版，第 497 页。

"精"看作副词似乎不妥，至少无法解释"精打光"这类用法，还是把它看作词缀较为全面。

三 喷 [pʰən⁵⁵/pʰien²⁴] –

"喷"用在少量双音节形容词中充当前缀，表示程度深，比较常用的词语有 5 个，即："喷臭""喷香""喷臊""喷腥""喷响"①。其中，"喷香""喷臭""喷臊""喷腥"是表气味的双音节形容词，而"喷响"则是表声音的形容词。"喷香"在普通话及各汉语方言都使用非常广泛，《汉语大词典》及《现代汉语词典》②《实用汉语形容词词典》③《现代汉语形容词辞典》④ 等辞书已收录，"喷臭""喷腥""喷响""喷臊"四词都未收录。下面分别说明上述五词在双峰方言中的用法，并分别考求它们在历时语料中的使用情况。

喷 [pʰən⁵⁵] 臭：形容臭味很浓，主要充当谓语、定语、补语等。例如：个块肉喷臭咯，吃不得哩（这块肉很臭，不能吃了）。｜嗯称只喷臭咯鱼回去做么子（你买一条很臭的鱼回去干什么）？｜滴黄日白耗嗯妈淋得喷臭咯，要过泡把天哒吃得哩（大白菜被妈妈用粪水淋得很臭，要过十来天才能吃了）。

---

① 阳剑主编：《双峰方言之东扯西绊》，湖南地图出版社 2016 年版，第 166 页。
② 中国社会科学院语言研究所词典编纂室：《现代汉语词典》第 7 版，商务印书馆 2016 年版，第 987 页。
③ 安汝磐编著：《实用汉语形容词词典》，中国标准出版社 1990 年版，第 512 页。
④ 陶然、萧良主编：《现代汉语形容词辞典》，中国国际广播出版社 1995 年版，第 164 页。

按，该词至迟元代已见。李仲南元代至顺二年（1334）撰《永类钤方·卷20·五脏各部所主形色分见面部·脾部所主》："脾肺热就，口内喷臭。"清坑余生《续济公传》第209回："有那房门掩了半扇，四人将那半扇门一推，直冲而入。不料忽然那四人脚下就同落了空一般，只听'哼通哼通哼通'几声，四人都跳在一个深坑里面，却不晓得是一个什么所在，但觉浑身喷臭。"蒋弼《我要做公民》："她自己不知道自己还是人，一天到晚腐化，俗话说，一摊软牛屎，稀烂喷臭。"张勤《国家天职》："他觉得我儿子是他贺家的拦路虎，要及早除掉。赶不出去，就要往我儿子身上泼屎泼尿，搞得喷臭，没人敢再接近我儿子。"此4例"喷臭"形容臭味很浓。吴吉清《在毛主席身边的日子里》："我就是在您的亲手抚育下，由一个'衣衫打结裤打绺，满身喷臭叫化臊'的小长工，成长为一个红军战士、一个共产党员。"夏德馨《扶正为主治疗肝硬化腹水》："如肝肾阴竭，肝风内动，可见口秽喷臭，抽搐昏迷之症。"此2例"喷臭"指发出臭味。沈荣国《挖蝉壳》："小明听到刘三秃子满嘴喷臭，污蔑合作医疗，恨不得冲上去就把他抓住，但又怕人少被他跑了，灵机一动，向其他握紧了小拳头的伙伴们使了个眼色。"君华《芙蓉村的红楼梦心梦》："柳发最听了大怒，骂道：'混账胡说的畜牲！你来逮我的鸡，还满口喷臭，胡嚼许多混账鬼话糟践我？我不跟你有完！今天这鸡就是磕破头也不准你抓去！'"周广生《脱离烦恼》："你这个人是不是精神上有毛病，或不正常，或不懂事理地胡说八道，满嘴喷臭，勒令住嘴！"此3例"满嘴喷臭"喻指胡说八道。

喷 [pʰən⁵⁵] 臊：形容气味很臊，主要充当谓语、定语、补语等。例如：滴狗肉喷臊咯，要放滴白酒煮下哒好吃（狗肉有很大的臊味，要放些白酒煮一煮才好吃）。｜嗯把兀滴喷臊咯谢子再去洗一到哒（你把那些尿骚味很浓的尿片再去洗一遍吧）。｜兀的伢唧是只"拉尿狗"，议堂把条裤拉得喷臊咯（那个男孩常把尿拉在身上，经常把裤子拉得臊臊的）。

按，"喷臊"至迟元代已见。元·王冕《徙马叹》："喷臊撼动赤墀风，太仆御官愁失色。"戴其林《绯闻》："哎——胖王，你个油头滑脑，臭嘴喷臊，你小子喊大嫂有好事吗？"前例指"发出臊味"，后例喻指讲话轻佻。徐晓鹤《院长和他的疯子们》："我赶紧缩进帐子，果然有几个妹子唱歌利啦从门口过身，锄头扁担碰得乒嘟响，沟里的泡子还没散，一个妹子嗯了一声，说是闻到了喷臊的，我躲在门后面乐得直想笑，第八要我不要做声，等她们一过，我就伸出脑壳对她们背后突然喊一声：'比你还臊啊？'"孙见喜《太岁宫》："他又仔细品味这鞋子，把手指头伸进鞋壳子里撑圆它，甚至凑上鼻尖深深地闻一闻；这半块子北瓜，拿回去可以喂猪；这红眼疥肚子，拿到药铺子能换俩麻钱儿；几片子尿桶板，日他娘的喷臊老臭，他一抡胳膊又扔到河里去！"此2例"喷臊"形容气味很臊。

喷 [p^hien^{24}] **香**：形容香气浓郁，主要充当谓语、定语、补语等。例如：滴饭喷香咯哩，应该熟搞哩（饭已经很香，应该熟了）。｜兀滴喷香咯糖其实不大好吃（那些闻起来很香的糖其实味道不怎么好）。｜滴红薯煨得喷香咯，应当吃得哩（红薯烤得很香了，应该可以吃了）。

按，该词至迟唐代已见。唐罗隐《寄前宣州窦长侍》："喷香瑞兽金三尺，舞雪佳人玉一围。"前蜀贯休《夜夜曲》："蟋蟀切切风骚骚，芙蓉喷香蟾蜍高。"北宋徐铉《咏史》："列烛正晶荧，喷香常逶迤。"南宋王明清《挥麈录·第三录·卷2》"时当六月，积冰如山，喷香若烟雾，寒不可忍，俯仰之间，不可名状。"元杨景贤《西游记》第23出："白马驮经，金狮喷香。"上述5例"喷香"指散发香气。《初刻拍案惊奇》卷31："我们三个吃时，是喷香的好酒，如何是恁的？"《型世言》第38回："房内收拾得洁洁净净，床被都熏得喷香。"《东度记》第41回："那个笑语喷香人买笑，那个身躯袅娜客追欢。"《隋炀帝艳史》第23回："他三兄弟得了孩子，便拿出狠心，活漓漓的杀了，把头脚丢开不用，骨头俱细细剔出，身上的好肉，切得四四方方，加上五味椒料，连夜安排的喷香烂熟。"蒲松龄《富贵神仙》第6回："一行人进了门到了客位，看了看四下里楼阁成堆。才坐下端上佳肴美味，喷香的糯米酒，大大的建磁杯。"李渔《连城璧》卷9："这三个姊妹不但把他送归锦幕，扶上牙床，连那喷香的被窝都替他撒好了，方才去睡。"《醒世姻缘传》第29回："一日，在朋友家赴席，席上炒得极好的田鸡，喷香的气味钻进他鼻孔内去，他的主意到也定了不肯吃，可恨他肚里馋虫狠命劝他破了这戒。"《三侠剑》第5回："喝你碗吧，闻着你茶真喷香。"上述8例"喷香"形容香气浓郁。《汉语大词典》"喷香"之"散发香气"义①"喷"读阴平，引唐·罗隐《寄前宣州窦长侍》、宋·范成大《夜宴曲》、郭小川《他们下山开会去了》为书证；"香气浓郁"义

---

① 罗竹风主编：《汉语大词典》卷3，汉语大词典出版社1989年版，第497页。

"喷"读去声，引今人草明《乘风破浪》、李英儒《野火春风斗古城》为书证，过晚。

喷 [pʰien²⁴] 响：形容声音很响亮，主要充当谓语、定语、补语等。例如：个滴爆竹喷响咯，要得（这些鞭炮很响，不错）。｜她打搞一只喷响咯屁，丑得块面得红搞哩（她放了一个很响的屁，羞得脸都红了）。｜莫敲起桌子喷响咯，吵死哩（别把桌子敲得很响，吵死人了）。

按，该词至迟宋代已见。宋陈田夫《南岳总胜集》卷中："在县西二里觉海寺后，飞泉喷响，古木交阴，石路曲折，岩上有庵萝果树。"宋潜说友《咸淳临安志》卷36："次于垂崖之下三十余仞，其水湛湛，流入下潭，喷响如雷，湍溅岩壁。"赖朝树《战士的深情》："是地壳在躁动？是岩浆在喷响？是霹雳在轰鸣？是群山在鼓掌？啊，是您啊，在宣告，在召唤，在高歌，在宣讲……"橡子《脆弱》："唾沫落在赤红的木炭上，嶷嶷喷响。"此4例"喷响"指发出响声。管桦《酒》："'李书记，找找找我……就……就这事儿？'临走的时候，魁德再也忍耐不住地这么说。又开始喷响鼻子，咳嗽着，带着自觉理亏的神情，瞧着书记的眼睛，'关于我……喝……喝……喝酒……'"文景明，刘瑞祥编纂《杏花村传说》："看看这马已经冲近，顾不得多想，他一个健步跃上桥头，拦住狂马去路，这马见有人拦路，眼睛火红，口鼻喷响，直冲过来，张门就咬。"此2例"喷响"特指（马、驴等家畜）喷响鼻子。符玉珍《年饭》："我捧起饭碗，扒了一口饭，夹起一块菜梗往口中这么一丢，随之故意嚼得喷响，以表示自己的确吃得挺香。"郑彦英《石胡笳》:"他听见隔壁房间传来弟弟二狮喷响的鼾声,他禁不住伸手抚摸着依枕而放的光滑沁凉的石胡笳。"此 2 例"喷响"形容声音很响亮。阿城《舅舅》:"老妇人便用舌头打出一串喷响,摇头笑着说:'都说东北好冷噢——'"朱誉德《奇遇》:"随着一声气体的喷响,人们嗅到了一股汽油的气味,客车在公安局的门前刹住了。"任海《官兵情愫愉悦的一幕》:"政委吃了一惊,但却发出了笑声,说了一句什么,并身不由己沉下水来,我则赶紧逃之夭夭,潜游回来,打了个大喷响,探出头,向政委做了一个笑嘻嘻的鬼脸。"此 3 例"喷响"指响声。

喷[pʰən⁵⁵]腥:形容腥味很浓,主要充当谓语、定语、补语等。例如:个只桶子盛哩下鱼,喷腥咯(这个桶子装了一下鱼,有很大的鱼腥味)。|个只喷腥咯桶子盛趄鱼,要干净洗搞哒用得(这个很腥的桶子装过鱼,要洗干净才可以用)。|嗯只手搞得喷腥咯,做趄么子咯啊(你的手搞得很腥,干过什么呀)?

按,中华人民共和国成立以前文献罕见"喷腥"用例,但其后不乏。李自由《不夜的山村》:"大队有口小山塘,那里面养了几条鼻涕鲢子鱼,捞起来煮熟,摆到桌子上,几根尽刺,喷腥的,招待县委书记实在是太寒酸了。"王志勇《黑子和兰姣(风俗小说)》:"他瞄了瞄那猎物,蒙蒙中看见黑糊糊的一大团血蝇,正令人恶心的涌挤在野猪牯的尸体上翻滚着,贪婪地吸吮那喷腥喷腥的血,不停地发出一阵阵叫人毛骨悚然的呜呜声。"叶蔚林

《陌上桑》："房东老太太在堂屋迎着她，阴阳怪气地说：'妹子好福气哟，相好的特意送吃的来啦！怕是墨龟炖肉啵，喷腥的，作呕！'"此3例"喷腥"形容腥味很浓。周立波《北京来客》："'牛奶喷腥，慢点供应也不要紧。'胡子插嘴。"段剑秋《鸳鸯屋子》："霜叶赶忙躺下，闭上眼睛，假装睡去。她不想跟这个野货说话，更不想因此招惹得紫菊满口喷腥。"孙步康《黑旗虎影》第24回："一口唉完，嘴角沾红，口里喷腥，胸脯一挺，打个饱嗝，一行人分头出营，调集兵马，干那桩胆大包天勾当去了。"侯大康《蜃影》："砍脑壳多在溪边苦楝子树下的树蔸墩子上，砍一颗就水冲去一颗，一日积一日，有淌下去的统摞在哈哈滩，汩汩血水终日不散，眼见得溪都堵塞了，哈哈滩笑不起来了，满水流子喷腥喷臭。"此4例"喷腥"指发出腥味。

综上，"喷臭"之类词语通常既有动词用法，又有形容词用法，且动词用法出现的时间通常比形容词用法更早。如"喷臊"充当动词至迟元代已见，而形容词用法现代汉语才出现；"喷香"充当动词至迟唐代已见，而形容词用法明代才见。从历时角度考察，充当动词，"喷"有"急速逸出"义，读阴平；充当形容词，"喷"有"气味浓郁"义，读去声。在双峰方言中，"喷臭""喷香"等词仅存形容词用法。

四　稀［çi⁵⁵］－

双峰方言"稀－"（或作"希"）有"很"义，可附加在少数具有［＋变形］语义特征的单音节形容词前构成双音节形容词，常见的有"稀软""稀发""稀烂""稀碎""稀泻""稀茸"

等。其中，"软""发"具有"松软"义，易变形；"烂""碎""泻"描写变形后的具体状态。"希"是"稀"的古字，故"稀-"也作"希-"，《汉语大词典》收词也往往"稀-"与"希-"并收，如"稀少"与"希少""稀有"与"希有""稀年"与"希年""稀罕"与"希罕""稀奇"与"希奇""稀松"与"希松""稀阔"与"希阔"等。

稀发：（米、干物等经水或其他液体浸泡后）膨胀得厉害，体积变大了很多。例如：滴饭下稀发咯哩，点嗲不好吃（饭太稀了，一点都不好吃）。｜个滴海带浸得稀发咯哩，要得哩啊不咧（这些海带已浸泡得很蓬松了，可以了吗）？

按，笔者未见与双峰方言用法相同的"稀发"用例。"发"至迟南北朝已有"发酵，膨胀"义。北魏贾思勰《齐民要术·造神麹并酒》："凡冬月酿酒，中冷不发者，以瓦瓶盛热汤，坚塞口，又于釜汤中煮瓶令极热，引出，着酒瓮中，须臾即发。"元末明初佚名《法海遗珠》卷45："须要忌口，塘鱼、发面、熬饼、麻饼、牛羊、鹅、猪母、清油、煎炙、腊味、酒、生冷毒物，切宜精加保爱。"明李时珍《本草纲目·谷四·蒸饼》："小麦面修治食品甚多，惟蒸饼其来最古，是酵糟发成单面所造。"明徐光启《农政全书》卷四："浸曲经七日，曲发细泡起。"《醒世姻缘传》第85回："素姐因狄周许的他快活，也因狄希陈久别乍回，未免有情，也曾叫人发面做馍馍，秤肉杀鸡，泡米做饭。"双峰方言"稀发"中的"发"义本此。

稀烂：极烂；破碎到极点。例如：滴肉炖得稀烂咯哩

（肉炖得极烂了）。｜只桌子耗他俚捶得稀烂咯（这张桌子被他们砸得稀巴烂了）。

按，"稀烂"一词至迟元代已见。尚仲贤《气英布》第1折："必不似郦生卖齐，被油锅烹来稀烂。"此例"稀烂"指极烂。《西游记》第63回："只一下，把个老龙头打得稀烂。"此例"稀烂"指破碎到极点。《红楼梦》四回："那薛公子便晦令下人动手，将冯公予打了个稀拦，抬回去三日竟死了。"此例"稀烂"字面指破碎到极点，实指极重的伤。该条《汉语大词典》①《元明清文学方言俗语辞典》②《现代汉语词典》③《现代汉语形容词辞典》④皆已收录。"稀烂"或作"希烂"，亦至迟元代已见，其后沿用。元·刘唐卿《白兔记》第32出："我家牧童回来说，刘穷回来偷老婆。这入娘的，想梦指望偷老婆。我见他打得他希烂。"明·顾大典《青衫记》第3出："若再如此，我一顿皮鞭打得你希烂定不饶的。"《醒世恒言》卷20："这学中共有十来个孩子，止他两个教着便会；不上几年，把经书读的希烂。"《喻世明言》卷36："滕大尹不由分说，用起刑法，打得希烂，要他招承张富赃物，二人那肯招认？"《儿女英雄传》第31回："话虽如此，他既没那雁过拔毛的本事，就该悄悄儿走，怎么好好儿的，把人家折折个希烂？"民国·叶小凤《如此京华》第6回："说完，将花

①　罗竹风主编：《汉语大词典》卷8，汉语大词典出版社1991年版，第92页。
②　岳国钧主编：《元明清文学方言俗语辞典》，贵州人民出版社1998年版，第1431页。
③　中国社会科学院语言研究所词典编纂室：《现代汉语词典》（第7版），商务印书馆2016年版，第1400页。
④　陶然、萧良主编：《现代汉语形容词辞典》，中国国际广播出版社1995年版，第227页。

揉个希烂，掷在地上将脚端了几下，骨朵着嘴，再也不出声了。"
马加《开不败的花朵》十九："曹团长带领的干部队，占领了沙
岗子制高点。看见漫岗子扔下了空纸烟盒子、子弹壳、布条、牲
口粪、一顶被子弹打穿的灰礼帽，还有那乱七八糟的马蹄印子，
把青草都踩得希烂。"《汉语大词典》等辞书未收"希烂"。

稀软：很软，借指体弱无力。例如：滴红薯吹得一唧哩，
顶好煮倒吃哩（这些红薯晾得软乎乎的了，正好煮着
吃）。｜卬只脚下一咯，硬要坐一阵哒行得哩（我的腿没有
力了，必须坐着歇息一阵才能走了）。

按，此词最迟隋代已见，历代沿用。隋·阇那崛多《大宝积
经·贤护长者会》："苏摩浮坻，彼身以父母和合成牢鞭者，彼即
是地大；所有稀软者，彼名为水大；所有暖成熟者，彼名为火大；
所有摇动屈伸者，彼名为风大。"宋刘昉《幼幼新书》卷31："其
有如李者，亦有稀软者，亦有并肾大者，亦有木硬者，其楚痛不
可忍，只以证知。"宋杨士瀛《仁斋直指方论·卷一·五脏所主
论》："秋毛者，稀软之状，轻虚以浮是也。"《续金瓶梅》第43
回："那金二官人因此看这浑家又丑又怕，如羊见虎的一般，那一
点阳物才待举时，到了面前吓的稀软了。"《醒世姻缘传》第88
回："不由他调嘴，尖尖的三十大敲，敲来敲去，敲的个吕祥的嘴
稀软不硬叫老爷，口里屎滚尿流。"《老残游记》第8回："我这
两只脚还是稀软稀软，立不起来，怎样是好？"现代汉语用例更
多，如贾平凹《商州又录》11："一座山竟是一块完整的石头，
这石头好像曾经受了高温，稀软着往下墩，显出一层一层下墩的

纹线。"曹疏影《粥事》："皮蛋瘦肉粥有时也泡着油条,是切成
小段儿的,已经泡得稀软。"韩少功《爸爸爸》："来很少有人接
他去做衣,即使接他去做上门工,主家的饭食也越来越稀软——
此事最不可容忍。"姜贻斌《乡村秘密》："队长正准备上床,见
我回来,便问,鱼呢? 我大汗淋漓,呆在门边,大口大口地喘气,
全身稀软。"刘庆邦《听戏》："甜浮子酒一般是做在大斗盆里,
麦米经过发烧,变得稀软,浸出了汁子。""稀软"条岳国钧主编
《元明清文学方言俗语辞典》《现代汉语词典》、安汝磐编著《实
用汉语形容词词典》及陶然、萧良主编《现代汉语形容词辞典》
等辞书未收;《汉语大词典》已收,引《老残游记》为孤证①,过
晚。"稀软"或作"希软",至迟清代已见,如曹去晶《姑妄言》
第 7 回:"希软的耕牛济得甚事? 不过杀才而已。"② 其后沿用,
如沈从文《猎人故事》:"腹中需要一点儿希软东西填填时,遇到
什么可吃的,就随便抓来吃吃。"③ 宋素云《食补偏方》第一编第
二章:"第二天可吃希软半流食,如红糖小米粥、卧鸡蛋、面条、
混沌等。"④ 南京方言等现代汉语方言仍有"希软"⑤ 这类用法。
《汉语大词典》等辞书未列"希软"条。

稀碎: 很碎小。例如:她发搞冲哩,把滴辣椒子剁得稀
碎稀碎咯(她生气了,把一些辣椒剁得很碎很碎)。

---

① 罗竹风主编:《汉语大词典》卷 8,汉语大词典出版社 1991 年版,第 90 页。
② (清)曹去晶:《姑妄言》卷 2,中国文联出版公司 1999 年版,第 615 页。
③ 沈从文:《月下小景》,上海现代书局 1933 年版,第 180 页。
④ 宋素云编著:《食补偏方》,中国国际广播出版社 1999 年版,第 43 页。
⑤ 孙华先:《〈南京字汇〉中的〈官话类编〉词汇》,世界图书出版公司 2013 年
版,第 306 页。

按，此词最迟明代已见，其后沿用。《金瓶梅》第 19 回："不想妇人在西门庆手里狂风骤雨经过的，往往干事不称其意，渐生憎恶，反被妇人把淫器之物，都用石砸的稀碎，丢吊了。"《续金瓶梅》第 8 回："棍当脑盖，迸的血浆直流；刀刺心窝，绞的肝肠稀碎。"《升仙传》第 48 回："两个猴左右躲闪，那里能打的着。'呼'的一声，一齐跳到海棠树上，把一树鲜花抓了个稀碎。"民国岳乐山《尘世奇谈》第 141 回："这时你抢我夺，乱揪乱撕，把一只活羊扯个稀碎。"皆其证。"稀碎"条岳国钧主编《元明清文学方言俗语辞典》《现代汉语词典》、安汝磐编著《实用汉语形容词词典》及陶然、萧良主编《现代汉语形容词辞典》等辞书未收，《汉语大词典》已收，引杨朔《三千里江山》为孤证①，过晚。"稀碎"偶作"希碎"。宋衍申《梁红玉》五："为了抬高梁红玉钓身价，苗氏请了一名琴师教她弹琴，琴被摔个希碎；苗氏自个儿又去教唱，梁红玉只是闭口不开，急了，梁红玉便唾，便骂，苗氏对这些也是司空见惯了，并不在乎。"关庚寅《"不称心"的姐夫》："妈妈在一旁抹着眼泪。爸爸在那里狠命地抓着头。脚下一个饺子碗摔得希碎，饺子和汤洒了满地……怎么办呢？"《汉语大词典》未列"希碎"条。

稀泻：1. 很稀。例如：个只牛屙起滴屎稀泻咯，可能中搞暑哩（这头牛拉的屎很稀，可能中暑了）。2. 很差。例如：兀的妹唧成绩稀泻咯（那女孩成绩很差劲）。

按，"稀泻"条《汉语大词典》未收。表"很稀"义的"稀

---

① 罗竹风主编：《汉语大词典》卷 8，汉语大词典出版社 1991 年版，第 91 页。

泻"在现代医学著作比较常见，一般说"大便稀泻"或"粪便稀
泻"，例多，不赘举。贺雄飞指出，20世纪90年代以来，"稀泻"
一词"在长沙及其周边地区流行极广，可以泛指一切人或物乃至
社会现象的恶劣、腐败、混乱和不正常的状况。该词可以叠用以
加强语气。［例句］李局长要来主持这次有奖销售活动，你们千
万别搞得稀泻的。［例句］那是个什么贵族学校呀，校长，教员，
保育员一个个稀泻稀泻的。"① 下面看2个具体的例子。林家品的
长篇小说《蛊惑之年》十四："由尼姑的争当一把手又讲到某县、
某市的党、政一把手，说谁谁谁为何没上去，谁谁谁和省里谁谁
谁的关系好，谁谁谁和中央谁谁准的关系又好……讲来讲去最后
长叹一口气，学着省城话，说，唉，都是稀泻（xia）的！"② 林家
品是湖南新宁人，在娄底工作、生活过很长时间，当过知青、涟
邵矿务局（设在娄底市）工人、娄底地区地方志编辑、《湖南工
人报》经济部主任，他所说的"省城话"也当指长沙话。北方
（萧元）的小说集《谁比谁美丽·27》："后来单独和麦先生在一
起，阿玉便向他抱怨，说你这些朋友怎么一个比一个稀泻吧，还
是什么博士和导演哩?"③ 萧元，湘籍作家，1988年开始发表文学
评论，2001年开始以"北方"为笔名发表小说，此例也当为长沙
或其周边方言。双峰县与长沙市距离不是很远，也许正是受到长
沙方言的影响，"稀泻"也逐渐在双峰方言中流行开来，但其词
义发生了一定变化，语音也本土化，洪山殿、蛇形山等靠近娄底

---

① 贺雄飞：《边缘纪录：〈天涯〉民间语文精品》，南海出版公司1999年版，第500页。
② 林家品：《蛊惑之年》，花城出版社2003年版，第186页。
③ 北方：《谁比谁美丽》，中国电影出版社2002年版，第192页。

的乡镇一般说［çi⁵⁵çia²⁴］，梓门桥、沙塘、印塘、永丰等乡镇一般说［çi⁵⁵çio²⁴］。

稀茸：极碎。例如：块上好咯布耗印只孙女子剪得稀茸咯（一块非常好的布，被我的孙女儿剪得稀碎稀碎了）。

按，笔者未见与双峰方言用法相同的"稀茸"用例。"茸"本指草初生时又细又柔软。《说文·艸部》："茸，草茸茸貌。"南朝·宋·谢灵运《于南山往北山经湖中瞻眺》："初篁苞绿箨，新蒲含紫茸。"引申之，"茸"又有"细碎"义。宋·孟元老《东京梦华录·端午》："紫苏、菖蒲、木瓜，并皆茸切，以香药相和，用梅红匣子盛裹。"王莹注："茸切：切成碎末。"① 元·李仲南《永类钤方》卷7："用新头等钞角擘少许，茸碎敷疮口上。"皆其证。双峰方言"稀茸"之"茸"义盖本此。

五　飞［xui⁵⁵］ –

据喻遂生调查，在重庆方言中，带前缀"飞"的BA式词语，有"飞快、飞烫、飞热、飞辣、飞咸、飞痛、飞薄、飞歪（凶、恶）、飞恶"9个。② 我们发现，在双峰方言中，带前缀"飞"的BA式词语比重庆方言要丰富得多。"飞A"中的A是词根，一般是单音节形容词性语素，通常可以独立成词，大部分与普通话同形，如"冷""热""快""滑""咸"等，也有少部分是双峰方言特殊的语素，如"摸（动作迟缓）""茸（细碎）""融（煮得

---

① 王莹：《东京梦华录译注》，上海三联书店2014年版，第218页。
② 喻遂生：《重庆话的附缀形容词》，《语言学论丛》（第9辑），商务印书馆1982年版，第124页。

烂，融化得多）""开（烫）"等。从语义看，A 大致可以分为
4 类。

（一）表事物属性

这类 A 最多，可以细分为以下五小类。

第一类，表触觉，主要有"飞冷｜飞清（冰凉）、飞焐｜飞
烫｜飞热（滚烫）、飞滚｜飞开（形容滚沸得厉害）、飞快（很锋
利）、飞钝（很不锋利）、飞滑（很滑）、飞麻（很酸麻）、飞痛
（很疼痛）"等。例如：滴茶还飞焐咯，还有冷一阵哒吃得（这些
茶还很烫，需要再凉一段时间才能喝）。又如，兀把飞钝咯刀切不
得菜哩，要磨快哒用得哩（那把很钝的刀儿没法切菜了，要磨锋
利才能用了）。

第二类，表味觉，主要有"飞辣、飞麻（口感麻辣）、飞油
（很油腻）、飞腥、飞甜、飞咸、飞淡、飞熟"等。例如：今日滴
菜下飞油咯，卬不大敢吃（今天的菜很油腻，我不太敢吃）。

第三类，表视觉，主要有"飞近、飞囫、飞肿、飞胖、飞丑、
飞痨（很蔫，很萎靡）、飞老、飞嫩、飞晲（很清楚）、飞茸（很
碎）、飞散（很分散）、飞烂、飞紧（很牢固，很紧凑）、飞乱、
飞陡（很陡峭）、飞满（很饱满）、飞霉（长满霉的）、飞快（速
度很快）、飞匀（很均匀）、飞猛（速度极快）、飞晏（很晚）、飞
早、飞摸（动作很慢）、飞融（煮得很烂，融化了很多）"等。例
如：兀只飞胖咯伢唧是哪个咯崽啊（那个很胖的男孩是谁的儿
子）？又如，滴糖下飞融咯哩，要快滴吃搞哒行（糖已经融了许
多了，要快点吃掉才行）。

第四类，表听觉，主要有"飞叫（叫声很大）、飞响（很响亮）、飞闹（很嘈杂）、飞聋、飞尖（形容耳朵非常灵敏）"等。例如：外勤飞闹咯，嗯去看下在做么子咯哒（外面很嘈杂，你去看看在干什么）。

第五类，其他，主要有"飞牢（很结实）、飞脆（很容易折断）、飞饱、飞饿（很饥饿）、飞俏（很走俏）、飞麻（很麻木）、飞紧（很急迫，很拮据）"等。例如：滴桃子硬是飞俏咯，还冇得三个钟头就卖光哩（桃子很走俏，还没有三个小时就卖完了）。

（二）表颜色

这类 A 不是很多，主要有"飞红、飞白、飞黄、飞绿、飞黑、飞蓝"等。例如：咽俚爷老官滴头发下飞白咯哩（我父亲的头发全白了）。又如，兀只飞黄咯狗是哪个屋里咯啊（那只毛色很黄的狗是谁家的呀）？

（三）表度量

这类 A 不多，只有"飞重、飞深、飞宽、飞厚、飞薄"等少数几个。例如：个只箱子飞重咯，肚里装滴么子咯啊（这口箱子很重，里面装些什么呀）？又如，滴牛肉耗他切得飞薄咯（牛肉被他切得很薄）。

（四）表评价

这类 A 不是很多，主要有"飞恶（很凶）、飞蠢、飞懒、飞假、飞狠（很厉害）、飞紧（很严格）、飞严（很严格）、飞难

（很困难）、飞灵（很灵验，特别有效验）、飞猾（很狡猾）"等。例如：王老师飞严咯，他上课冇哪个敢迟到（王老师很严格，他上课没有谁敢迟到）。

从句法功能看，双峰方言中的"飞－"类形容词，主要充当谓语、定语或补语，入句时通常带"咯"，含褒义时可用"唧"。而且，这类词通常可以进入"飞Ａ巴Ａ"格式，如"飞焐巴焐、飞辣巴辣、飞腥巴腥、飞胖巴胖、飞晏巴晏、飞烂巴烂、飞饿巴饿、飞滑巴滑、飞难巴难、飞走巴走"等。双峰方言前缀"飞"的能产性极强，最初有可能是来源于少数实词，经过滚雪球式的引申与类推，数量渐多，终成气候。

从源头看，双峰方言所使用的"飞－"类形容词有的使用已久。如表"很红"义的"飞红"最迟宋代已经见，如了元《满庭芳》："痛把群生割剖，刀头转，鲜血飞红。"表示"很厉害、很凶恶"的"飞狠"最迟明代已见，如《二刻拍案惊奇》卷4：'那空阔之处一声锣响，几个飞狠的庄客走将拢来。'"表示"非常迅速"义的"飞快"宋代已见，如辛弃疾《破阵子·为陈同甫赋壮词以寄之》："沙场秋点兵。马作的卢飞快，弓如霹雳弦惊。"明余瑞紫《张献忠陷庐州纪》："路上遇着几起回来的人，走的飞快。"《姑妄言》第22回："那贼骑的都是健马，跑得飞快，尚智率众正追不上。"表示"非常锋利"义的"飞快"最迟清代已见，如《绿野仙踪》第19回："他们若起了谋害我的意见，被我看出，我只用预备飞快短刀一把，于他两口子早起夜睡时，我就对付他们了。"吴趼人《新石头记》第10回："我当是飞快的刀，原来是没有刀刃儿的，有一寸来厚的刀口。"《二十年目睹之怪现状》第 54 回：“那练勇答应下来，回去取一把尖刀，磨得雪亮飞快，带在身边，径奔委员公馆来。”按，《汉语大词典》“飞快”条①“非常迅速”义引《红楼梦》第 96 回为孤证，“十分锋利”义引魏巍《东方》为孤证，皆过晚。

有的词产生虽早，但需通过演变，“飞”义逐渐虚化，才能得到在双峰方言中的词义。如“飞散”汉代已见，表示“飘飞四散”。王充《论衡·书虚》：“子胥之生，不能从生人营卫其身，自令身死，筋力消绝，精魂飞散，安能为涛？”傅毅《舞赋》：“罗衣从风，长袖交横，骆驿飞散，飒擖合并。”该义进一步演变，可得“很分散”义。再如“飞响”，本为动词，“传响”意。扬雄《剧秦美新》：“震声日景，炎光飞响，盈塞天渊之间，必有不可辞让云尔。”李善注：“飞响，震声也。塞乎天渊，所及远也。”②引申之，可得名词义“震荡的声音”。东汉·边让《章华台赋》：“于是音气发于丝竹兮，飞响轶于云中。”进一步演变，才可得“很响亮”义。

有的词虽然出现的时代很早，但意思与双峰方言截然不同。如“飞薄”一词，至迟两晋时期已用。郭璞《江赋》：“骇浪暴洒，惊波飞薄。”李善注：“飞薄，飞腾荡薄也。”③与双峰方言“飞薄”之“很薄”义迥异，两者似无关联。

有的词除了双峰方言，传统纸质文献也偶有用例。例如“飞灵”。毛泽东《湖南农民运动考察报告》：“在农民势力极盛的县，

① 罗竹风主编：《汉语大词典》卷 12，汉语大词典出版社 1993 年版，第 694 页。
② （南朝梁）萧统编，（唐）李善注：《文选》，岳麓书社 1995 年版。第 1749 页。
③ （南朝梁）萧统选，（唐）李善注：《昭明文选》，京华出版社 2000 年版，第 337 页。

农民协会说话是'飞灵的'。"此例指"特别有效验"。又如"飞熟"。老舍《四世同堂》第三部："在车上，他想好王少掌柜的家谱与王家村的地图。一遍，两遍，十几遍，他把家谱与地图都背得飞熟。"此例指"很熟"。再如"飞热"。《老残游记续集》第3回："到了四五更的时候，脸上跟火烧的一样，飞热起来。用个镜子照照，真是面如桃花。"此例指"很热"。

六　勴［ly^{55}］－

"勴"本义为推动，滚动，《说文·力部》："勴，推也。从力，畾声。卢对切。"《广韵·对韵》卢对切："勴，推也。"双峰方言沿用本义，并引申出"（用车）运"义，如"独轮手推车"双峰方言说"勴车子"，"用车运回去"双峰方言说"用车子勴回去"。据《说文》与《广韵》，"勴"当音［lei^{51}］，双峰方言读［ly^{55}］，类似的例子如"泪""类"等，双峰方言均读［ly^{3}3］。

双峰方言所说的"勴"必须以轮子为媒介，隐含"圆"义。因此，在双峰方言中，"勴"还可以用在少量带"圆"义或隐含"圆"义的形容词中充当准前缀，表示程度深，意思大致相当于"很，非常"。常见的有："勴饱"（吃得很饱，肚子一定比平时要圆，故可曰"勴饱"）、"勴胖"（一个很胖的人体形会比瘦弱之人显得更圆，故可曰"勴胖"）、"勴壮"（很壮实的人或动物体形会比瘦弱之人显得更圆，故可曰"勴壮"）、"勴圞（很圆）""勴满（很满）"（"圆"与"满"经常连缀使用，故可曰"勴满"）等。例如：

（1）今日吃好菜，三妹唧吃得勴饱咯（今天菜肴很好，老三吃得很饱)。

（2）兀的<u>勖胖</u>咯堂客们是哪个啊（那个很胖的妇女是谁呀）？

（3）个只石头<u>勖圞</u>唧，卬要留倒耍（这颗石头很圆，我要留着玩）。

（4）她屋里只猪<u>勖壮巴壮</u>，总有两百四五（她家的那头猪很肥壮，可能有两百四五十斤）。

例（1）"勖饱"充当补语，例（2）"勖胖"充当定语，例（3）"勖圞"充当谓语，例（4）"勖壮"的生动形式"勖壮巴壮"充当谓语。

除了上述能产性较强的前缀（准前缀）外，双峰方言还有不少形容词前缀（准前缀），如"刮（—浑、—瘦、—润）""溜（—光、—尖、—圞）""贡（—黄、—绿）""芥（—粗、—涩）""烂（—早、—熟）""捞（—紧、—松）""棱（—光、—糟）""拍（—满、—实）""清（—早，—甜）""焦（—干）""浇（—湿）""笋（—白）""纠（—圞）""嘎（—白）""菱（—青）""巴（—壮）""铁（—紧）""梆（—硬）""绷（—紧）""秫（—软）""斩（—齐）""蜡（—瘪）"等。这些前缀（准前缀）通常也是表示程度深，但因为它们能产性比较弱，这里不赘述。

第五章

词汇研究商兑

"汉语史领域的许许多多问题还没有搞清楚，还有不少问题迄今无人问津，亟须大家一起努力，相互切磋，取长补短，只有这样才能推动该学科的发展。"① "长期的、大量的历史语料调查可以给我们一个良好的研究感觉，从而帮助我们发现问题，提出合理的假设，找到合适的例证。"② 毋庸置疑，从大量的历史语料中寻找例证，归纳出词义，是一项十分艰巨的任务，难免有失偏颇乃至出现错漏。本章共五节，以语料为支撑，对部分已有研究成果的某些说法提出商榷，供学界参考。

---

① 石毓智：《汉语史研究中的概念、材料、方法与理论问题》，《语言研究》2004年第4期。
② 石毓智：《语法化的动因与机制》，北京大学出版社2006年版，第4页。

第一节 《孙膑兵法》"篡卒"释义商兑

《银雀山汉墓竹简·孙膑兵法·威王问》中有这么一段话："锥行者何也？雁行者何也？篡卒力士者何也？劲弩趋发者何也？众卒者何也？"其中，"篡卒"一词，今人的解释主要有两种：

第一种以邓泽宗为代表，认为"篡"用的是本字，"篡卒"是动宾结构，意为"挑选士卒"。《孙膑兵法注译》："篡，取也。（见《尔雅释话》）篡卒，挑选士卒。"①

第二种以竹简整理小组、霍印章、张震泽等为代表，认为"篡"通"选"，"选卒"是偏正结构，意即"挑选的士卒"。《孙膑兵法》："篡，借为选。选卒，经过挑选的善战的士卒。"②《孙膑兵法浅说》："篡卒，选卒，即经过选拔出来的善战的士卒。篡，借为选。"③《孙膑兵法校理》："篡卒，当读选卒，即选拔出来的兵士。"④

按第一种解释，注者认为"篡"用的是本字，把"篡卒"释为"挑选士卒"，是认为"篡，取也"是"选取、挑选"义。这显然不合事实。

《尔雅·释话》："探、篡、俘、取也。"该释条均以"取"字解释被释词，只是以共名释别名，即以广义释狭义。其实，"探"

---

① 邓泽宗：《孙膑兵法注释》，解放军出版社 1986 年版，第 17 页。
② 银雀山汉墓竹简整理小组：《孙膑兵法》，文物出版社 1975 年版，第 47 页。
③ 霍印章：《孙膑兵法浅说》，解放军出版社 1986 年版，第 52 页。
④ 张震泽：《孙膑兵法校理》，中华书局 1984 年版，第 39 页。

"篡""俘"各有专义，用《尔雅》的释义去解读古籍相应的
"探""篡""俘"并不恰当。郭璞早已看出《尔雅》释义不到
位，就在此条补注云："篡者，夺取也，探者，摸取也。"① 这与
《说文》"篡，逆而夺取"相吻合。《方言》卷1："自关而西秦晋
之间，凡取物而逆谓之篡。"《白虎通义·卷上·诛伐》："篡者何
谓也？篡犹夺也，取也，欲言庶夺嫡，孽夺宗，引夺取其位。"②
《史记·卫将军骠骑列传》："其友骑郎公孙敖与壮士往篡取之，
故得不死。"唐司马贞《索隐》："篡犹劫也，夺也。"③《汉书·
卫青霍去病传》："其友骑郎公孙敖与壮士往篡取之，以故得不
死。"颜师古注："逆取曰篡。"④ 查其他古籍，"篡"也无一例可
释作"选取、挑选"。可见，《尔雅·释话》"篡，取也"的
"取"并非"选取、挑选"，而是"夺取"的意思。

再查《孙膑兵法》，"篡卒"一词共出现5次，"选卒"1次，
"撰卒"1次。除文章开头所引一例"篡卒"，其余6例"×卒"
分别是：

(1) 兵之胜在于篡卒，其勇在于制，其巧在于势，其德
在于道，其富在于亟归，其强在于休民，其伤在于数战。
(《篡卒》)

(2) 胜在尽□，明赏，撰卒，乘敌之□。(《篡卒》)

(3) 敌弱以乱，先其选卒以乘之；敌强以治，先其下卒

---

① (晋) 郭璞注：《尔雅》，上海古籍出版社2015年版，第22页。
② 吴玉贵、华飞主编：《四库全书精品文存 (第17卷)》，团结出版社1997年
版，第353页。
③ 《史记》卷111，中华书局2000年版，第2236页。
④ 《汉书》卷55，中华书局2000年版，第1882页。

以诱之。(《八阵》)

（4）篡卒力士者，所以绝阵取将也；劲弩趋发者，所以甘战持久也。(《威王问》)

（5）……（省略号表示原简残缺，下同）反，夫若此者，以众卒从之，篡卒因之，必将……(《略甲》)

（6）……篡卒因之，必……(《略甲》)

细察各句，例（1）"篡卒"与例（2）"撰（选）卒"上下文语境相仿，即前有"（兵之）胜在……"例（3）—例（6）及本节开头所引例句中"选/篡卒"出现的语境相似，即上下文分别与"众/下卒"对举。裘锡圭曾经指出："选"跟"算"音近，古书中有相通之例，"篡"从"算"声，所以也可以跟"选"相通。①上面已经说过，用"篡"本字的含义理解《孙膑兵法》中的"篡卒"用例，句子无法讲通，而"篡"可以通"选"，"篡卒"与"选卒"出现的语境又惊人地相似，我们就完全有理由相信，"篡卒"之"篡"确通"选"。

在古诗文中，处于对文位置的词语往往是同义或反义关系。而上引例（3）中，"弱"与"强"，"乱"与"治"反义对文，按照常规，"选""下"亦当如此。基于这一点，我们认为，这里的"选"当训"善"，是个形容词，其余各例"篡/选卒"之"篡/选"同此。古注家有训"选"为"善"者。如：

（7）《诗》云："九变复贯，知言之选。"颜师古注引应

---

① 裘锡圭：《文字学概要》，商务印书馆 1988 年版，第 201 页。

劭曰："选，善也。"①

（8）君以选故而辞以疾，君任重，不可阙，以时亟起。
颜师古注："选，善也。国家欲褒其善，加号畴邑，乃以
疾辞。"②

（9）猗嗟娈兮，清扬婉兮，舞则选兮，射则贯兮。郑
笺："选者，谓于伦等最上。"③

按："于伦等最上"意思与"善"相近，今人高亨《诗经今
注》即直注为"选，善也。"④ 若以郑注来理解例（3）、例（5）
及文章开头所引例句中的"篡卒"，则"伦等最上之卒"恰与
"众/下卒"反义对举，可谓大佳。考诸文献，"选"与"兵/卒"
连用并当训"善"者也不乏其例。如：

（10）楚大胜齐，其良士选卒亦殚，其余兵足以待天下。
（《战国策·齐策一》）

按，句中"士""卒"同义对文，"良""选"亦当如是。因
"善""良"古同义，所以，此处"选"训"善"当合情合理。

（11）王也者，非必坚甲利兵、选卒练士也，非必隳人之
城郭、杀人之士民也。（《吕氏春秋·爱类》）

按，上例前有"坚甲利兵"，后有"选卒练士"，"坚""利"
是形容词，按照当时的行文规律，"选""练"也当是形容词，

① 《汉书》卷6，中华书局1962年版，第169页。
② 《汉书》卷99上，中华书局1962年版，第4048页。
③ 王先谦：《诗三家义集疏（一）》，岳麓书社2011年版，第417页。
④ 高亨：《诗经今注》，上海古籍出版社1980年版，第140页。

"选"似亦可训"善"。

（12）勒兵下令军中曰："父子俱在军中，父归；兄弟俱
在军中，兄归；独子无兄弟，归养。"得<u>选兵</u>八万人，进兵击
秦军。（《史记·魏公子列传》）

按，总体而言，学界通常把例（12）"选兵"中的"选"看
作动词，如《历代文选·上册》注云："选兵，挑选出的精兵。"①
人民文学出版社注云："选兵，选拔出来的士兵。"②《两汉文学史
参考资料》注云："选兵，经过挑选的精兵。"③ 程希岚、吴福熙
《古代汉语》注云："选兵，挑选精兵。"④《古文鉴赏辞典》云：
"选兵，挑选精兵。"⑤ 中华文化讲堂把"得选兵八万人"译为
"选出了精兵八万人"。⑥ 也有极少数人把"选"看作形容词，如
《高中文言文评点译释》就把"得选兵八万人"译为："得到精兵
八万人"⑦ 我们认为，根据本句上下文语境，"选兵八万"是魏国
十万之众根据军令回去一部分人后剩下的"精干"，并未经过挑
选。因此，这里的"选"亦以训"善"为宜。另外，还可找到

① 中国人民大学语言文学系选注：《历代文选》（上册），中国青年出版社 1962
年版，第 100 页。
② （汉）司马迁著，人民文学编辑部选注：《史记选》，人民文学出版社 1979 年
版，第 74 页。
③ 北京大学中国文学史教研室选注：《两汉文学史参考资料》，中华书局 1962 年
版，第 174 页。
④ 程希岚、吴福熙：《古代汉语》，吉林人民出版社 1984 年版，第 426 页。
⑤ 吴功正主编，叶圣陶、朱东润撰稿：《古文鉴赏辞典》江苏文艺出版社 1987
年版，第 298 页。
⑥ （西汉）司马迁撰，中华文化讲堂译：《史记（文白对照）》，中国华侨出版社
2016 年版，第 1241 页。
⑦ 江夏、肖毅：《高中文言文评点译释》，华中理工大学出版社 1987 年版，第
152 页。

"选"系形容词训"善"做谓语的例子。如：

（13）舆固马选矣，而不能以至远一日而千里，则非造父也。刘师培注："选，善也。"（《荀子·儒效》）[①]

按，刘师培"曾祖父文淇，祖毓松，世父寿曾，均以治《左氏春秋》名于时，父贵曾亦以经术发名东南。师培少承先叶，经术湛深，弱冠知名"[②]，上例训"选"为"善"自有其道理。

（14）夫鲁，难伐之国，其城薄以卑，其地狭以泄，其君愚而不仁，大臣伪而无用，其士民又恶甲兵之事，此不可与战。君不如伐吴。夫吴，城高以厚，地广以深，甲坚以新，士选以饱，重器精兵尽在其中，又使明大夫守之，此易伐也。（《史记·仲尼弟子列传》）

（15）莽伤之，下书曰："惟公多拥选士精兵，众郡骏马仓谷帑藏皆得自调，忽于诏策，离其威节，骑马呵噪，为狂刃所害，乌呼哀哉！赐谥曰'果公'。"（袁宏撰，周天游校注《后汉纪校注》卷1）

按，例（14）"高"与"厚""广"与"深""坚"与"新""选"与"饱"并举，例（15）"选士"与"精兵"并列"选"显不当训"挑选"，也当以训"善"为佳。

总之，所谓"篡卒"就是"选卒"，"选"当训由"挑选"义引申出来的"善"义，译成现代汉语就是"优秀""精锐"之

---

① 梁启雄：《荀子柬释》，商务印书馆1936年版，第88页。
② 杨峰、张伟：《清代经学学术编年》，凤凰出版社2015年版，第920页。

类的意思。用这种观点去理解《孙膑兵法》各句，均可豁然而解。反之，若把"选"释为动词，则不合上、下文的句法结构，因为全书7处"篡/选（撰）卒"，有5处和"众/卒"相对，而"众""下"均为形容词。

第二节 "油水"释义商补

《汉语大词典》"油水"条列有五义，其中第三义释语为"指不正当的物质收益或额外的好处"①，列举3例为证：

（1）倘有什么客人到我店投宿，你只推先要房钱，看他称银子时，若有些油水，你便来叫我下手。（元杂剧《盆儿鬼》第1折）

（2）宋江便去打开包裹，即取出些碎银子，那人立在侧边偷眼睃看，见他包裹沉重，有些油水，心内自有八分欢喜。（《水浒传》第36回）

（3）我们吃辛吃苦，赔重利钱借债，种了出来，他们嘴唇皮一动，说"五块钱一担！"就把我们的油水一股脑儿吞了去！（叶圣陶《四三集·多收了三五斗》）

显然，用"不正当的物质收益或额外的好处"去理解上述3例中的"油水"，尚有可疑之处。譬如例（1），"看他称银子"，

---

① 罗竹风主编：《汉语大词典》卷5，汉语大词典出版社1990年版，第1073页。

怎知"客人"有些"不正当的物质收益或额外的好处"？例（2）"偷眼睃看"的"那人"与"包裹沉重"的宋江根本不相识，又怎知宋江包裹里装的是"不正当的物质收益或额外的好处"？例（3）中的"油水"是"我们吃辛吃苦，赔重利钱借债"所得，纯属正当的本该得到的收益，怎么能算"不正当的物质收益或额外的好处"？如果一个词语的释义正确，用释义去替代被释词，句子应该讲得通，意思也不会发生改变。但是，用《汉语大词典》的释义去替代所举书证中的被释词"油水"，却会使句义不合逻辑。看来，《汉语大词典》"油水"一词的第三个义项未为确诂，尚有讨论的必要。

据我们调查，今湖南双峰县等地，有"油水"一词，隐指钱财，泛指可以得到的收益或好处。从历时角度看，与《盆儿鬼》《水浒传》《多收了三五斗》用法相同的"油水"不少明清白话作品也曾使用，如《初刻拍案惊奇》3见，《鼓掌绝尘》1见，《醒世姻缘传》1见，《照世杯》1见，《珍珠舶》1见，《荡寇志》7见等。下面是几个具体的例子：

（4）又有一房家人，叫做姚大，时常揽了载，约莫有些油水，看得入眼时，半夜三更，悄地将船移动，到僻静去处，把客人谋害，劫了财帛。（明·冯梦龙《警世通言》，江苏古籍出版社1991年版，第136页）

（5）原来京里部官清淡，见是武官来见，想是有些油水的，不到得作难，就叫："请进。"（明·凌濛初《初刻拍案惊奇》，江苏古籍出版社1990年版，第381页）

（6）马绥道："我们捉破了他，赚些油水何如？"（同上

书，第 559 页）

（7）也是元椿合当晦气，却好撞着这一起客人，望见褡裢颇有些油水，元椿自道："造化了！"（同上书，第 550 页）

（8）星士道："老夫人，你晓得如今的神鬼，都是要些油水的。你若禳解了，包你一日好一日来。"（明·全木散人《鼓掌绝尘》第 26 回）

（9）天送来一个应举秀才，跟一个家人，行李十分沉重，着实有些油水。（清·西湖居士《诗赋铭传奇·脱难》）

（10）家人们见他逐日垂头丧气，连小主母的衣服都典当了过度，料想着没什么油水。（清·李百川《绿野仙踪》第 41 回）

（11）青钿道："开钱店倒还有点油水，就只看银水眼力还平常，惟恐换也不好，不换也不好，心里疑疑惑惑，所以不敢就开。姐姐何不出个新奇算法顽顽呢？"（清·李汝珍《镜花缘》第 76 回）

（12）虽打破村庄，得了许多钱粮油水，金银子女，却是功不补患。（清·俞万春《荡寇志》第 83 回）

（13）拦腰杀出一路兵马，为首一将，骑一匹劣马，手用双刀了得。兄弟吃他杀败，把财帛油水都夺了转去。（同上书，第 89 回）

（14）原来阴婆在东京时，带着秀英干那个卖卖，富吉曾诈过他的油水，所以避他。（同上书，第 96 回）

（15）（他二人）走到柳林，就见韩七扛着一件巨物，又类乎包袱，又似乎铺盖卷，恰在清早，猜他是偷盗来的。欧

鹏向侯蒙道："咱们何不劫下他？大概总有点油水。"（清·无名氏《续儿女英雄传》第 57 回）

通过排比归纳可知，上述诸例中的"油水"都与今湖南双峰方言中的"油水"用法相同，当作"本指钱财，泛指可以得到的收益或好处"解。如例（1）"看他称银子时"时才知客人有无"油水"，例（4）"油水"与"财帛"互见，例（6）说"赚些油水"，例（7）说"褡裢颇有些油水"，例（11）说"开钱店倒还有点油水"，例（12）"钱粮油水，金银子女"并说，例（13）"财帛油水"并说，都是"油水"指"本指钱财，泛指可以得到的收益或好处"的明证。用该义去理解其余各例中的"油水"，句义都可以涣然冰释。

为什么可以把"钱财"说成"油水"呢？古代称货币为"泉"，"泉"拆开即成"白水"，故古人还谑称钱为"白水真人"。《后汉书》卷一下《光武帝纪·论》："及王莽篡位，忌恶刘氏，以钱有金刀，故改为货泉。或以货泉字文为白水真人。"①"水"与"泉"一样，可以流动，故"水"字单用也可指钱财。《全国各界切口大词典·役夫类·航船夫之切口》："水，银钱也。""油"也可以流动且价重于"水"，故"油""水"连缀成词，自也可用来指"钱财"。绝大多数"收益或好处"都可以用"钱财"的形式来衡量，因此，"油水"也可以用来泛指"收益或好处"了。由于上下文语境的不同，"油水"一词的义素会有所变化。就具体情况看，"油水"确实可指"不正当的物质收益或

---

① （南朝宋）范晔撰，陈焕良、李传书标点：《后汉书》，岳麓书社 1994 年版，第 34 页。

额外的好处"，如"捞油水"等，但这无法抹杀"油水"可指"正当的物质收益"的事实，前举例（11）及叶圣陶在《多收了三五斗》中的用例都属这种用法。而且，在不少情况下，"油水"仅客观地指"钱财"，根本谈不上正不正当，如例（4）、例（7）、例（9）、例（10）等皆是。这里再补充 2 个例子。金庸《飞狐外传》第 3 章："商老婆子，你绕着弯儿跟我说什么啊？你商家堡墙高门宽，财物定是不少，可是想送点儿油水给兄弟们使使？"朱小平《从军统到保密局》第 2 章："但无论如何说法，顾顺章油水被榨干、再也没有任何作用时，被一脚踢开则是事实。"尤其是前面那个例子，"财物"与"油水"互见，"油水"指"钱财"当无争议。

综上，《汉语大词典》"油水"一词的第三个义项似以概括成"本指钱财，泛指可以得到的收益或好处"为妥。陆澹安把"油水"解为"利润"①，虽基本正确，但仍无法解通所有句子，如例（14）中的"油水"就与"利润"无关，只是"钱财"之意。《辞源》"油水"条第二义为"不正当的物质收益或额外的好处"，引《水浒传》第 37 回及上引例（9）为书证②。石遇瑞的解释与此相似："'油水'一词，主要指不正当的物质收益，或额外的好处的意思。"③《现代汉语词典》"油水"条第二义为"比喻可以

---

① 陆澹安编著：《小说词语汇释》，中华书局 1964 年版，第 332 页；陆澹安：《戏曲词语汇释》，上海锦绣文章出版社 2009 年版，第 141 页。

② 何九盈、王宁、董琨主编：《辞源》（第三版），商务印书馆 2015 年版，第 2335 页。

③ 石遇瑞：《油水》，《逢看湖山便忆家（潮汕文化选第三集）》，潮汕历史文化研究中心、汕头特区晚报社 2001 年版，第 405 页。

得到的好处（多指不正当的额外收入）"①。许少峰编《近代汉语大词典》"油水"条仅列一义："俗称非正当的财物来源；外快"②。释义也不够准确。《元明清文学方言俗语辞典》"油水"条也仅列一义："喻利益，好处"③。释语甚确，但只列比喻义，没有溯其本源。

《汉语大词典》"油水"条第二个义项为"多指饭菜里所含的脂肪质"，引沈从文《八骏图·顾问官》、孙犁《白洋淀纪事·女保管》为书证④，过晚。看下面的句子：

（16）穿苎如常法，以发过稀糊调细豆面刷过，更用油水刷之，于天气湿润时不透风处或地窖子中洒地，令润经织为佳。（元·王祯《王氏农书》）

（17）肥嫩在圈猪约重四十斤者，只取前腿，去其脂，剔其骨，去其拖肚，净。取肉一块，切成四五斤块，又切作十字为四方块。白术煮七八分熟，捞起停冷，搭精肥，切作片子，厚一指，净去其浮油水。（明·高濂《遵生八笺·卷十一·大煨肉》）

（18）又用生白石灰块三四斤许，以水泡开，水高石灰二三指，露一宿，将石灰面上浮起油水结如云片者轻轻带水起入碗内。（清·吴谦《医宗金鉴·卷七十五·清凉拈痛膏》）

---

① 中国社会科学院语言研究所词典编纂室：《现代汉语词典》（第7版），商务印书馆2016年版，第1585页。

② 许少峰编：《近代汉语大词典》，中华书局2008年版，第1268页。

③ 岳国钧主编：《元明清文学方言俗语辞典》，贵州人民出版社1998年版，第989页。

④ 罗竹风主编：《汉语大词典》卷5，汉语大词典出版社1990年版，第1073页。

（19）万岁道："你待打谁？只怕石头钻的鼓子不中打，籴的二升秕芝麻打了没<u>油水</u>。"（清·蒲松龄《增补幸云曲》第6回）

（20）道人送出饭来，是一大碗米饭，一碗豆腐，却比往常不同，有些<u>油水</u>，又加上一小碟的白片猪肉。（清·夏敬渠《野叟曝言》第47回）

（21）不想那肚子有冒冒的一年不曾见过<u>油水</u>儿了，这个东西下去，再搭上方才那口黄酒，敢是肚子里就不依了，竟咕噜噜的叫唤起来，险些儿弄到"老廉颇一饭三遗矢"。（清·文康《儿女英雄传》第29回）

按，例（16）系元人所作，例（17）系明初文人所作，例（18）至例（21）系清人所作，这6例都要比《汉语大词典》所引书证早。其中，例（16）、例（18）中的"油水"虽然可能是脂肪质，但肯定不是"饭菜里所含的脂肪质"。看来，《汉语大词典》"油水"条第二个义项的词义概括不够准确，似可改为"脂肪质，特指饭菜里所含的脂肪质。"

第三节　"大"类父亲称谓并不罕见

胡士云从语言方言的角度把父亲称谓分为六类，其中一类为"大"类，包括"达、大大、达达"等[①]；郭熙从社会语言学的角

[①]　胡士云：《汉语的亲属称谓系统》，（北京）首届中国社会语言学国际会议论文，2002年。

度，采用语言传播的方式，对汉语中的父亲称谓系列做了进一步的探讨①。郭文断定很难在书面文献中找到"大"类父亲称谓词的记载，并在"附注⑥"进一步指出"留下文字记录的近代小说大概只有《金瓶梅》。"既用"很难"，又用"大概"，足见郭先生措词之小心与治学之严谨。语言学界历来流传一句话："说有容易说无难。"郭先生虽然已经足够谨慎，但笔者仍然发现，郭先生上述两处说法似乎欠准确。

首先，很难在书面文献中找到"大"类父亲称谓词记载的说法不够准确。据我们考察，在明清文献中，"大"类父亲称谓并非罕见。下面是一些具体的例子：

（1）父曰爹，又曰别，又曰大。（《宛署杂记·民风二》）

按，明代湖广临湘人沈榜，于万历十八年（1590）任顺天府宛平县知县，在任期间留心时事，搜寻掌故，根据署中档案材料编著《宛署杂记》。该书记载了明代社会政治、经济、历史地理、风俗民情、人物遗文等资料，"实际是宛平的县志，也是北京最早的史书之一"②。本则语料似乎表明，明代京师一带土语已有"大"类父亲称谓词。

（2）呼父曰大大。○《说文》："大，他达切，读若闼。"谓父莫大也。（明）李实《蜀语》，中华书局 1985 年版，第 33 页）

---

① 郭熙：《对汉语中父亲称谓系列的多角度考察》，《中国语文》2006 年第 2 期。
② 陈亦民编著：《汉文字干支》，语文出版社 2013 年版，第 810 页。

按，《蜀语》一书是"解说四川方言词语、现存最早的分地考证常言俗语的著作"①。作者李实，字如石，别号镜庵，今四川遂宁市南津桥人，生于明神宗万历二十四年（1596），清康熙十三甲寅年（1674）病故。本则语料足以表明，明代四川一带土语已有"大"类父亲称谓词。

（3）大，父也。济宁称父曰"大"，亦有称"达"者，疑即"爹"之转音。（《济宁县志》卷4）

按，萧应植，安徽怀宁人，贡生出身。乾隆二十六年（1761年），担任河南济源县令，主持编纂《济源县志》。据此条，山东济宁一带至迟清代中叶已称父为"大"或"达"。

（4）不肖的两畜生，饿的恁达哇哼哼，墙头上几乎送了命。这样行子真禽兽，好话劝你必不听，才唠着您把父亲敬。（清·蒲松龄《聊斋俚曲集·墙头记》第4回）

（5）两句俗话说的好，有了后娘就有后达。您达怎么就看的下，把一个没娘孩子，就弄的饥饥哇哇？（清·蒲松龄《聊斋俚曲集·慈悲曲》第2回）

（6）咳，俺妈妈，俺达达，给俺找的好人家！摊着你这个赌博鬼，拿着俺不置个烂甜瓜。（清·蒲松龄《聊斋俚曲集·俊夜叉》）

（7）俺家你儿郎没点汉子星，济着你吵骂自宿到天明。媳妇儿你在那里掘，俺在这里听，骂达也是一升，骂娘也是

---

① 中国大百科全书总编辑委员会编：《中国大百科全书·语言文字》，中国大百科全书出版社2002年版，第362页。

一升。(清·蒲松龄《聊斋俚曲集·襄妒咒》第10回)

(8)苦苦哀怜,苦苦哀怜,狠杀地动叫皇天。他虽然叫<u>达达</u>,也只当听不见。(清·蒲松龄《聊斋俚曲集·富贵神仙》第4回)

(9)蚊子哥哥,臭虫<u>达达</u>,饶俺一霎,见你的心,休把天理全伤尽!谁给俺唬上一唬,我给他做万代儿孙!(清·蒲松龄《聊斋俚曲集·磨难曲》第28回)

(10)王龙说:"罢了,我没了古人了。强龙不压地头蛇,我合这狗头赖罢。"遂说道:"路旁古人是俺<u>达</u>……"万岁说:"可输了!您<u>达</u>怎么就是古人?"王龙说:"俺<u>达</u>七八十了,做到尚书,眼前就入阁了,还算不是古人么?"(清·蒲松龄《聊斋俚曲集·增补幸云曲》第19回)

(11)东家的女,西家的娃,他们的年纪比我小,尽都配人家,去年成了家,急煞了我,看见了他,怀中抱着一娃娃,又会吃哑哑,又会叫<u>大大</u>,伤心煞了我,泪如麻。不知道是孩子的<u>大大</u>,奴家的他,将来是谁家,落在那一家?(清·王楷堂《霓裳续谱·二月春光实可夸》)

(12)齐妇开口叫,叫声孩子<u>大</u>。(清·蒲松龄《东郭外传鼓词》)

按,仅清初山东籍著名作家蒲松龄所著《聊斋俚曲集》中就能找到"大"类父亲称谓词90余次。其中,《墙头记》使用了48次(达45次,达达3次),《慈悲曲》9次(达6次,达达3次),《俊夜叉》6次(达5次,达达1次),《襄妒咒》4次(达2次,达达2次),《富贵神仙》7次(达6次,达达1次),《磨难曲》

10 次（达 7 次，达达 3 次），《增补幸云曲》9 次（达 7 次，达达 2 次），前引各例均可为证。《霓裳续谱》则是一部俗曲总集，收俗曲 622 支，曲调 30 种，乾隆六十年（1795）刊行于北京，这些俗曲带有比较浓郁的北方话色彩。

清代歌谣也可找到"大"类父亲称谓词用例，比如：

（13）俺达、俺娘，说话甭忙：骨肉是你的，天性是我的。（程英编《中国近代反帝反封建历史歌谣选·天性是我的》，中华书局 1962 年版）

其次，在近代小说中，并非只有《金瓶梅》留有"大"类父亲称谓词的文字记录，《醒世姻缘传》《红楼复梦》等清代小说皆有用例，如：

（14）素姐说："那么，你妈替姓龙的餂屄餂腔！"狄希陈说："你达替俺那奴才餂腔！你妈替俺那奴才老婆餂屄！"（清·西周生《醒世姻缘传》第 48 回）

（15）后来环兄弟听了坏人的话，几乎将巧姑娘上了大当，不是我拼着命的同他逃走到刘姥姥庄上躲了一程子，只怕这会儿巧姑娘的孩子已经会叫达达呢。（清·小和山樵《红楼复梦》第 31 回）

综上，虽然明代以前的书面文献似乎不存在"大"类父亲称谓记载，但有该类记载的明清文献却不少：有小说，如《金瓶梅》《醒世姻缘传》等；有笔记，如《宛署杂记》等；有方言著作，如《蜀语》；有地方志，如《济宁县志》等；有俗曲，如

《霓裳续谱》《聊斋俚曲集》等，有歌谣，如《天性是我的》等。就成书年代而言，存在"大"类父亲称谓记载的文献主要集中在明末至清中叶这段时期。看来，在清中叶以前，"大"类父亲称谓词在北方部分区域可能已经到了相当流行的程度。

为什么有的地方称"父亲"为"达达"呢？马叙伦指出："《水浒》中潘金莲呼西门庆为'达达'。项见某报有文，考为蒙古语。以《绿野仙踪》有'亲达达'，及'达达'与'妈妈'对举者考之，则'达达'即'爸爸'或'爹爹'之转音。"① 此言甚是。《金瓶梅》第78回："妇人在下，没口叫亲达达如流水。"岳国钧认为，"亲达达"意为"亲人，极亲昵之称"②，似不确。

按，蔡国梁说得很清楚："达达"为俗语的昵称，意思是父亲，南方有这样叫的，北方如山东一些地方也有这样叫的，《金瓶梅》"达"或"达达"一词常用于男女间戏谑语气的昵称，含有亲昵亵玩之义，或佻侻或庄重，须视上下文而定。③ 陈诏则进一步论证指出：男女枕席间不是父女关系，女的叫男的为"达""亲达"或"达达"，是一种昵称，《金瓶梅》一书中，金莲、惠莲、王六儿等人就呼西门庆为"达达"或"亲达"。④ 其他文学作品也有类似用法，如：

（16）对着俺誓真心，背地里偷人嫁。日中天犹把门帘挂，炕沿边巧当鸳鸯架。帐金钩摇响千千下，闹淫声吁喘呼

---

① 马叙伦：《石屋余沈》，上海书店出版社1984年版，第92页。
② 岳国钧主编：《元明清文学方言俗语辞典》，贵州人民出版社1998年版，第1111页。
③ 蔡国梁：《金瓶梅社会风俗》，百花文艺出版社2003年版，第197页。
④ 陈诏：《金瓶梅小考》，上海书店出版社1999年版，第285页。

亲达，怎无良连俺咳嗽都不怕。（清·李百川《绿野仙踪》第28回）

（17）二人携手入内室，入下纱帐来，打开册页，如法行事，把个林氏喜的没口子叫"达达"不绝。（清·讷音居士《三续金瓶梅》第26回）

（18）这董良才正然读书，忽闻扣门之声，暗想："必是苗凤英（笔者注：董良才妻子）前来摘花，待我躲在门后耍他一耍。"将身门后一闪，侧身开了门说："我倒是你达来了！"（清·佚名《蜜蜂计》第1回）

上述3例也可以证明，"达"或"达达"确可作男女间昵辞。

《汉语大词典》"达达"条已列"父亲"义，书证为《金瓶梅词话》第21回："西门庆情极，低声求月娘叫达达。"李劼人《死水微澜》第二部分十一："她遂乘势扶着他的脚骭，一歪身就倒在他怀里，撒着娇道：'干达达，你也这样挖苦你的正经女儿吗？'"[①] 此2例中的男女均非真正的父女关系，而是女子对男子的昵称，书证过于单一。

第四节　"辞路"并非生造词

《常见错读错写用字词典》："辞别：指告别、分别。不能写作辞路。辞路是生造词。［正例］明·冯梦龙《醒世恒言·独

---

① 罗竹风主编：《汉语大词典》卷10，汉语大词典出版社1992年版，第1019页。

孤生归途闹梦》：'遐叔久寓西川，平安无恙。如今已经辞别，取路东归。'柳青《创业史》第一部第 16 章：'他在房门口，辞别了杨书记。'［误例］朝阳市文联《辽西文学》1997 年第 1 期《十二户村记》：'下黑龙江的回来过，自己说是后悔，再走的时候摸摸院墙落了泪，说从此辞路了。'"① 个人认为，说"辞路"是"生造词"，值得商榷。据笔者所见，该词最迟清初就已使用。例如：

(1) 素姐身也没动，说道："你这里辞了路，再也不回头了！要是撞见强人，割了一千块子，你必的托个梦与我，我好穿着大红嫁人家！"（清·西周生《醒世姻缘传》第 52 回）

(2) （周翠山）向六儿、丽儿说道："原来范家的奶奶，也是得了病的。那知他前儿来，约姐儿去那娘娘庙一会，竟是两人的命运将终，在那里去辞路的么。可怜他离了风尘，只说图了个下半世的结局，如今也是这般弄得不三不四的。"（佚名《婆罗岸传奇》第 18 回）

(3) 回头不望爹娘面，不由一阵好心酸。这趟好比来辞路，从此一去不再还。（清·冷德馨、庄跛仙《宣讲拾遗》卷二，华夏出版社 2013 年版，第 74 页）

按，顾名思义，"辞路"就是辞别某条路。上述例（1）"辞路"后有"再也不回头了"做补充，例（2）"辞路"前有"两人的命运将终"做提示，例（3）"辞路"后有"从此一去不再

---

① 许正元主编：《常见错读错写用字词典》，东方出版社 2002 年版，第 50 页。

还"作照应,可见"辞路"实指"生前走最后一趟路"。该词目前仍在不少地方流行,少量汉语方言词汇类著作收录了该条。例如:

（4）<u>辞路</u>:生前走最后一趟路。例:他这回是—来了。（杨苏平《固原方言俗语》,宁夏人民出版社 2007 年版,第50 页）

（5）【辞路】人快死之前到各处转转,见—些想见的人,民间叫做"<u>辞路</u>"。（陈立正《永登及周边方言词语汇释》,甘肃文化出版社 2013 年版,第 129 页）

关于"辞路"的语义内涵,一些纸质文本也有着非常具体的阐述,例如:

（6）5 月 31 日,沈从文先生结束了为期 4 天的张家界之行,就要回凤凰老家了。临上车,先生不断重复着一句话:"张家界太漂亮了,二天我还要来的,还要来的……"说这话的时候,我看到他在不断揩拭眼睛,他又哭了,哭得送行的人都不忍直视。大家都明白,先生此行回乡,怕是"<u>辞路</u>"来的,分别即是永诀。（金克剑《大山的倾诉——沈从文缱绻张家界》,《新作家》1995 年第 1—2 期合刊,又见向永新主编《张家界游记选》,北方文艺出版社 2004 年版,第254 页）

（7）我小时候老人常给我们讲,人死前常常通过托梦的形式向不在身边的亲戚或亲人"<u>辞路</u>"。董老师大概也是在永别前"<u>辞路</u>"吧。愿董老师走好。（叶辅靖《痛悼恩师董

辅礽教授》,《追思董辅礽》,社会科学文献出版社 2005 年版,第 276 页)

(8) 我的一位阔别了半个多世纪的堂伯父,在他年逾 90 高龄回到大陆故居探亲辞路。(《给蒋介石一个客观评价》,熊华湘《悔悟活得太明白》,中国广播电视出版社 2007 年版,第 108 页)

(9) 宝玉笑道:"好个讨厌的老货,今日额外多话。"袭人却因曾经母丧,未免上心,作疑道:"他不是来辞路的吧?"宝玉道:"什么叫辞路?"袭人道:"你没经过这些事,所以不知道。这原是民间巷尾的俗话,说老人临大去之前,趁着还能走动的当儿,都要到那平日记挂的亲朋戚友跟前探访一回,告个别,留句话,若有往日结下的疙瘩,能解的就分解几句,若是遇着疼爱的小辈,还要送点东西做念想儿,就算是辞行了,所以叫'辞路'。"麝月"哎哟"一声道:"听你说的情形,果然有些像。莫不是李奶奶要……"话到嘴边,赶紧打住。(西岭雪《宝玉传》,吉林出版集团有限责任公司 2010 年版,第 32 页)

(10) 从这一天起,她不做事了,也不说话,要丈夫陪着去 15 里外她大姐家"辞路",说"我已活不成了,望你们对他(指丈夫)——好一些"。又对村邻们说:"我死了,与外边传说他有两性关系问题无关,那些谣传是假的,不要相信。"(李洁《文化与精神医学》,华夏出版社 2011 年版,第 130—131 页)

(11) 憨子到家向媳妇一学,媳妇叹口气说:"我走趟娘

家辞辞路，回来干脆死了吧！"说完回娘家去了。（姚杏讲述
《韩百轴》，《中国民间故事丛书（江苏徐州·铜山卷）》，知
识产权出版社2016年版，第208页）

除了汉族，满族、土家族、白族等少数民族也有"辞路"习
俗。下面是一些文献关于"辞路"的具体记载：

（12）父亲说，张安达哪里是送碗，他是辞路来了。母亲
不说话了，屋里陷入长时间的沉默，我的心沉沉的，陡然地
增加了许多惆怅。"辞路"是旗人的传统规矩，老人年纪大
了，趁着还能走动，最后一次出门，到亲友家去，叙叙旧，
聊聊家常，并不说离别的话，免得让对方伤心，但暗含着道
歉辞别的含义，意思是交往一辈子了，有什么不到的地方，
希望能谅解担待。辞的和被辞的心里都很清楚，这是最后一
面了，只是不将这层窗户纸捅破罢了。（叶广岑《小放牛》，
《新华文摘》2010年第1期）

（13）荣姑娘终于老了，按旗人规矩，趁着自己还能走
动，要尽可能地向亲友告别，这叫"辞路"。金易夫妇也以
礼相待。买了一只鸡，一斤羊肝和"一窝丝"面，略备小
菜，请她吃鸡丝汤面、涮羊肝，祝她吉祥长寿。第二天清晨，
大家凄然告别。问地址，她说自己也不清楚。其实，不问也
清楚，在给主子奉献终生之后，不就该等死了吗？远离人群，
独自迈向坟墓。（章诒和、贺卫方《四手联弹》，广西师范大
学出版社2010年版，第206—207页）

（14）土家老人自己面对死神将临，生死攸关，他们在死

前一年或前一月就着手"辞路"工作。"辞路"指土家人预感到自己将不久于人世,便到亲戚家转转,到邻居好友家拉家常,回忆人生经过的岁月。弥留之际,摸摸曾经用过的家具、物品,到朝夕相处的屋场、菜园走走。作为酷爱劳动、热爱土地的土家人,他们"辞路"时表露出对邻里乡亲、对人生的无限留恋,对他们劳作过的器物农田,生活过的田舍村庄表现出无限眷恋。同时对死,他们认为是瓜熟蒂落,是人又回到原来的地方。老人"辞路"多是在大病后突然的清醒,人们称"回光返照"。因而,一般人能预测老人是在"辞路",都会积极陪伴老人游历该去的地方,聆听老人临终遗言和给子孙留下的吉祥祝愿。老人"辞路"的另一个重要任务就是选择自己的睡山吉穴,告诉子孙他死后要埋葬地哪个山头哪个地点,请何人来唱丧歌,做几天道场等。(邱渭波主编《常德土家族》,北方文艺出版社2005年版,第315页)

(15) 石门土家老人自己面对死神将临,生死攸关,他们在死前一年或前一月就着手"辞路"工作。"辞路"指石门土家人预感到自己将不久于人世,便到亲戚家转转,到邻居好友家拉家常,回忆人生经过的岁月。辞路之际,摸摸曾经用过的家具、物品,到朝夕相处的屋场、菜园走走。作为酷爱劳动、热爱土地的石门土家人,他们"辞路"时表露出对邻里乡亲、对人生的无限留恋,对他们劳作过的器物农田,生活过的田舍村庄表现出无限眷恋。同时对死,他们认为是瓜熟蒂落,是人又回到原来的地方。老人"辞路"的另一目的是到曾有仇隙结怨的人家走走,求人谅解。仇家见是老人来"辞路",不仅能原谅仇人，而且还要安慰老人，请吃饭喝酒。"辞路"多是在大病后突然的清醒，人们称"回光返照"时间进行。因而，一般人能预测老人是在"辞路"，都会积极陪伴老人游历该去的地方，聆听老人临终遗言和给子孙留下的吉祥祝愿。老人"辞路"的第三个重要任务就是选择自己的睡山吉穴，告诉子孙他死后要埋葬在哪个山头哪个地点，请何人来唱丧歌，做几天道场等。（中共政协石门县委员会《神奇石门（民俗卷）》，大众文艺出版社 2007 年版，第 119 页）

（16）白族有句骂人的俗话，叫"寻你个坟，辞路去"。意思是说，你整天到处乱窜，是给自己找坟墓，走最后的一次路。很显然，"辞路"的白语解释应该为"终结旅行"。（谷俊德《桑植白族风情》，民族出版社 2011 年版，第 208 页）

例（12）、例（13）说明，"辞路"是旗人的传统规矩；例（14）—例（16）则说明，土家族、白族也有"辞路"习俗。

"生前走最后一趟路"意味着死亡，故"辞路"也偶作死亡的婉辞。例如：

（17）王成独自走到文鸾家院墙处静听，赶快回报说："四夫人，不好了，文鸾姑娘辞路了！她父亲、哥哥正哭着哪！"（柳溪《我的先祖纪晓岚（上）》，大众文艺出版社 2006 年版，第 55 页）

（18）王成走到雪儿家院墙处静听，赶快回报说："夫人，不好了，雪儿姑娘辞路了！她父亲、哥哥正哭着哪！"（《蔡京的美人香消玉殒》，马昊宸主编《中国古代情史（第3

册)》，线装书局 2014 年版，第 1045 页）

　　综上，"辞路"并非生造词，而是汉族、满族、土家族等民族沿袭已久的习俗，指"生前走最后一趟路"，目前仍有不少地方使用该词。"辞路"条《白话小说语言词典》已收，释为"上路前向亲友告别。亦作死亡的婉辞。"① 近是，但"上路前"太迁曲，不如直说"去世前"好懂，而且"辞路者"告别的不仅仅是亲友，还包括其使用过的器物、劳作过的场所等。《中日大辞典》②、《中韩大辞典》③、《高级现代汉语大词典》④ 均已收录"辞路"，但都释为"辞别"，不确。《汉语大词典》、高文达主编《近代汉语词典》、许少峰编《近代汉语大词典》《现代汉语词典》等辞书均未收"辞路"条。

第五节　"报刊杂志"无须休

　　自 20 世纪 80 年代起，就陆续有人对"报刊杂志"这一用法质疑，如徐复岭⑤、凌大⑥、周希文⑦等均曾撰文反对这样使用。

---

　　① 白维国主编：《白话小说语言词典》，商务印书馆 2011 年版，第 177 页。
　　② 爱知大学中日大辞典编纂处：《中日大辞典》，（东京）株式会社 1980 年版，第 245 页。
　　③ ［韩］李璿默编著：《中韩大辞典》，辽宁民族出版社 2007 年版，第 349 页。
　　④ 王同亿主编：《高级现代汉语大词典》（上册），内蒙古大学出版社 2001 年版，第 278 页。
　　⑤ 徐复岭：《从报刊杂志说起》，《汉语学习》1983 年第 3 期。
　　⑥ 凌大：《"报刊杂志"之说何时休》，《新闻业务》1985 年第 9 期。
　　⑦ 周希文：《说"报刊杂志"与"涉及到"》，《语文月刊》1997 年第 12 期。

当前，"报刊杂志"这一结构在网络文本、期刊文章、纸质图书等各类文献中都已十分常见，但仍有人认为这种说法有误，如周伟就明确指出："（报刊杂志）这个词是如此的普遍，普遍得说它是个错误都觉得有点心虚了，但事实就是如此，这个词就是个错误。"① 谢政伟也撰文指出，"报刊杂志"用得不对，并呼吁停止使用。② 我们认为，"报刊杂志"这一结构虽然不够规范，甚至很像犯了属种概念同列的逻辑毛病，但该结构已经"约定俗成"，应当承认其存在的合理性。

一　"报刊杂志"的使用情况

大家都知道，"语言是约定俗成的。"只要某个语言组合不影响交际效果，得到了人民群众的普遍认可，哪怕它存在这样那样的不足，我们就得承认它是正确的。正如吕叔湘、朱德熙两先生所言："有些话用严格的逻辑眼光去分析有点说不过去，但大家都这样说，都懂得它的意思，听的人和说的人中间毫无隔阂，毫无误会。站在语法的立场，就不能不承认它是正确的。"③ 为了解"报刊杂志"是否已经"约定俗成"，我们于2017 年 1 月 15 日在 BCC 汉语语料库进行历时检索，表 5 – 1 是我们查到的"报刊杂志"在 1949—2015 年的使用频次分布情况。

---

① 周伟：《中国人易误解的文史常识》，企业管理出版社 2009 年版，第 88 页。
② 谢政伟：《"报刊杂志"之说应休矣》，《新闻与写作》2010 年第 3 期。
③ 吕叔湘、朱德熙：《语法修辞讲话》，中国青年出版社 1979 年版，第 179 页。

表 5-1   1949—2015 年"报刊杂志"使用频次分布情况

语料年份	1949	1950	1951	1952	1953	1954	1955	1956	1957	1958	1959	1960
使用频次	2	0	0	5	3	12	4	5	9	20	4	20
语料年份	1961	1962	1963	1964	1965	1966	1967	1968	1969	1970	1971	1972
使用频次	8	6	7	8	2	2	3	0	2	1	1	2
语料年份	1973	1974	1975	1976	1977	1978	1979	1980	1981	1982	1983	1984
使用频次	4	5	3	4	4	12	8	23	48	32	16	24
语料年份	1985	1986	1987	1988	1989	1990	1991	1992	1993	1994	1995	1996
使用频次	12	16	20	11	11	14	9	5	1	4	5	5
语料年份	1997	1998	1999	2000	2001	2002	2003	2004	2005	2006	2007	2008
使用频次	0	0	0	0	0	0	0	15	19	22	5	1
语料年份	2009	2010	2011	2012	2013	2014	2015					
使用频次	5	0	0	1	0	1	0					

据表 5-1，仅就 BCC 汉语语料库而言，"报刊杂志"在 1949—2015 年共使用 511 次，已经较为普遍。2017 年 3 月 15 日，笔者利用 CNKI 进行了统计，发现 2005—2016 年，使用了"报刊杂志"这一结构的文章《人民日报》共有 15 篇，《解放日报》共有 24 篇，而《光明日报》共有 143 篇，《中国教育报》共有 199 篇，具体分布情况如表 5-2 所示。

表 5-2　　2005—2016 年四大报纸"报刊杂志"使用情况

语料年份	2016	2015	2014	2013	2012	2011	2010	2009	2008	2007	2006	2005
《人民日报》使用频次	1	1	3	2	1	1	1	4	1	0	0	0
《解放日报》使用频次	4	1	0	1	1	3	3	3	0	3	2	3
《光明日报》使用频次	7	4	4	16	17	18	12	11	9	13	19	13
《中国教育报》使用频次	7	7	12	7	12	13	18	32	16	17	26	32
合　计	19	13	19	36	31	35	34	50	26	33	47	48

为了加强说服力，上述 4 种报纸各举 1 个具体的例子为证：

（1）最近，各地结合迎接新中国成立 60 周年，充分利用工人文化宫、俱乐部、报刊杂志、网络等宣传阵地，突出宣传为社会主义现代化建设作出重要贡献的劳动模范的先进事迹，进一步营造了尊重劳动、尊重知识、尊重人才、尊重创造的良好风尚。（习近平《在庆祝"五一"国际劳动节暨保增长促发展劳动竞赛推进大会上的讲话》，《人民日报》2009年 4 月 29 日）

（2）"十一五"期间，长宁已聚集了全国最具影响力的在线旅游公司携程旅行网、全球最大的中文女性购物网站麦考林、国内领先互动信息服务平台提供商康麦司等众多国内外知名电子商务企业，行业覆盖旅行、大宗商品、办公用品、报刊杂志、水果农产品等多个领域，使长宁在电子商务产业发展上集群优势鲜明。（杨群《500 万市民可用电视"逛街"》，《解放日报》2010 年 11 月 27 日）

（3）无论那些主持"排名"工作的报刊杂志有多大的权威和多高的名望，它们都不得不年年陷入舆论的漩涡，遭受来自四面八方的攻击、指责和嘲笑。（汪嘉波《大学排名科学吗?》，《光明日报》2011 年 8 月 13 日）

（4）85% 以上的教师自入职以来，几乎没有自掏腰包购买过教育理论方面的书籍；60% 左右的教师，只是被动地按照学校的要求，阅读一些统一征订的报刊杂志，而对那些教育经典著作极少翻阅。（常亚歌《阅读助力教师专业成长》，《中国教育报》2012 年 5 月 14 日）

在用词比较严谨、规范的学术类期刊中，我们可以看到不少直接用"报刊杂志"做标题的文章。例如：

（5）英文报刊杂志标题的修辞色彩（《惠州学院学报》2004 年第 1 期）

（6）报刊杂志如何应对网络媒体的挑战之我见（《新闻三味》2007 年第 12 期）

（7）报刊杂志视觉设计与版式创新（《新闻窗》2008 年第 3 期）

（8）报刊杂志与 20 世纪前期的书学（《书法赏评》2009 年第 1 期）

（9）"偶然词汇学习假设"在英文报刊杂志阅读中的应

用（《邢台学院学报》2010 年第 1 期）

（10）近十年主要报刊杂志中有关李约瑟论文目录（续 2001 年李约瑟百年诞辰）（《农业考古》2011 年第 1 期）

（11）报刊杂志中汉英语码转换分析（《衡阳师范学院学报》2011 年第 4 期）

（12）媒介生态视野下的新世纪诗歌论——基于网络博客和报刊杂志的视角（《长沙理工大学学报》（社会科学版）2012 年第 3 期）

（13）发挥人口报刊杂志宣传导向作用 助推人口和计划生育工作健康发展（《人口与计划生育》2012 年第 9 期）

（14）宜都市档案局三大举措督办档案报刊杂志发行（《湖北档案》2012 年第 10 期）

（15）报刊杂志用语陌生化举隅（《鸡西大学学报》2013 年第 2 期）

（16）近代报刊杂志中刊载的"乐歌"（《黄河之声》2014 年第 15 期）

（17）民初法治精神的时代价值——以部分报刊杂志为视角（《福建质量管理》2016 年第 4 期）

（18）延安时期党的报刊杂志在陕甘宁边区发行与传播的历史意义（《内蒙古科技与经济》2017 年第 3 期）

此外，大量纸质文本，包括教材、法制法规、学术著作等非常正统的纸质文献，也存在使用"报刊杂志"的现象。下面列举 6 个具体的例子为证。

（19）星汉报刊杂志排版系统软件 XH200 就是综合二者之长，集交互式与批处理于一身的排版软件。（林晨、王惠东、刘呼生《中文电脑基础——电脑写作初阶》，内蒙古人民出版社 1992 年版，第 411 页）

（20）广播电台、电视台、报刊杂志等单位利用新闻媒介为观众、听众、读者点播（点登）歌曲、戏剧、电视节目、文章或为单位个人介绍商品或贺喜、纪念等经营服务，属于《营业税税目注释》中"广告业"的征收范围，应按"服务业"税目中"广告业"征税。（《营业税资源税法令汇编（1994—1997 年）》，武汉市地方税务局 1997 年版，第 176 页）

（21）报刊杂志同样是多媒体素材的重要来源之一，如果要重新输入其中的文字就显得十分烦琐，在这种情况下，可以通过扫描仪将报刊杂志中的图片——取出，同时也可以通过 OCR 系统将报刊杂志中文字资料快速取出来。（李立主编《多媒体技术应用》，高等教育出版社 2004 年版，第 34 页）

（22）报刊杂志在近代社会生活中扮演着非常重要的角色，有着发布信息、传播思想、教育民众、改良风气等多种功能。不同时期的报刊杂志同样在湖南近代教育史上占有重要的位置。（周秋光、莫志斌《湖南教育史二》，岳麓书社 2008 年版，第 458 页）

（23）近几年，随着互联网等新兴传媒手段的迅速发展，法国报刊杂志的零售量日益减少，报刊杂志的销售网点也越来越少，报刊杂志的销售体系遇到了前所未有的困难。（新闻

出版总署对外交流与合作司《海外新闻出版实录2008》，人民出版社2009年版，第307页）

（24）大量收集报刊杂志中的招聘广告是一条有效的求职途径，但报刊杂志的公共性也意味着你要面对很多竞争者，可能要回复很多广告才能得到回应。（张金明、陈楠主编《大学生就业创业指导与职业生涯规划》，北京航空航天大学出版社2014年版，第152页）

按照谢政伟2009年7月18日在百度搜索进行的统计，与"报刊杂志"相关的网页高达160余万篇之多。[①] 2010年4月26日22:18，笔者在"新华网搜索"进行统计，发现当天使用"报刊杂志"的相关新闻就有92篇，最近一周使用"报刊杂志"的相关新闻有515篇，最近一个月使用"报刊杂志"的相关新闻有1465篇。2013年3月8日17:50，笔者在"Soso"搜索引擎输入"报刊杂志"进行检索，发现当天的搜索结果有1982项，一周内的搜索结果有64614项，一月内的搜索结果有348939项，一年内的搜索结果有13980048项。2013年7月31日18:30，笔者在CCL语料库检索系统（网络版）进行检索，也检索到了226条含"报刊杂志"的语料。2016年8月31日16:30，笔者在"人民网搜索"进行检索，发现全文使用"报刊杂志"的新闻有11486项。

综上分析不难看出，"报刊杂志"已经非常流行，可谓众望所归。显然，如果使用频率达到上述程度的"报刊杂志"都不被认可，"语言是约定俗成的"就会成为一句空话。

---

① 谢政伟：《"报刊杂志"之说应休矣》，《新闻与写作》2010年第3期。

二 "报刊杂志"的性质

赵元任在《中国话文法》中指出，某一语言组合中存在的多余成分，称为语言的羡余现象，并且认为："'虽然'中的'然'，原来的意思是'如此'，现在只作为后缀，因而有了'虽然这样'，'虽然如此'这样的羡余形式，这种形式现在已属正常。"①此后，不少学者对汉语中存在的羡余现象进行了分析讨论。"报刊杂志"中的"刊"与"杂志"义近，也属于赵先生所说的羡余形式。

在汉语中，类似"报刊杂志"的说法很多。例如："亲眼目睹"中的"目"就是"亲眼"的意思，"互相厮杀"的"厮"就是"互相"的意思，"凯旋归来"的"旋"就是"归来"的意思，"提出质疑"的"质"就是"提出"的意思，"公开宣称"的"宣"已有"公开"的意思，"免费赠送"的"赠"已有"免费"的意思，"突然袭击"的"袭"已有"突然"的意思，"假冒伪劣"的"假冒"已有"伪"的意思，其结构都与"报刊杂志"相类似，但人们仍在广泛使用。以"凯旋归来"为例，我们在 2011 年 4 月 18 日 17 点用"百度"进行检索，就找到相关结果约 239 万个；用"独秀搜索"进行检索，找到了相关条目 2009条；在"人民网"进行站内搜索，也找到了 662 项查询结果；2013 年 3 月 8 日 17：27，在"Soso"进行检索，发现一天内约有83 项结果，一周内约有 1788 项结果，一月内约有 15199 项结果，

---

① 赵元任、田砥：《汉语结构各层次间形态与意义的脱节现象》，《当代语言学》1981 年第 1 期。

一年内约有 360704 项结果。下面是一些具体的例子:

（25）他刚刚探家归来，在军营这个特殊的节日里，战友们像迎接<u>凯旋归来</u>的将军，簇拥着多日不见的班长。（人民网－军事频道，2011－02－21）

（26）北京时间 10 月 26 日，中国体操队结束荷兰世锦赛征程<u>凯旋归来</u>，抵达首都机场受热捧。（人民网－体育频道，2010－10－26）

（27）10 月 5 日，河北清苑县政府在冀星公司清苑站收费西岗举行欢迎 1.05 专案组<u>凯旋归来</u>仪式，石山水副站长得知情况后，立即上报监控分中心，指派值班站长张春辉开启收费边道，加大疏导力度，确保专案组车队安全通行。（人民网－地方－＞地方专题－河北交通信息联播，2010－10－08）

（28）8 月 18 日中午，出征伦敦奥运会的上海运动员、教练员<u>凯旋归来</u>。上海市副市长赵雯代表市委、市政府欢迎载誉归来的上海奥运健儿。（《上海奥运健儿凯旋归来，市领导赴机场欢迎》，http：//www.shanghai.gov.cn/shanghai/node2314/node2315/ node4411/u21ai649421.html，2012－8－18）

（29）接着，谢谆校长为从京城<u>凯旋归来</u>的爵士小将们颁发了奖状。代表学校感谢他（她）们为学校争得了荣誉。（顺庆教育网，2013－3－8）

语言的类推变化是一种普遍存在的现象。类推变化简称类化，也叫类比。类化形式是汉语新词新语的主要来源之一。索绪尔指出，所谓类化形式，"就是以一个或几个其他形式为模型，按照一定的规则构成的形式"①。既然汉语中已经存在很多含语意重复成分的四字格，根据类推规律，再认可一个"报刊杂志"又何妨？

三 "报刊杂志"广为流传的动因

"报刊"已是"报纸、杂志的总称"，是什么促使语言运用者们又造出"报刊杂志"这样一个羡余形式并广为流传呢？我们推测，动因可能有三：

第一，为了使语义更明了。在现代汉语阶段，"刊"的"杂志、期刊"义已不够明显，在"报刊"后面添加"杂志"，能降低理解的难度，增强直观性，更适应口语的特点，有利于听说，有利于理解。需注意的是，随着"报刊杂志"的日益流行，"刊"的表义功能日趋消失，向衬音语素发展，"报刊"渐渐向偏义复词演变。事实上，当"报刊""杂志"两词以"报刊、杂志"形式出现的时候，"报刊"就成了"报纸"的同义词，已经称得上地地道道的偏义复词。例如：

> （30）老龄工作报刊、杂志简介（贾岩《怎样做老龄工作》，中国档案出版社 1990 年版，第 348 页）

按，例（30）是《怎样做老龄工作》一书第三篇第五章第二节的标题，下面又分两块，即"中国老龄工作报刊"与"中国老龄工作杂志"。其中，前者名下列有《中国老年报》《中华老年

---

① ［瑞士］索绪尔:《普通语言学教程》，岑麒祥译，商务印书馆 1980 年版，第226 页。

报》《晚晴报》《上海老年报》《益寿文摘报》《桑榆报》《东方时报》《老年文汇报》《厦门老年报》《辽宁老年报》《滇老翰墨报》《广州市老年干部大学报》等报纸名称，并对它们进行了简单介绍；后者名下则列有《中华老年医学》《中国老年》《中老年保健》《老人天地》《退休生活》《长寿》《老年世界》《老年教育》等期刊名称，也分别进行了简单介绍。显然，上例中的"报刊"仅指"报纸"，"刊"的"杂志、期刊"义已基本消失。

（31）12.5.2 网上阅读报刊、杂志（闫涛、熊李艳《家庭电脑应用入门与进阶》，清华大学出版社2010年版，第208页）

按，例（31）是小标题，正文则是这样一段话："阅读报纸和杂志也是人们获得信息的重要途径，很多报社和杂志社都在网上建立了自己的网站，通过网络，用户可以方便地浏览自己喜欢的报纸和杂志。"两相对照不难看出，上例中的"报刊"也是指"报纸"，"刊"的表义作用已经消失。

第二，为了使音韵更和谐。从韵律角度看，"报刊"只有两个字，按照现代汉语读音来分析，"报"是仄声字，"刊"是平声字，而"报刊杂志"有四个字，开头的"报"和结尾的"志"是仄声字，中间的"刊"和"杂"是平声字，后者要比前者整齐和谐，读起来铿锵悦耳，更容易上口。倘若改说成"报纸杂志"，则仅有一个平声字，却有三个仄声字，比较拗口，也不太理想。

第三，为了使词形更高雅。中华民族历来崇尚对称、均等、和谐、有序的视觉美感，把成偶、成双、成对当作至善至美、至

善至高的境界，《文心雕龙》所言"造化赋形，支体必双；神理
为用，事不孤立。夫心生文辞，运载百虑；高下相须，自然成
对"① 就是这种心理的真实写照。也许，正是在这种文化心理的
驱动下，平衡、稳定、匀称的四字格很早就被汉语所使用，并成
为了汉语成语几乎唯一的形式。与表"报纸、杂志的总称"意的
"报刊"相比，"报刊杂志"属于四字格，类似于成语，显得更加
高雅，符合人民的"求雅"心理。

四　小结

语言是发展的，但一个语言组合从产生到被认可，不是一朝
一夕之事。从这个角度看，有人质疑"报刊杂志"并不奇怪。不
过，综合上面的论述不难看出，"报刊杂志"虽有语意重复之嫌，
但它音韵和谐，通俗易懂而又不失高雅，大家都这么说，已经约
定俗成，不当视为有语病，更无须停止使用。我们坚信，如果不
出意外，"报刊杂志"迟早会被《现代汉语词典》《汉语大词典》
等权威辞书收录，"报刊"的"报纸"义也有可能被收录。

---

① （南朝梁）刘勰：《文心雕龙》，上海古籍出版社 2015 年版，第 209 页。

参考文献

［1］安汝磐编著：《实用汉语形容词词典》，中国标准出版社 1990
     年版。

［2］白维国主编：《白话小说语言词典》，商务印书馆 2011 年版。

［3］卜键主编：《元曲百科大辞典》，学苑出版社 1992 年版。

［4］褚半农编著：《上海西南方言词典》，上海人民出版社 2006
     年版。

［5］何九盈、王宁、董琨主编：《辞源》（第三版），商务印书馆
     2015 年版。

［6］高文达主编：《近代汉语词典》，知识出版社 1992 年版。

［7］顾学颉、王学奇：《元曲释词》，中国社会科学出版社 1984
     年版。

［8］（晋）郭璞注，（宋）邢昺疏：《尔雅注疏》，中华书局 1980
     年影印本。

［9］汉语大词典出版社：《汉语大词典》，商务印书馆（香港）有

限公司 2002 年 2.0 版光碟版。

[10] 汉语大词典编纂处：《汉语成语大辞典》，上海辞书出版社 2007 年版。

[11] 汉语大词典编纂处：《汉语大词典订补》上海辞书出版社 2010 年版。

[12] 贺卫国：《词语考释三则》，《哈尔滨学院学报》2006 年第 4 期。

[13] 贺卫国：《浅谈〈辞源〉辞目的增补问题》，《古汉语研究》 2008 年第 3 期。

[14] 贺卫国：《明清白话小说词语札记五则》，《陇东学院学报》 2009 年第 3 期。

[15] 贺卫国：《明清白话小说词语札记五则》，《广西民族师范学 院学报》2010 年第 6 期。

[16] 贺卫国：《〈中国古代孤本小说〉词语札记》，《河池学院学 报》2012 年第 1 期。

[17] 贺卫国：《湖南双峰方言中的几个"喷"缀派生词》，《贺州 学院学报》2013 年第 2 期。

[18] 贺卫国：《晚清小说称谓词考释两则》，《河池学院学报》 2014 年第 3 期。

[19] 侯建主编：《中国小说大辞典》，作家出版社 1991 年版。

[20] 胡竹安编著：《水浒词典》，汉语大词典出版社 1989 年版。

[21] 胡士莹：《话本小说概论》，中华书局 1980 年版。

[22] 胡祖德：《沪谚外编》，上海古籍出版社 1989 年版。

[23] 姜亮夫：《昭通方言疏证》，云南人民出版社 2002 年版。

［24］冷玉龙、杨超、韦一心编：《成语辞海》，上海辞书出版社 2014 年版。

［25］（明）李实：《蜀语》，中华书局 1985 年版。

［26］梁德曼、黄尚军编纂：《成都方言词典》，江苏教育出版社 1998 年版。

［27］林山森编著：《汉语多音字多音词词典》，中国大百科全书 出版社 2010 年版。

［28］林尹、高明主编：《中文大辞典》，（台北）中国文化大学出 版部 1990 年版。

［29］刘洁修编著：《汉语成语源流大辞典》，开明出版社 2009 年版。

［30］龙潜庵编著：《宋元语言词典》，上海辞书出版社 1985 年版。

［31］陆澹安编著：《小说词语汇释》，上海古籍出版社 1979 年版。

［32］陆静贞主编：《新编俗俚语大全》，浙江古籍出版社 2007 年版。

［33］陆衣言编著：《中华国语大辞典》，中华书局 1947 年版。

［34］罗竹风主编：《汉语大词典》卷 1，上海辞书出版社 1986 年版。

［35］罗竹风主编：《汉语大词典》卷 2，汉语大词典出版社 1988 年版。

［36］罗竹风主编：《汉语大词典》卷 3，汉语大词典出版社 1989 年版。

［37］罗竹风主编：《汉语大词典》卷 4，汉语大词典出版社 1989 年版。

［38］罗竹风主编：《汉语大词典》卷5，汉语大词典出版社1990年版。

［39］罗竹风主编：《汉语大词典》卷6，汉语大词典出版社1990年版。

［40］罗竹风主编：《汉语大词典》卷7，汉语大词典出版社1991年版。

［41］罗竹风主编：《汉语大词典》卷8，汉语大词典出版社1991年版。

［42］罗竹风主编：《汉语大词典》卷9，汉语大词典出版社1992年版。

［43］罗竹风主编：《汉语大词典》卷10，汉语大词典出版社1992年版。

［44］罗竹风主编：《汉语大词典》卷11，汉语大词典出版社1993年版。

［45］罗竹风主编：《汉语大词典》卷12，汉语大词典出版社1993年版。

［46］吕叔湘：《现代汉语八百词（增订版)》，商务印书馆1999年版。

［47］吕叔湘：《近代汉语指代词》，学林出版社1985年版。

［48］梅萌编著：《汉语成语大全》（第2版)，商务印书馆国际有限公司2011年版。

［49］曲彦斌主编：《中国隐语行话大辞典》，辽宁教育出版社1995年版。

［50］曲彦斌、徐素娥编著：《中国秘语行话词典》，书目文献出

版社 1994 年版。

[51] 上海市红楼梦学会、上海师范大学文学研究所编:《红楼梦鉴赏辞典》,上海古籍出版社 1988 年版。

[52] 石汝杰、[日] 宫田一郎主编:《明清吴语词典》,上海辞书出版社 2005 年版。

[53] (元) 陶宗仪:《南村辍耕录》,辽宁教育出版社 1998 年版。

[54] 田宗尧编著:《中国古典小说用语辞典》,(台北) 联经出版事业公司 1985 年版。

[55] 王长元、王博:《关东方言词汇》,吉林教育出版社 1991 年版。

[56] 王贵元、叶桂刚主编:《诗词曲小说语辞大典》,群言出版社 1993 年版。

[57] 王立言、卢济恩、赵祖谟主编:《小说通典》,解放军文艺出版社 1999 年版。

[58] 朱德才主编:《增订注释全宋词》(第 4 卷),文化艺术出版社 1997 年版。

[59] 王锳:《〈汉语大词典〉商补》,黄山书社 2006 年版。

[60] 吴功正主编,叶圣陶、朱东润撰稿:《古文鉴赏辞典》江苏文艺出版社 1987 年版。

[61] 吴连生等编: 《吴方言词典》,汉语大词典出版社 1995 年版。

[62] 吴士勋、王东明编:《宋元明清百部小说语词大辞典》,陕西人民教育出版社 1992 年版。

[63] 向熹:《简明汉语史》(上),商务印书馆 2010 年版。

［64］许宝华、［日］宫田一郎主编：《汉语方言大词典》，中华书局 1999 年版。

［65］许宝华、陶寰主编：《上海方言词典》，江苏教育出版社 1997 年版。

［66］许少峰编：《近代汉语词典》，团结出版社 1997 年版。

［67］许少峰编：《近代汉语大词典》，中华书局 2008 年版。

［68］（汉）许慎：《说文解字》，中华书局 1963 年版。

［69］阳剑主编：《双峰方言之东扯西绊》，湖南地图出版社 2016 年版。

［70］杨应芹、诸伟奇主编：《古今称谓辞典》，黄山书社 1989 年版。

［71］岳国钧主编：《元明清文学方言俗语辞典》，贵州人民出版社 1998 年版。

［72］张季皋主编：《明清小说辞典》，花山文艺出版社 1992 年版。

［73］张俊：《清代小说史》，浙江古籍出版社 1997 年版。

［74］张月中、王钢主编：《全元曲》，中州古籍出版社 1996 年版。

［75］张子才：《文言文常见名物制度词语汇释》，凤凰出版社 2013 年版。

［76］（明）张自烈：《正字通》，中国工人出版社 1996 年版。

［77］中国历史大辞典·史学史卷编纂委员会编：《中国历史大辞典》史学史卷，上海辞书出版社 1983 年版。

［78］中国人民大学语言文学系选注：《历代文选》（上册），中国青年出版社 1962 年版。

［79］中国社会科学院语言研究所词典编纂室：《现代汉语词典》

（第 5 版），商务印书馆 2005 年版。

［80］中国社会科学院语言研究所词典编纂室：《现代汉语词典》（第 6 版），商务印书馆 2012 年版。

［81］中国社会科学院语言研究所词典编纂室：《现代汉语词典》（第 7 版），商务印书馆 2016 年版。

［82］中文大辞典编纂委员会编纂：《中文大辞典》，（台北）中国文化研究所 1976 年版。

词语索引

一 《汉语大词典》没有立目的词语

二 《汉语大词典》失收义项的词语

三 《汉语大词典》词义概括不确的词语

词条	页码	词条	页码
屄	204	饿眼	93
翻盖	212	干巴巴	96
皇姑	194	火亮	157
绝户	217	老婆	101
木呆	20	七大八小	42
惬气	152	蓐食	102
土公	107	兔子	169
写意	108	油水	334
嘴喳喳	110		

四 《汉语大词典》阙例或自拟例证的词语

词条	页码	词条	页码
苞谷	115	打眼	90
火亮	157	眼子	130
油花	33		

五 《汉语大词典》书证为孤证的词语

词条	页码	词条	页码
扠缯	88	毡	206
不怯气	148	不惬气	152
打呼噜	210	打麦	52
滴溜溜	118	癫子	119
翻盖	212	飞快	323

六 《汉语大词典》书证偏晚的词语

七 其他词语

后　记

　　关于汉语词汇的研究成果，已经是车载斗量，数不胜数。但是，所有成型的文字材料及现代汉语方言都是汉语研究者的宝库。宝库很大，就难免存在研究者们看不到或看得不清的"死角"。本人关注汉语词汇颇有一段时间了，也通过探索汉语词汇研究的"死角"，陆陆续续发表了一些论文，但本人基础之薄弱、水平之有限、资质之驽钝却是无法遮掩的。现在，我又不自量力写了这部小书，既不敢说成系统，更不敢说很深入，只能是零零碎碎的一些散论，肯定存在很多不足之处，错漏更是在所难免，敬请读者诸君不吝教正。

　　本书的出版，得到广西立项建设新增硕士学位授权点——河池学院中国语言文学、河池学院专业硕士学位授权建设点——新闻与传播硕士、河池学院校级重点学科——汉语文字学建设经费的资助。在本书的出版过程中，中国社会科学出版社文学艺术与新闻传播出版中心主任郭晓鸿博士、责任编辑席建海、责任校对郝阳洋做了大量工作，谨在此一并表示由衷的感谢！

2017 年 12 月 20 日